LES

BOUILLEURS DE CRU

LES
BOUILLEURS DE CRU

PRIVILÈGE — FRAUDE — ALCOOLISATION

PAR

ANDRÉ ANTHEAUME

Médecin-inspecteur adjoint
des Asiles publics d'aliénés de la Seine,
Ancien Chef de clinique à la Faculté de Médecine,

ET

LÉON ANTHEAUME

Docteur en droit,
Ancien élève de l'École des Sciences politiques.

PARIS

C. NAUD, ÉDITEUR

3, RUE RACINE, 3

1902

R. INTRODUCTION

La question des bouilleurs de cru est de celles qui doivent préoccuper les hygiénistes et les moralistes, les économistes et les financiers, en même temps que tous les contribuables.

Elle intéresse la morale et la santé publique par les conséquences qui résultent, au point de vue de l'hygiène, aussi bien du simple usage que de l'abus du privilège, conséquences qui se résument dans l'alcoolisation du bouilleur, de sa famille, de son entourage, et dans la propagation du goût des boissons spiritueuses. Cette contagion alcoolique est surtout favorisée par la réputation d'innocuité de l'eau-de-vie naturelle, réputation d'autant plus usurpée que la science montre chaque jour davantage combien les eaux-de-vies naturelles sont impures et, dans une certaine mesure, plus toxiques que les alcools industriels.

Elle intéresse les économistes, qui ne peuvent rester étrangers à aucune des questions relatives aux conditions d'existence et de développement de l'une quelconque des branches de l'activité économique du pays. Ils sont à même d'apprécier à quel point le privilège, malgré certaines apparences contraires, méconnaît les intérêts de la viticulture, de l'agriculture, de l'industrie et du commerce.

Enfin la question des bouilleurs de cru est une grosse question financière, car le privilège tient en échec toutes les prévisions budgétaires du rendement de l'impôt sur l'alcool. Il prive le Trésor des recettes que devrait lui procurer l'imposition des quantités consommées par les bouilleurs en exemption injustifiée des droits. Il le frustre davantage encore par la fraude à laquelle il donne naissance et qu'il rend insaisissable ; fraude d'autant plus lucrative qu'est plus élevé le taux de l'impôt. On ne saurait évaluer à moins de 300 000 hectolitres les quantités d'alcool qui, en moyenne, échappent annuellement à l'impôt, causant au Trésor un préjudice d'au moins 60 ou 65 millions de francs.

Et comme dans un régime fiscal tout s'enchaîne, et qu'il faut toujours, en fin de compte, que les recettes nécessaires rentrent dans les coffres de l'État, c'est sur les épaules des autres contribuables que retombe, de tout son poids, le fardeau d'acquitter, de leur poche, les sommes dont les bouilleurs de cru fraudent et privent le fisc ; c'est aux autres contribuables qu'incombe la charge de payer la rançon du privilège.

Telle est la situation créée par le privilège des bouilleurs de cru, situation « qui choque à la fois le bon sens, la morale et l'hygiène, et se résume dans ces mots : l'inégalité devant l'impôt ».

C'est à cette situation qu'il importe de remédier, non par l'interdiction de bouillir qui est irréalisable, ni par la suppression partielle du privilège, qui n'est qu'une demi-mesure laissant subsister presque intégralement les dangers des immunités conférées aux bouilleurs de cru, mais par la suppression totale et absolue du privilège.

Dans le présent travail, nous nous sommes efforcés de présenter aussi simplement et aussi complètement que possible l'état actuel de cette question des bouilleurs de cru. Nous avons abordé l'examen des faits sans opinion préconçue et nous n'avons réuni ici les résultats de nos recherches que pour fournir à chacun les éléments qui puissent lui permettre d'apprécier et de juger par lui-même.

A. et L. ANTHEAUME.

LES BOUILLEURS DE CRU

PREMIÈRE PARTIE

Sommaire : Généralités. — § 1. — Ce qu'on entend par bouilleur de cru ; en quoi consistent les immunités dont ils jouissent ; quels sont les bouilleurs qui en jouissent, sous quelles conditions et dans quelle étendue de territoire. — § 2. — Droit ou privilège ? — Le régime des bouilleurs de cru est bien un privilège : le droit de propriété ne confère pas en effet au propriétaire la faculté, à l'encontre de la société, de faire tout ce qu'il lui plaît ; la législation soumet, dans de nombreux cas, l'exercice de ce droit à certaines conditions déterminées. La qualité de propriétaire appartient d'ailleurs au même titre à celui qui achète les produits à distiller qu'à celui qui les récolte sans que cependant le premier échappe légalement au contrôle à la production et à la prise en charge. Le régime des bouilleurs de cru n'a pas le caractère de généralité d'un droit ; il se présente comme une dérogation à la règle, comme une exception au droit commun. L'impôt sur l'alcool, parce qu'impôt de consommation, doit frapper quiconque consomme le produit taxé ; par conséquent, en tant que consommateurs, les bouilleurs de cru n'ont pas de raison pour prétendre s'y soustraire et en tant que producteurs ils devraient être soumis à une réglementation analogue à celle qui, chez les fabricants d'alcool, garantit la perception de l'impôt. — § 3. — Production et consommation des alcools en France ; du rôle et de l'importance des bouilleurs de cru, d'après les statistiques officielles ; leur répartition géographique.

Parmi les différentes sources des revenus publics, l'impôt des boissons a toujours occupé une place importante. Il se compose d'un ensemble de droits sur les boissons fermentées (vins, cidres et bières)

1

d'une part, et sur les boissons distillées (les alcools) d'autre part, dont le produit pour l'année 1900 n'a pas été moindre de 511 millions ; c'est, à peu de chose près, ce que rapportent en bloc, tous les impôts directs de notre régime fiscal. Dans ce chiffre de 511 millions, l'impôt sur l'alcool fournit à lui seul la plus grosse part : en 1900 il donnait une recette de 306 millions ; pour l'année 1901, il a rapporté 307 millions et demi bien que son produit fut inférieur aux évaluations budgétaires.

L'alcool est soumis à un droit, dit droit général de consommation, auquel le plus souvent viennent s'ajouter des droits d'entrée. Les liquides sont taxés à raison de l'alcool pur (alcool à 100 degrés) qu'ils contiennent.

Le droit général de consommation, dont le tarif actuel est de 220 fr. par hectolitre d'alcool pur, saisit l'alcool chez le producteur et ne l'abandonne qu'après la mise en consommation et le payement des droits.

Le recouvrement en est assuré par les déclarations auxquelles sont astreints les distillateurs et par la surveillance à la fabrication (exercice des distilleries). Les agents constatent les quantités produites ; les fabricants en sont comptables et doivent pour les manquants représenter des expéditions ([1]) régulières ou acquitter l'impôt. Le droit de consommation est payé à l'arrivée des boissons par le destinataire, ou à l'enlèvement par l'expéditeur.

Les marchands en gros et débitants ne paient pas

([1]) On appelle expéditions les titres de mouvement qui accompagnent les liquides mis en circulation : acquit à caution si la taxe est payable au lieu de destination ; congé, si le droit est perçu à l'enlèvement chez l'expéditeur ; passavent, si la circulation est gratuite.

immédiatement les taxes, mais en sont responsables et sont soumis à une surveillance spéciale, dans certaines conditions : le crédit des droits est la conséquence de l'élévation des tarifs.

Telles sont, brièvement exposées, les principales règles qui président à l'assiette et à la perception de l'impôt sur l'alcool. L'exercice des distilleries porte à la connaissance du service toutes les quantités fabriquées, la prise en charge en rend comptable les fabricants, et les formalités d'expédition interviennent comme complément de garantie, empêchant l'alcool de se dérober au payement des droits lors de la mise en circulation.

C'est ce mécanisme qui assure au Trésor les recettes que doit lui procurer l'alcool. Pour qu'il ait toute l'efficacité qui lui est d'autant plus nécessaire qu'est plus élevé le taux de l'impôt, il faut qu'il enserre la production dans son intégralité. Il s'en trouve précisément une partie très importante qui échappe à son action. Les bouilleurs de cru, en effet, sont des producteurs dispensés de toute déclaration et de tout contrôle. Cette exemption comporte les plus graves conséquences économiques, hygiéniques et fiscales. C'est ce que nous aurons à rechercher et à apprécier.

I

Lorsque les nécessités budgétaires amenèrent le rétablissement de l'impôt des boissons, supprimé en 1791, la loi du 25 février 1804 n'accorda aucune concession aux bouilleurs de cru, c'est-à-dire aux propriétaires ou fermiers qui distillent pour leur usage personnel les vins, marcs et fruits provenant exclusivement de leur récolte. L'alcool, sous l'empire de cette loi, n'était pas taxé directement. Ils n'avaient donc rien à payer sur leurs eaux-de-vie, mais les vins, cidres et poirés, source pour ainsi dire unique de la fabrication, restaient soumis au droit général d'inventaire et devaient ainsi acquitter une taxe de o fr. 40 par hectolitre de vin et de o fr. 10 par hectolitre de cidre.

Les premiers avantages concédés aux bouilleurs de cru apparaissent avec la loi du 24 avril 1806. Puis ces concessions sont successivement restreintes ou étendues par les textes subséquents (loi du 25 novembre 1808 — décret du 12 octobre 1812 — loi du 8 décembre 1814 — loi du 28 avril 1816).

Aucun de ces textes cependant n'avait nettement défini ce que l'on devait entendre sous le nom de bouilleurs de cru et quels étaient ceux qui étaient admis à profiter de la situation faite à ces producteurs d'eaux-de-vie. Sur l'initiative gouvernementale, le législateur précisa en 1837 et en 1839. Après avoir adopté deux amendements présentés par un membre de la Chambre des députés, M. de Golbéry, il détermina ceux auxquels fut reconnue la qualité de bouilleurs de cru. C'est donc en vertu des lois : du 20 juillet 1837, article 8 — et du 10 août 1839, article 15, qu'aujourd'hui encore, *sont seuls considérés comme bouilleurs de cru, et à ce titre sont seuls exempts du payement de la licence ainsi que des obligations imposées aux bouilleurs de profession : les propriétaires ou fermiers, qui, chez eux, avec leurs appareils ou des appareils de louage, distillent ou font distiller exclusivement les vins, cidres, poirés, marcs et lies, cerises et prunes, provenant de leur récolte.* La législation aujourd'hui en vigueur concède aux bouilleurs de cru l'entière liberté de la fabrication mais le déplacement des produits demeure soumis à l'action de la régie. En principe, ils doivent alors acquitter l'impôt.

Pendant une courte période, les bouilleurs de cru cessèrent de jouir de ces immunités. La loi du 2 août 1872 avait en effet édicté qu'ils seraient placés sous le même régime que les bouilleurs de profession à cela près pourtant qu'ils continueraient à être exempts de licence, qu'ils seraient affranchis du droit général de consommation sur les eaux-de-vie et esprits, produits et consommés sur place dans la limite de 40 litres par an, et qu'ils cesseraient d'être soumis aux visites et vérifications des employés de la régie dès qu'ils n'auraient plus en compte que de l'alcool exempt ou libéré d'impôts.

Ainsi la loi de 1872 en exemptant leur consommation, les libérait de l'exercice continu opéré chez les commerçants. « On peut affirmer qu'elle constitua un affranchissement absolu pour les 6/7 des bouilleurs, chez lesquels il n'est pas possible de constater une production de plus de 40 litres par an » (¹). De fait, ils étaient alors au nombre de 278.000 et 248.000 furent considérés comme ne produisant pas au delà de 40 litres annuellement.

Une loi du 21 mars 1874 réduisit l'immunité de 40 à 20 litres. Mais malgré cette nouvelle disposition, il y en eut encore 224 000 qui restèrent en dehors de la production imposable.

La loi du 14 décembre 1875 rendit aux bouilleurs de cru les avantages qui leur avaient été concédés auparavant et dont ils n'ont pas depuis cessé de jouir.

____

(¹) CLAUDE. Rapport sur la consommation de l'alcool. (Sénat 1887).

Les bouilleurs de cru sont donc libres, absolument libres, d'abord de consommer leurs eaux-de-vie sans payer de droits, et ensuite de les garder en cave sans être surveillés par la régie. Ils ne deviennent soumis aux formalités de la loi, et leurs eaux-de-vie ne sont placées sous la surveillance de la régie que dans le cas où ils les transportent et les emmagasinent ailleurs que dans les locaux où ils les ont fabriquées, et ils ne sont passibles des droits que le jour où ils deviennent marchands.

C'est une situation bien différente de celle qu'a faite la loi aux propriétaires distillant les jus de betteraves ou les grains de leur propre récolte. Ce sont bien pourtant aussi des distillateurs *de cru*, mais ils sont soumis à la surveillance étroite des agents des contributions indirectes, et tout ce qu'ils produisent est placé sous la main de l'administration.

Cependant le bouilleur de cru tel que le définissent les textes de 1837 et de 1839, peut-il jouir de ses prérogatives et immunités en quelque lieu qu'il lui plaira ? Sa qualité, ainsi fixée, le suit-elle dans toutes les localités où il lui conviendra de transporter sa résidence ? Du moment que les fruits proviennent de sa récolte, a-t-il le droit de les distiller librement et en franchise partout où il les aura transportés, sans aucune distinction de lieu, ou de distance ? Ce serait une erreur de le croire. Ce n'est que dans un certain périmètre que le propriétaire, le fermier, le récoltant possède la qualité de bouilleur de cru avec les immunités qu'elle comporte. Au regard de la loi le bouilleur de cru ne bénéficie de ces avantages particuliers que dans une circonscription déterminée ; il y a des limites territoriales dans lesquelles il est admis à jouir de ses prérogatives spéciales, comme il y a des limites à la quantité de substance, qu'il a le droit de distiller. La loi n'a pas explicitement fixé le rayon dans lequel un producteur peut être considéré comme bouilleur de cru. Mais elle veut que pour jouir du privilège le propriétaire ou fermier distille exclusivement des fruits de sa récolte. Il résulte implicitement de cette disposition que le récoltant ne peut jouir du privilège que dans les limites où la loi l'admet à justifier de la provenance des matières qu'il met en œuvre.

Là où légalement il est producteur, là seulement il est réputé bouilleur de cru. Or, d'après l'article 20 du décret du 17 mars 1852, le propriétaire ou le fermier n'est réputé producteur que dans les limites du canton où il récolte et des communes limitrophes de ce canton. C'est dans ces limites que la loi l'autorise à jouir des franchises qu'elle réserve aux producteurs c'est-à-dire, à déplacer sans payement des droits les vins et les cidres qu'il a récoltés, et à bénéficier sans conditions du crédit de l'impôt sur les boissons ainsi déplacées. C'est donc uniquement dans le canton et les communes limitrophes qu'il doit être réputé bouilleur de cru.

Aucun autre pays que la France ne concède aux bouilleurs de cru les avantages d'un régime analogue à celui qu'établit notre législation.

En Allemagne les obligations imposées aux détenteurs d'alambics s'appliquent à tous les bouilleurs sans distinction. Durant toute la période d'activité, les appareils sont soumis à la surveillance du fisc.

La Belgique, en instituant une détaxe au profit des distillateurs agricoles, s'est jetée dans les plus graves embarras. Mais il n'y a rien là qui ressemble à notre régime des bouilleurs de cru.

En Autriche les bouilleurs de cru sont soumis aux déclarations de fabrication et au paiement de l'impôt. Une franchise de 5o litres est accordée comme consommation de famille. C'est, dans ses grandes lignes, le régime en vigueur en France de 1872 à 1875.

En Italie, jusqu'à la loi du 24 juin 1888, les bouilleurs de cru jouissaient d'une exemption des droits pour une consommation de famille de 5o litres à 70°.

Cette immunité y fut toujours très vivement combattue, à raison des fraudes auxquelles elle ouvre la porte. A la suite d'élévations successives du tarif des droits, et la nécessité s'imposant, eu égard à la situation financière d'obtenir de l'impôt un rendement considérable, cette concession vient de leur être retirée.

II

A vrai dire, si le régime dont jouissent les bouilleurs de cru en France paraît spécial à notre pays, c'est que, nulle part, ils ne sont aussi nombreux, et que nulle part aussi le sol ne donne en telle abondance les produits susceptibles d'être distillés par eux.

Dans l'ensemble des idées qui ont donné naissance aux immunités conférées aux bouilleurs de cru, leur nombre, la force qu'ils représentent a été un élément d'une importance considérable, importance qui n'a fait que s'accroître avec le développement du système électoral. Mais ce qui, primitivement, a eu incontestablement le plus d'influence, c'est une notion inexacte du droit de propriété. De là vient que l'idée dominante des bouilleurs de cru et de leurs défenseurs a toujours été d'établir que la situation qui leur était faite n'était en réalité que le droit commun, l'exercice d'une liberté nécessaire. « Le propriétaire amassant par son travail des récoltes doit avoir le droit d'en disposer librement, comme bon lui semble, sans que l'État ait le droit de lui en demander aucun compte, autrement le droit de propriété n'existerait pas. »

Tel est le langage que tenait M. André Ganivet à l'Assemblée nationale, le 12 décembre 1875.

En 1886, M. de Colbert-Laplace, un des plus éloquents défenseurs des bouilleurs de cru à la Chambre, écrivait : « On ne me persuadera jamais, ni moi, ni bien d'autres, que faire chez soi ce que l'on veut de la récolte qu'on a faite chez soi constitue un privilège (¹) ».

Les nombreuses discussions parlementaires auxquelles a donné naissance la question de la réforme des boissons et, en dernier lieu, la discussion du projet qui est devenu la loi du 29 décembre 1900, ont fourni de multiples occasions d'affirmer à nouveau que les franchises et immunités des bouilleurs de cru étaient un droit, et non un privilège. « Le mot de privilège est une expression qui a le don d'exaspérer les défenseurs des bouilleurs de cru (²) ».

La question qui se pose est celle de savoir si le droit de propriété est tel que la législation ne puisse déterminer les conditions auxquelles, en certains cas, le propriétaire doit se conformer pour jouir de son droit et disposer de sa chose. Nous en trouverons de nombreux exemples tant dans la législation fiscale que dans le droit privé.

(¹) Comte de COLBERT-LAPLACE. La question des bouilleurs de cru. Paris, 1886.

(²) Professeur JOFFROY. Les bouilleurs de cru et l'alcoolisme. (Leçon faite à l'asile Sainte-Anne). *Gazette des Hôpitaux*, 5 décembre 1896.

Ce n'est que sur des raisons absolument spécieuses qu'on peut s'appuyer pour soutenir que le régime des bouilleurs de cru constitue un « droit ».

Ils ont, il est vrai, comme propriétaires récoltants, le droit de tirer parti de leur récolte en la distillant; mais encore n'ont-ils ce droit que tant qu'il ne leur est pas retiré; et il est hors de doute que l'État pourrait le leur enlever puisqu'il pourrait s'attribuer le monopole de fabrication de l'alcool s'il y avait nécessité d'y recourir dans l'intérêt public. A plus forte raison, l'État a-t-il le droit de leur imposer, lorsqu'ils se livrent à la fabrication de l'alcool, certaines conditions de réglementation et de surveillance afin que l'alcool produit ne puisse se soustraire au payement des taxes.

« On invoque le droit du propriétaire d'être maître chez soi. Mais le droit de propriété ne va pas jusqu'à constituer au propriétaire le droit à l'encontre de la société de commettre tous les actes qui plaisent à sa fantaisie ([1]) ».

Le droit du propriétaire se trouve limité par le droit supérieur de la société, chargée de sauvegarder les intérêts généraux, et de les faire prévaloir sur les intérêts particuliers. C'est ainsi qu'au point de vue de l'hygiène les pouvoirs publics se livrent fort bien à des vérifications dans les propriétés particulières. C'est ainsi, en matière fiscale, que bien des actes sont défendus aux propriétaires, qu'ils ne peuvent par exemple, sauf dans certains départements, cultiver du tabac, et que s'ils reçoivent l'autorisation de cultiver cette plante, ils sont soumis à un exercice des plus rigoureux, qui va jusqu'à

([1]) LEROY-BEAULIEU, *Économiste français*, 15 décembre 1900.

compter toutes les feuilles sur chaque pied et à les prendre toutes en charge.

Est-ce que la loi ne trace jamais de limites à l'omnipotence du maitre de la chose, dès que l'intérêt général le commande ? Telles sont les servitudes légales, desquelles on a pu dire qu'elles constituaient le droit commun de la propriété en France.

« L'intervention de l'État, dans les opérations de distillerie, est la règle générale, qu'il s'agisse de distilleries agricoles ou de distilleries industrielles, ou de bouilleurs de profession. La suppression de la situation faite aux bouilleurs de cru constituerait, si l'on veut, une servitude, mais qui ne serait en définitive que le retour au droit commun, en matière de fabrication de l'alcool (¹). »

C'est donc un raisonnement faux que celui qui consiste à déduire, du droit de propriété sur la récolte, le droit de disposer de cette récolte, de quelque manière que ce soit. Car on passe ainsi, en l'espèce, du domaine du droit privé dans celui du droit public, sans prendre garde que les mêmes principes ne peuvent y être en vigueur, et que ce qui est là, règle supérieure, n'est ici que maxime absolument subordonnée. On affirme le droit de disposer de la récolte, sans songer que le mode d'exercice de ce droit est entravé de façon implicite par la législation fiscale du pays. Si un impôt est établi sur l'alcool, toute production devient imposable, et au-dessus du droit de propriété, et supérieure à ce droit, il existe la règle fiscale qui établit certaines conditions, sous lesquelles seulement peut s'exercer ce droit. Que si elle se dé-

----

(¹) Béchade. Le régime fiscal et économique de l'alcool en France. Poitiers, 1898.

partit de sa rigueur en faveur d'une catégorie de producteurs, ceux-ci ne peuvent pas cependant y voir la consécration d'un droit, mais seulement le bénéfice d'un privilège.

A supposer que le droit de propriété du récoltant sur la récolte, qui est incontestable, ne se trouvât pas limité par les principes supérieurs de la législation fiscale, quant à son mode d'exercice, il n'en resterait pas moins certain que le droit de propriété sur le produit fabriqué (l'alcool) n'est pas ici entier, puisque du fait de l'impôt il est grevé d'un droit éventuel de créance au profit de l'État. Il se présente même, en outre, cette particularité que le droit de l'État acquiert une valeur beaucoup plus grande que celui du propriétaire, puisque l'impôt représente cinq ou six fois au moins la valeur du produit. On ne peut donc dénier raisonnablement à l'État le droit de prendre des mesures conservatoires sous forme de surveillance à la fabrication, aussi bien qu'à la circulation, si bon lui semble, à l'égard d'une chose qui peut être considérée comme son gage, tant que l'impôt n'a pas été payé. S'il ne le fait pas à l'égard des bouilleurs de cru comme il le fait à l'égard des autres producteurs d'alcool, c'est par pure concession bienveillante, non pour respecter un droit qui ne peut prévaloir contre le sien.

La conséquence logique du principe de la liberté des récoltants, dont se prévalent les défenseurs des bouilleurs de cru pour affirmer que ce qu'on appelle leur privilège est « un droit », la conséquence logique ne devrait-elle pas être que tous ceux qui fabriquent des alcools avec le produit de leurs récoltes sont libres et exempts d'exercice ?

Autant vaudrait alors supprimer l'impôt sur l'al-

cool. Les récoltants qui préparent de l'alcool avec
des betteraves ou des grains provenant exclusivement de leurs récoltes, dont ils sont à coup sûr
propriétaires au même titre que les bouilleurs de
cru sont propriétaires de leurs pommes, de leurs
raisins, de leurs fruits, n'en sont pas moins soumis
à un régime rigoureux et classés comme distillateurs
de profession. M. Maxime Lecomte était donc fondé
à dire au Sénat : « S'il y a des domiciles inviolables,
nous voyons qu'il y en a d'autres qui sont violés, s'il
y a des récoltes qui sont bien les produits du cru,
dont on peut faire de l'alcool sans payer de droits, il
y a d'autres récoltes dont on peut faire tout aussi
bien de l'alcool, pour lesquelles on peut invoquer
exactement les mêmes principes et qui doivent payer
intégralement les droits » (¹).

Ce qui prouve que le régime des bouilleurs de cru
est bien un privilège et non un droit, c'est que
M. Caillaux, alors ministre des Finances, combattant
un amendement tendant à ajouter les prunelles aux
fruits qui peuvent être distillés en franchise, disait :
« Le privilège (cette fois même il employait le mot), le
privilège des bouilleurs de cru est de droit étroit, il
est strictement cantonné dans les limites déterminées
par les textes législatifs » (²). Si donc ce régime était
une conséquence indispensable du droit de propriété,
il n'y aurait pas de raison pour qu'il en fût ainsi. Il
serait et devrait être le droit commun. Ne pourraient
alors pas être distillées en franchise, les matières
premières qu'énuméreraient les textes : grains, betteraves, mélasses, etc. Tandis qu'au contraire le prin-

---

(¹) Maxime Lecomte. Sénat, 11 déc. 1900.
(²) J. Caillaux. Chambre, 4 déc. 1900.

cipe posé est bien celui-ci : toute opération de distillation est assujettie à déclaration et entraîne l'exercice — par exception sont affranchis de la déclaration et de la surveillance de la régie, ceux qui distillent les vins, cidres, poirés, marcs et lies, cerises et prunes provenant exclusivement de leur récolte — énumération limitative — qui n'a de raison d'être et ne se comprend que parce qu'elle établit une dérogation au droit commun et consacre une situation privilégiée. Ce prétendu droit naturel, ce droit légitime de propriété dont se réclament les bouilleurs de cru, apparaît comme leur étant personnel, ce qui suffit à établir qu'il n'est pas ce qu'ils prétendent. « Ce régime, disait le sénateur Poirrier [1] n'a pas le caractère de généralité que lui donnerait le droit théorique du propriétaire récoltant qu'on veut invoquer à son appui. »

Il n'a pas ce caractère de généralité, puisque, nous venons de le voir, il y a tout une catégorie de récoltes auxquelles il ne s'applique pas. A un autre point de vue, il ne l'a pas non plus, puisque, parmi ceux qui récoltent les fruits énumérés par les textes législatifs, il y en a auxquels la loi refuse le bénéfice de la qualité de bouilleurs de cru. Si, en effet, le régime des bouilleurs de cru trouvait son principe et son fondement dans un droit intangible de propriété, comment expliquer alors que les bouilleurs usant d'appareils à marche continue distillant plus de deux hectolitres de liquide fermenté par jour, d'alambics à vapeur, ou d'alambics d'une contenance supérieure à cinq hectolitres soient soumis au régime des bouilleurs de profession ? Est-ce que ceux-là n'ont pas sur les fruits qu'ils mettent en œuvre le même droit de

---

[1] Pommier. Sénat, 26 déc. 1900.

propriété que ceux qui pour les distiller usent d'appareils de nature ou de contenance différente.

Faut-il donc, d'ailleurs, pour être réellement propriétaire d'une chose, l'avoir cultivée et récoltée soi-même? Est-ce que celui qui achète une barrique de vin n'en est pas propriétaire au même titre que celui qui l'a récoltée : il n'y a plus un récoltant et un acheteur, il n'y a que deux propriétaires. Le droit de propriété ne diffère pas quant à sa nature, selon que la chose qui en est l'objet est récoltée ou achetée par celui qui est titulaire de ce droit. Les circonstances dans lesquelles il est acquis diffèrent, mais ce droit est le même dans l'un et l'autre cas, et si le récoltant peut faire ce que l'acheteur ne peut pas faire, c'est à bon droit que l'on dit qu'il jouit d'un privilège.

La liberté des bouilleurs de cru constitue bien un privilège et à un double point de vue. C'est un privilège, en effet, nous venons de le voir, que la faculté pour les propriétaires de terrains plantés en vignes et en vergers, que la faculté pour eux seuls de fabriquer de l'alcool avec le produit de leur récolte, en toute liberté et en dehors de tout espèce de contrôle administratif.

C'est aussi un privilège, après avoir produit en toute liberté, que de pouvoir consommer sur place l'alcool fabriqué en toute franchise d'impôt.

« Tous nos impôts indirects sont payés par tous les consommateurs du produit, y compris les producteurs eux-mêmes. Nous citerons par exemple l'impôt sur les sucres, l'impôt sur les bières, etc... Il existe une très nombreuse catégorie de *bouilleurs de cru sans privilège*, auxquels la loi n'a jamais accordé aucune décharge : ce sont les distillateurs qui produisent, *avec leurs crus*, avec le produit de leurs terres des alcools de grains, de fécules, de betteraves et autres (¹). »

La loi du 29 décembre 1900, en dégrevant les boissons hygiéniques a ôté au droit qui est actuellement perçu sur le vin et le cidre le caractère d'une taxe frappant véritablement la consommation, pour n'en faire qu'un droit très léger, perçu à la circulation, droit qu'on pourrait presque qualifier de droit de statistique, et qui n'a même été maintenu que pour assurer au service des contributions indirectes la possibilité de prévenir et réprimer les fraudes commerciales et les fraudes fiscales. Elle a, au contraire accentué le caractère d'impôt sur la consommation qu'avait déjà le droit sur l'alcool. Avec l'évolution qu'a suivi le régime fiscal de l'alcool, il est incontestable aujourd'hui, quel que soit le moment où s'opère la perception des droits, fût-ce aussi bien à la fabrication qu'à la circulation, que ce qui est frappé et taxé c'est la consommation de l'alcool.

On prétend que les bouilleurs de cru ont un droit naturel à produire et à consommer l'eau-de-vie provenant de leurs vins et de leurs fruits, comme les agriculteurs ont le droit de consommer le pain fait avec leur blé ou la viande fournie par les bestiaux abattus; mais a répondu très judicieusement Léon Say à ce sophisme : « Il y a pourtant entre l'eau-de-vie d'une part, et le pain et la viande d'autre part, cette différence que l'eau-de-vie est assujettie à un droit de consommation tandis que le pain et la viande en sont exempts (²). »

(¹) M. PEYTRAL cité in Taquet. Une fraude de 100 millions. Paris. Guillaumin, 1902.

(²) Léon SAY. Rapport au nom de la Commission extraparlementaire des alcools. Paris, Chaix, 1890.

Les taxes de consommation ainsi que l'a démontré un économiste des plus éminents, M. Stourm (¹), ne doivent pas frapper les objets de première nécessité. C'est avec raison qu'en sont exempts le pain et la viande dans le budget de l'État, et il est à regretter, que les droits d'octroi et de douanes viennent, si peu que ce soit, en relever le prix. Mais si un objet peut légitimement être atteint par un droit de consommation, c'est assurément l'alcool, toujours superflu, trop souvent nuisible, lorsqu'il est destiné à la consommation humaine. C'est à un droit de cette nature que le soumet le régime fiscal des boissons, droit dont la loi du 29 décembre 1900 a accentué, si possible, le caractère déjà très net.

« Or s'il est un principe fiscal qui soit généralement admis et qui ait été appliqué dans la mesure la plus large, dans tous les temps et dans tous les pays, c'est que les taxes de consommation doivent être universelles. On les a même employées dans les temps de privilège pour atteindre les citoyens qui étaient parvenus à se soustraire aux impôts directs. Les impôts de consommation frappent les produits indépendamment de leur origine et du mode de leur production.

« Qu'ils soient consommés sur place par celui-là même qui les a créés chez lui dans son domaine, ou qu'ils entrent n'importe dans quel lieu ou n'importe comment dans la consommation de celui qui les achète, les objets et les denrées frappés de droit de consommation sont assujettis à l'impôt. Le nom même d'impôt de consommation montre assez qu'il ne s'agit ni d'un droit sur la vente, ni d'une taxe sur la circulation. C'est comme un prélèvement qui se fait au

---

(¹) René STOURM. Systèmes généraux d'impôts. Guillaumin, 1897.
      ANTHEAUME. Bouilleurs de cru.

profit de l'État sur ce qui se consomme. Les propriétaires de salines ne peuvent soustraire le sel qu'ils fabriquent sur leur propre terrain à la surveillance des agents de l'État, et n'ont pas le droit de le consommer sans acquitter l'impôt. Les planteurs de tabacs ne peuvent détourner pour leur usage aucune feuille des plantes qu'ils cultivent sur leur sol et sont obligés de représenter aux inspecteurs des manufactures de l'État, le compte, feuille par feuille des pieds plantés dans leurs champs. Notre impôt mobilier est assis sur la valeur locative des maisons, c'est un impôt sur la dépense du loyer tout à fait semblable par sa nature et les conditions de son assiette, aux impôts ordinaires de consommation; le propriétaire qui habite sa propre maison n'en est pourtant pas exêmpté. S'il ne le payait pas ce serait bien par un privilège, personne ne peut en disconvenir. Enfin, comprendrait-on, dans un pays où tous les impôts seraient assis sur les consommations, que les propriétaires qui ne consommeraient que leurs produits, en fussent exemptés ? Ils profiteraient des dépenses générales sans diminuer leur jouissance ni augmenter leur peine ; ils jouiraient des avantages de toutes les dépenses publiques sans y avoir concouru.

« Aucune consommation ne peut être soustraite au paiement des droits sans que ce soit par un privilège contraire au principe de l'égalité des citoyens devant l'impôt ([1]). »

Telle est l'argumentation irréfutable, que nous avons intégralement reproduite pour ne pas l'affaiblir, par laquelle Léon Say démontrait que les bouilleurs de cru n'avaient aucun droit à consommer en fran-

---

([1]) Léon SAY. *Loc. cit.*

chise leur alcool. Il n'est donc pas vrai que l'État soit
tenu de laisser le cultivateur ou le fermier consommer sa récolte sous forme d'eau-de-vie. S'il en est
ainsi pour le pain, pour la viande, pour tout ce qui
n'est pas soumis à un impôt, il n'en est plus de même
quand le produit est assujetti au paiement d'un droit ;
tous les citoyens doivent le payer. Il importe peu
que l'agriculteur établisse la légitimité de sa propriété ou de la location d'une exploitation rurale et
qu'il soit en mesure de prouver que l'impôt foncier
inhérent au sol cultivé est régulièrement payé à l'État.

On ne peut déduire de là, comme l'a fait un défen-
seur des bouilleurs de cru (¹), que, dans tous les cas,
la libre disposition des produits, quels qu'ils soient,
du sol dont l'impôt foncier a été acquitté soit pour
l'occupant non un privilège, mais un droit. Le fait
d'avoir payé la contribution foncière n'a rien à voir
avec celui d'acquitter un impôt qui a pour objet
d'atteindre la consommation d'un produit qui, à moins
d'être fabriqué par la synthèse chimique, doit inévitablement provenir de fruits, de grains, de racines ou
de tubercules cultivés dans des terres relevées sur
le plan cadastral. De quelques substances qu'on tire
l'alcool, le sol qui les a fournies a payé l'impôt foncier. Et comme à juste titre les producteurs d'alcool
de grains, de mélasses ou de betteraves, (ces matières
premières fussent-elles de leur récolte) paient l'impôt
sur les quantités qu'ils consomment, il n'est point
de raison pour que les bouilleurs de cru en soient
affranchis, à moins qu'un privilège ne leur confère
cette immunité. Qu'ils aient le droit de fabriquer de
l'alcool, c'est ce qui n'est pas en question, et c'est

______

(¹) Raoul GLORIA. Les bouilleurs de cru et la liberté. Rouen 1895.

enfoncer une porte ouverte que d'entasser les arguments pour arriver à cette conclusion que le cultivateur transformant chez lui les produits bruts de sa récolte personnelle en denrée marchande et susceptible de trouver acheteur, a le droit de le faire sans payer aucune taxe. Il ne s'agit en aucune façon d'imposer un droit de fabrication, mais d'assurer le recouvrement d'un impôt de consommation, qui ne perd pas ce caractère, même s'il est recouvré au moment de la production. C'est comme consommateur que le bouilleur de cru devrait payer les droits sur l'eau-de-vie qu'il consomme, et c'est pour garantir le paiement des droits sur les quantités consommées par lui, et sur les quantités vendues pour être consommées par d'autres, qu'il pourrait y avoir lieu d'organiser une réglementation permettant la surveillance de la production.

Ainsi la liberté des bouilleurs de cru et leur exonération de tous droits est bien un privilège, en fait comme en droit, selon l'expression de M. A. G. Desbats (¹). « En droit parce que cette exemption d'une seule classe de détenteurs d'alcool des charges qui pèsent sur les autres constitue un privilège, négatif si l'on veut, mais qui pour cela n'en est pas moins réel, comme serait par exemple l'exemption d'une classe de citoyens du service militaire ; en fait parce que les bouilleurs de cru sont en mesure, par la liberté qui leur est laissée, de se livrer à la fraude, et loin de nous apparaître comme l'expression de la justice, cette liberté doit, au contraire, nous paraître profondément injuste et immorale puisqu'elle est de nature à favoriser un délit. »

____

(¹) A. G. Desbats. De la suppression du privilège. Bordeaux, 1893.

La surveillance d'ailleurs est la suite nécessaire du crédit des droits, comme celui-ci est la conséquence de l'élévation de ces droits. On ne voit pas pourquoi il serait plus inique d'imposer cette surveillance à certains récoltants qu'à toute une autre catégorie de récoltants qui ne peuvent pas plus s'y soustraire que l'industrie et le commerce.

Ainsi des sophismes habilement présentés, des arguments spécieux, et surtout des affirmations d'allure dogmatique, encore plus que des preuves, ont pu faire illusion. Il n'en est pas moins certain que cette institution archaïque et tout à fait particulière qu'aucun des peuples civilisés qui ont de hauts droits sur l'alcool n'admettrait, qui n'existe qu'en France, sous le nom de régime des bouilleurs de cru, constitue un privilège, et un privilège tout à fait colossal. Il a pu paraître opportun de le leur concéder ; il peut de même être nécessaire de le leur retirer. Il est de nature essentiellement précaire, et quelque durée que puisse avoir ce régime, il serait absolument antijuridique en cette matière, où il s'agit de l'Etat, de prétendre qu'une tolérance si prolongée qu'elle soit puisse constituer un droit.

III

Les matières que mettent en œuvre les bouilleurs de cru sont aussi celles qui jusqu'en 1850 occupèrent la place la plus considérable dans la fabrication des alcools en France, tant par les distillateurs et bouilleurs de profession que par les bouilleurs de cru eux-mêmes.

Si l'on prend la moyenne décennale de la période 1840-1850, on voit que dans une production totale de

891 500 hectolitres, les eaux-de-vie de vins, de cidres, de marcs et de fruits entrent pour 815 000 hectolitres tandis que les substances farineuses, les mélasses et les betteraves ne fournissent que 76 500 hectolitres.

Mais à partir de 1854, les ravages de l'oïdium et du phylloxera rendent presque nulle la production des eaux-de-vie de vins, tandis que la fabrication des alcools de grains, de betteraves et de mélasses prend rapidement une importance considérable avec les progrès scientifiques et le développement de l'industrie.

Les chiffres officiels (¹) rendent frappante cette constatation, et si on rapproche l'année 1900 de l'année moyenne 1840-1850, en groupant les alcools provenant de grains, mélasses et betteraves sous le nom d'alcools d'industrie, et ceux provenant des vins, cidres, marcs et fruits sous le nom d'eaux-de-vie naturelles il en ressort avec évidence que l'augmentation totale de la production a été caractérisée par une augmentation considérable des alcools d'industrie et une diminution de la production des eaux-de-vie naturelles :

	Alcools d'industrie.	Eaux-de-vie naturelles.	Total.
1840-1850.	76 500	815 000	891 500
1900.	2 332 355	323 913	2 656 268

Sur cette production totale, l'administration des contributions indirectes fixe à 204 000 hectolitres la part des bouilleurs de cru (²). Pour les distillateurs et

---

(¹) Voir tableau de la production annuelle des alcools par nature de substances mises en œuvre depuis 1840. Annexes, tableau III.

(²) Pour tous les chiffres relatifs aux bouilleurs de cru que donne l'administration, il est essentiel de remarquer que ce sont de simples évaluations établies par les agents locaux, et au sujet desquelles, celle-ci déclare expressément décliner toute responsabilité.

les bouilleurs de profession, leur fabrication s'élève
à 2 451 905 hectolitres. Ils ont travaillé en 1900 au
nombre de 8 623, desquels :

166 ont mis en œuvre des substances farineuses et ont produit.	562 210 hectol.
8 ont mis en œuvre des pommes de terre et ont produit	245 —
322 ont mis en œuvre des mélasses et des betteraves et ont produit..	1 769 900 —
760 ont mis en œuvre des vins et ont produit.	97 353 —
3 694 ont mis en œuvre des cidres et des poirés et ont produit	4 229 —
2 851 ont mis en œuvre des marcs et lies et ont produit	14 895 —
442 ont mis en œuvre des fruits et ont produit	2 217 —
380 ont mis en œuvre des substances diverses et ont produit	856 —
8 623 distillateurs et bouilleurs de profession fabricant en 1900.	2 451 905 hectol.

En fait la fabrication se trouve concentrée dans
250 établissements environ, parmi lesquels 200 n'ont
même qu'une importance restreinte.

Dans ces 250 distilleries, en effet, 49 seulement
ont eu une production supérieure à 10 000 hectolitres :

15 ont fabriqué de	10 000 à 15 000 hectolitres.		
7	—	15 001 à 20 000	—
3	—	20 001 à 25 000	—
5	—	25 001 à 30 000	—
2	—	30 001 à 35 000	—
2	—	35 001 à 40 000	—
3	—	40 001 à 50 000	—
1	—	50 001 à 55 000	—
2	—	55 001 à 60 000	—
9 ont fabriqué plus de	60 000		—

On aura une idée des principaux centres régionaux

de fabrication en sachant que ces 49 distilleries sont réparties dans un très petit nombre de départements :

```
 4 dans l'Aisne ayant fabriqué ensemble.     301 449 hectol.
24 dans le Nord                    —         514 700
 8 dans le Pas-de-Calais                     260 213
 2 dans la Seine-Infér.                       141 250
 3 dans la Seine-et-Oise                       69 762
 3 dans la Somme                             280 823
 5 dans d'autres départements, possédant
     chacun une usine importante, ayant
     fabriqué ensemble . . . . . . . .        153 501
  ───
49 distillateurs fabricant ensemble en
     1900 . . . . . . . . . . . . . .       1 721 668 hectol.
     Sur une production totale de. . . .    2 452 000
```

Ainsi, chez les distillateurs et bouilleurs de profession, diminution considérable de la fabrication des eaux-de-vie de vins, cidres, marcs et fruits, développement énorme de la fabrication des alcools de grains betteraves et mélasses, et concentration de la production dans un petit nombre de distilleries dont la situation dans les départements de culture betteravière (Aisne, Nord, Pas-de-Calais, Somme et Seine-et-Oise) indique assez que c'est la mélasse et la betterave qui sont devenues les principales sources d'alcool.

A côté de la fabrication des bouilleurs et distillateurs de profession, dont l'administration des contributions indirectes suit toutes les phases et est en mesure de donner le chiffre exact, il y a la production des bouilleurs de cru pour lesquels elle ne fournit qu'une approximation.

Elle évalue ainsi leur production pour 1900 :

Alcools provenant de la distillation des :

Vins.	Cidres et poirés.	Marcs et lies.	Fruits.	Total.
52 054 h.	42 814 h.	78 565 h.	30 930 h.	204 363 h.

```
Cette production pour 1899 était de . . . . .    90 976 h.
Soit une augmentation de. . . . . . . . . .     113 387 h.
```

C'est qu'en effet, la production des bouilleurs de cru est très variable d'une année à l'autre. Par la nature des substances mises en œuvre, elle est intimement liée à l'importance de la récolte. Le nombre même des bouilleurs de cru qui ont travaillé pendant une année est par suite également variable. On estime qu'il y avait en France, en 1900, 925 910 bouilleurs de cru distillant incidemment ou habituellement. Pour cette même année, qui fut une de celles où en raison de l'abondance de la récolte en vins et en cidres, les bouilleurs de cru fabriquèrent le plus d'eaux-de-vie, 552 537 d'entre eux travaillèrent, tandis qu'en 1899, il n'y en eut que 338 257 ; soit, par conséquent, en 1900, une augmentation de 214 280 bouilleurs de cru ayant effectivement distillé, sur l'année précédente.

La répartition des bouilleurs de cru sur le territoire dépend de la nature des substances qu'ils mettent en œuvre.

Pour la distillation des vins, les départements suivants sont ceux où elle est la plus importante et où il y a le plus de bouilleurs.

| | | NOMBRE DES BOUILLEURS | |
DÉPARTEMENTS	PRODUCTION d'alcool en 1900	qui ont travaillé en 1900	qui distillent incidemment ou habituellement
	hectol.		
Hérault	17 330	5 183	7 196
Aude	8 196	1 514	1 514
Gard	6 606	2 665	5 282
Gers	5 730	458	1 560
Pyrénées-Orientales . .	2 904	1 607	2 164
Charente-Inférieure . .	1 070	298	4 145

La production des eaux-de-vie de cidre a toujours été localisée dans la région normande, où elle a beaucoup augmenté.

DÉPARTEMENTS	PRODUCTION d'alcool en 1900	NOMBRE DES BOUILLEURS	
		qui ont travaillé en 1900	qui distillent incidemment ou habituellement
	hectol.		
Calvados	8 296	7 449	25 070
Orne.	7 860	14 600	41 451
Manche.	6 863	12 885	35 069
Eure.	6 079	14 551	18 104
Sarthe	2 525	26 219	33 602

La distillation des marcs de raisin est répandue dans certaines régions vinicoles :

DÉPARTEMENTS	PRODUCTION d'alcool en 1900	NOMBRE DES BOUILLEURS	
		qui ont travaillé en 1900	qui distillent incidemment ou habituellement
	hectol.		
Yonne	4 857	27 511	51 486
Indre-et-Loire.	6 602	15 971	16 641
Côte-d'Or.	4 918	14 787	26 951
Isère.	4 276	18 467	23 955
Marne	4 513	11 915	18 055
Meuse	2 956	16 225	22 146
Saône-et-Loire.	2 869	8 506	25 752

Les fruits sont distillés principalement dans les

départements de l'Est. Les prunes à kirsch donnent par 100 kilog. 4 à 5 litres d'alcool pur, les prunes de quetsch, 7 à 9 litres, les cerises, 3 à 4,5 litres.

DÉPARTEMENTS	PRODUCTION d'alcool en 1900	NOMBRE DES BOUILLEURS	
		qui ont travaillé en 1900	qui distillent incidemment ou habituellement
	hectol.		
Vosges	9 346	22 050	26 484
Meuse	3 070	16 225	22 416
Haute-Saône	2 635	25 412	25 462
Haute-Marne	1 384	18 723	23 707
Doubs	1 154	7 590	7 590

Ainsi, en opposition à ce qui est à remarquer pour la fabrication des alcools des distillateurs et bouilleurs de profession, fabrication concentrée dans un petit nombre de distilleries et dans quelques départements, la production des bouilleurs de cru est répandue sur toute la surface du territoire. Le tableau de la production des alcools en 1900 donne d'ailleurs une représentation très frappante de la situation pour les uns et les autres puisqu'il la condense en ses colonnes pour chaque département ([1]).

Vingt-six départements contiennent le plus grand nombre des bouilleurs de cru et donnent la plus forte part de la production des eaux-de-vie dites naturelles. Ils forment sept centres de production :

1° Les Charentes, région productrice des eaux-

([1]) Voir tableau de la production des alcools en 1900. Annexes. Tableau VIII.

de-vie les plus réputées, formée par les deux départements de la Charente-Inférieure et de la Charente ;

2° Le Midi, dont la production très abondante n'est que d'une qualité ordinaire (il englobe l'Aude, le Gard et l'Hérault) ;

3° L'Armagnac, producteur d'eaux-de-vie de vin réputées ; cette région comprend le département du Gers, une partie du Lot-et-Garonne et des Landes.

4° La Bourgogne et le Jura, mettant en œuvre les vins, les fruits et les marcs, centre de production formé par la Côte-d'Or, Saône-et-Loire et le département du Jura.

5° La région de l'Est, avec l'Aube, le Doubs, la Marne, la Haute-Marne, la Meuse, Meurthe-et-Moselle, la Haute-Saône et les Vosges, distille surtout les fruits.

6° L'Yonne, par le nombre des bouilleurs et l'importance d'une production tirée presque exclusivement des marcs, forme une classe particulière.

7° Enfin la Normandie est, avec le Calvados, l'Eure, la Manche et l'Orne, le pays par excellence de l'eau-de-vie de cidre.

La consommation de l'alcool n'offre plus le même phénomène de concentration en ce qui concerne les alcools provenant des bouilleurs et distillateurs de profession. Les quantités considérables qu'ils produisent à chaque campagne se répandent par toute la France, allant tenter le consommateur jusque dans les régions les plus dépourvues quant à la fabrication. Quant à la production des bouilleurs de cru, une certaine part sans doute est déplacée et circule, mais la presque totalité est consommée sur place ou tout au moins dans la région de production. C'est ce que montre le tableau relatant par département la consommation réelle imposée, la consommation en franchise et la consommation totale des vins, cidres, alcools et vins de liqueurs en 1901 (¹).

Cependant il faut se garder de croire que toute la production de l'alcool en France trouve son emploi dans la consommation humaine.

Sur les 2 768 418 hectolitres à 100° auxquels on évalue les ressources totales en alcool pour 1900, 1 782 891 passent à la consommation de bouche et se répartissent ainsi :

1 362 945 chez les débitants de boissons de tous lieux ; 219 411 chez les simples consommateurs de tous lieux ; et 200 545 chez les débitants et simples consommateurs à Paris, s'approvisionnant directement en gros.

Sur le reste (soit 985 627 hectolitres qui ne sont pas bus) 345 743 sont exportés, et 275 728 hectolitres sont employés à des usages industriels (²). C'est donc à peu près le dixième seulement des ressources en alcools qui, dans notre pays, trouve un emploi dans l'industrie. Encore qu'un progrès manifeste s'effectue de ce côté, puisque 119 000 hectolitres seulement en 1890 avaient cette destination, il reste beaucoup à faire dans cette voie, en France, surtout si on songe que l'Allemagne, sur une production de 3 823 000 hectolitres, pendant la campagne 1898-1899, en a consacré environ 992 000, soit plus du quart, à des usages industriels, proportion qui s'est encore élevée au

---

(¹) Voir Annexes, tableau IX.

(²) Consulter, au sujet de ces chiffres, les tableaux V et VII des Annexes.

cours de la campagne 1899-1900, puisque sur
3 654 000 hectolitres produits, la consommation industrielle a atteint 1 047 414 hectolitres, soit presque
le tiers.

DEUXIÈME PARTIE

CHAPITRE PREMIER

LES BOUILLEURS DE CRU AU POINT DE VUE FISCAL

Sommaire. — Le privilège des bouilleurs de cru et le principe d'égalité devant l'impôt. La fraude des bouilleurs de cru ; son retentissement dans les recettes de l'État ; ses procédés, son étendue ; malgré leurs dénégations, elle est avouée implicitement par les bouilleurs de cru eux-mêmes. Les preuves de la fraude : 1° corrélation : a) de la baisse des cours de l'alcool ; b) des moins-values budgétaires avec les époques d'activité dans la fabrication des bouilleurs de cru, à la suite des récoltes abondantes ; 2° augmentation de la productivité de l'impôt, particulièrement dans les régions de bouilleurs de cru en période de suppression du privilège (de 1873 à 1875). Évaluation de la fraude : fabrication ostensible et fabrication clandestine des bouilleurs de cru. Le préjudice que la fraude cause au Trésor. Nécessité de saisir toute la production pour taxer à la fois la consommation des bouilleurs de cru et les quantités qu'ils vendent en fraude ; produit qu'on peut attendre de la réalisation d'une réforme de ce genre.

Il n'est pas besoin d'une étude bien approfondie de la question des bouilleurs de cru pour voir que la première conséquence du privilège dont ils jouissent est de porter atteinte au principe de l'égalité de tous les citoyens devant l'impôt. Cette atteinte se manifeste de deux façons.

En premier lieu, seuls, de tous les citoyens, les bouilleurs de cru n'acquittent pas de droits sur leur consommation personnelle d'alcool. On ne peut objecter que, dans les villes sujettes, ils sont tenus de payer le droit d'entrée. La très grande majorité d'entre eux réside à la campagne, dans les localités où il n'y a pas de droit d'entrée, ou même dans des exploitations isolées. Lorsqu'ils ont à l'acquitter, le droit d'entrée n'atteint qu'un fort petit nombre des bouilleurs de cru, et il ne constitue d'ailleurs qu'une faible partie des charges qui pèsent sur la consommation de l'alcool et qu'ont à supporter les autres citoyens. L'inégalité existant de ce fait au profit des bouilleurs de cru est allé s'accentuant avec les augmentations du tarif de l'impôt sur l'alcool. Lorsqu'en 1824, sous l'empire de la loi du 24 juin, le droit de consommation en *principal et décime* était fixé à 55 fr. par hectolitre d'alcool à 100°, il ne représentait guère alors que le cinquième ou le quart de la valeur du produit. Le cadeau pouvait paraître de peu d'importance, et l'inégalité n'était pas trop choquante puisque le prix de l'alcool ne se ressentait guère du taux de l'impôt. Mais à partir de 1850 s'est dessinée cette évolution qui n'a pas cessé ses progrès et s'est continuée jusqu'à nous, au cours de laquelle les tarifs n'ont fait que s'accroître, tandis que diminuaient les prix de l'alcool. L'impôt de 50 fr. en 1855 sur un produit valant alors 145 fr. s'est élevé à 90 fr. en 1860, alors que le prix baissait à 100 fr., puis a atteint en 1870 et 1873, 150 fr. et 156 fr. 25, tandis que les prix tombaient à 75 et 57 fr. pour arriver, depuis la loi du 29 décembre 1900, à 220 fr., le cours de l'alcool étant à ce moment à 35 fr. Sans doute, l'alcool communément consommé par les bouilleurs de cru a une valeur un peu supérieure à celle-là, mais qui est loin d'atteindre cependant celle de certains produits des Charentes, objet d'un commerce régulier qui ne sont d'ailleurs livrés à la consommation, en général, qu'après avoir acquitté les droits. Le bénéfice que tire le bouilleur de la liberté dont il jouit de consommer en franchise l'alcool fabriqué par lui, est donc aujourd'hui, du fait de l'élévation de l'impôt, hors de proportion avec la valeur réelle de l'eau-de-vie qu'il boit, et cela ne fait que rendre plus criante l'inégalité résultant du privilège.

Car on peut dire que vis-à-vis des consommateurs ordinaires, ouvriers des villes et des campagnes, vis-à-vis de tous ceux qui ne sont pas récoltants et producteurs privilégiés, c'est l'impôt qui fait le prix du produit consommé. Cela est si vrai que parmi les hygiénistes, les moralistes et les économistes qu'inquiètent les tristes perspectives ouvertes aux esprits clairvoyants par les ravages de l'alcoolisme, bon nombre attendent un remède efficace d'une élévation du tarif, qui aurait pour corollaire une augmentation du prix du petit verre, susceptible d'enrayer les progrès de la consommation. Le privilège place les bouilleurs de cru en dehors de cette situation qui est le droit commun en France et les exonère, contrairement à l'intérêt de leur santé, du paiement des taxes qui ne peuvent, dans une certaine mesure, qu'apporter un frein salutaire à l'abus des boissons spiritueuses.

N'est-ce pas une anomalie étrange que de voir, de par la législation existante, certains propriétaires ruraux être à même de boire de l'eau-de-vie à bon marché parce que, seuls de tous les contribuables, ils ont en leur possession des vignes ou des arbres fruitiers? « Dussé-je succomber sous la réprobation unanime, s'écriait M. Rouvier à la Chambre des députés[1] jamais vous ne me ferez dire que dans ce pays d'égalité, un citoyen assez fortuné pour produire lui-même ce qui est nécessaire à sa consommation ne doit rien à l'État, tandis qu'à côté de lui, le citoyen qui achète ce dont il a besoin, doit payer l'impôt. » On a souvent montré dans les discussions auxquelles a donné lieu le privilège des bouilleurs de cru, le petit cultivateur ayant besoin de sa bouteille d'eau-de-vie pour prendre le petit verre qui doit soi-disant le soutenir et lui donner des forces pour son travail, ayant besoin de sa bouteille afin de pouvoir offrir quelque chose aux amis qui le viennent voir. On a été jusqu'à dépeindre en termes poétiques, la ménagère préparant les fruits à l'eau-de-vie, le bocal de cerises dont on aime, le dimanche, à offrir quelques-unes aux parents et aux voisins !

La complaisance que l'on met à tracer ces tableaux ne fait qu'accentuer l'inégalité qui existe entre le bouilleur et le simple ouvrier de la ville ou de la campagne. Il n'y a en réalité aucune bonne raison d'établir une différence entre les uns et les autres. Tous doivent payer les droits sur l'eau-de-vie qu'ils consomment, et l'on ne voit pas pourquoi le cultivateur en serait exempt. En vérité, il n'est guère opportun de favoriser par la franchise à la consommation des bouilleurs de cru, les progrès de l'alcoolisme dans les campagnes.

À un autre point de vue, le privilège engendre une véritable inégalité. « Le propriétaire récoltant de certains fruits, mais de certains fruits seulement, peut se faire de l'alcool, tant qu'il veut, sans payer de

---

[1] ROUVIER. Chambre des Députés. Séance du 7 novembre 1892.

droits et sans rien déclarer à la Régie. Voilà donc un privilège attaché à la propriété, mais non à toutes les propriétés ! L'énumération des matières pour la distillation desquelles les propriétaires et fermiers jouissent de la franchise est absolument limitative et ne comporte aucune extension (¹). » Nous avons vu en effet que l'immunité concédée aux récoltants distillant leurs vins, cidres, poirés, marcs et lies, cerises et prunes, est refusée aux propriétaires récoltants de betteraves, pommes de terre, grains et autres substances farineuses. Sans doute la situation des uns et des autres est loin d'être la même, et accorder l'extension du privilège aux propriétaires distillant les betteraves ou les grains de leur récolte équivaudrait à supprimer des recettes du Trésor l'impôt sur l'alcool. Cela aboutirait à tarir d'autant plus sûrement toute perception de droit que, tandis que les vins et les cidres sont assujettis aux formalités de circulation qui permettent de distinguer entre les bouilleurs distillant les produits de leur propre récolte et ceux distillant des produits d'achat, la même garantie n'existe pas à l'égard des distillateurs qui mettent en œuvre des betteraves, des grains, des pommes de terre. Mais ce qui ressort de cette situation, c'est qu'on ne pourrait étendre le privilège aux distillateurs de substances amylacées ou féculentes sans causer au Trésor un préjudice considérable ; qu'entre les deux catégories, c'était aux bouilleurs de cru tels que les définissent les textes, qu'on pouvait seulement octroyer, avec le moins de danger pour le Trésor, les immunités dont ils jouissent. La franchise dont ils bénéficient n'en est pas moins contraire à l'égalité

______

(¹) Paul TAQUET. *Op. cit.*

quelle que soit la gravité des raisons particulières qui empêchent l'extension de cette concession aux distillateurs de betteraves et de grains. Le maintien de la règle à l'égard de ces distillateurs ne fait que ressortir plus vivement l'iniquité du privilège accordé aux récoltants de vins et de cidres. Si l'on juge nécessaire pour la sécurité des finances publiques, de restreindre la liberté des distillateurs agricoles, on ne comprend guère les scrupules qu'on manifeste à l'égard des bouilleurs de cru.

Le privilège ne peut, par sa nature même, qu'engendrer l'inégalité. Il crée dans le pays deux catégories de contribuables : ceux qui acquittent l'impôt et ceux qui consomment en franchise ; deux sortes d'alcool : celui qui paye tout et celui qui ne paye rien. Il est, selon la vigoureuse expression tant de fois citée, de M. Claude des Vosges : « la violation du principe qui doit être le plus cher à une démocratie, le principe d'égalité ».

Le privilège des bouilleurs de cru a dans le régime fiscal une autre conséquence, d'un retentissement considérable. Outre qu'il frustre, en effet, le Trésor par l'inégalité qu'il engendre, d'une recette légitime, il est la source à laquelle va, en majeure partie, s'alimenter la fraude.

Les représentants de l'industrie sucrière étant allés trouver Thiers, alors qu'il était chef du pouvoir exécutif pour lui exposer leurs raisons à l'appui de leur demande de suppression de l'exercice des sucreries, s'attirèrent cette réponse : « Si j'ai bien compris votre demande, voici la situation : à l'heure qu'il est, je tiens le lièvre par les oreilles et vous me proposez de le lâcher, m'assurant que je le rattraperai par la queue. Eh bien, moi, j'aime mieux tenir le lièvre par les oreilles et ne pas le lâcher, que d'avoir à courir après lui ».

C'est d'une situation si favorable qu'on s'est privé en concédant aux bouilleurs de cru le privilége dont ils jouissent. Tant qu'on ne tiendra pas le lièvre par les oreilles et qu'on se contentera de s'efforcer de le rattraper par la queue, l'impôt sur l'alcool ne pourra pas être perçu sans fuites préjudiciables aux intérêts du Trésor.

Les formalités à la circulation peuvent suffire à empêcher la fraude sur le vin et le cidre, à cause du volume de la matière imposable qui ne peut se dissimuler facilement. Elles y peuvent suffire d'autant mieux que le dégrèvement de ces boissons, par la loi du 29 décembre 1900, enlève tout intérêt à la pratiquer.

Mais il n'y a aucune comparaison à faire entre le vin et l'alcool, parce que l'alcool a une situation exceptionnelle par la somme de revenus qu'il doit procurer au Trésor et par le volume restreint sous lequel il peut circuler.

Un litre d'alcool peut être divisé très facilement et passer très facilement dans la circulation pour entrer, de là, dans la consommation sans avoir rien payé. Or, un simple litre rapportait autrefois un bénéfice approximatif de 1 fr., aujourd'hui de 1 fr. 60 à 1 fr. 80. Avec l'ancien régime des boissons, pour frustrer le Trésor de 1 fr. sur du vin, il fallait vendre un hectolitre de vin, lorsqu'il ne fallait qu'un litre d'alcool pour arriver au même bénéfice. Aujourd'hui il faudrait une quantité de vin bien supérieure encore. Les formalités à la circulation, alors qu'elles sont effectives pour le vin, sont illusoires pour l'alcool. Elles le sont d'autant plus qu'on a remplacé

les droits sur les boissons hygiéniques par une surtaxe de 63 fr. 25 sur l'alcool, soit 41 p. 100 d'augmentation. L'efficacité de cette solution dépend inévitablement de la situation qui est faite aux bouilleurs de
cru. Le privilège ouvre à la matière imposable,
l'alcool, des fuites par lesquelles elle s'échappe
d'autant plus que la pression est plus forte, c'est-à-
dire, que le poids de l'impôt à éviter est plus lourd.

Les manœuvres des fraudeurs varient dans chaque
région avec la nature des produits qu'on y récolte,
ou qu'on y introduit, avec l'appât du gain qu'ils y trouvent, avec les circonstances qui les favorisent ou les
entravent.

L'entraînement à la fraude est d'autant plus grand
qu'on y trouve plus de profit, aussi les droits élevés
dont est frappé l'alcool la rendent-ils, sur ce produit,
de la part des bouilleurs de cru, aussi étendue que
lucrative. On la retrouve partout, dans les villes,
dans les campagnes, esquivant les droits au profit de
l'État et les octrois municipaux.

Elle existe dès l'origine de la fabrication. La distillation pratiquée par les bouilleurs de cru non seulement sur les matières qu'ils récoltent, mais sur celles
qu'ils achètent d'une manière occulte à cet effet,
enlève au fisc une bonne part des produits livrés
à la consommation générale. Il est avéré que la
production totale des bouilleurs de cru est bien
plus considérable que celle qu'arrive à connaître
l'administration des contributions indirectes. Sous
le couvert de l'immunité qui leur est concédée,
beaucoup d'entre eux fabriquent de l'alcool avec
des matières d'achat. Tantôt ce sont des grains, soi-
disant achetés pour la nourriture des bestiaux, qui
passent à l'alambic, tantôt ce sont des vins étrangers,

des raisins secs, même des figues et des caroubes, dont les procès-verbaux ont relevé la distillation frauduleuse.

Les fraudeurs sont aussi ceux qui achètent les produits de leurs voisins pour les joindre à leur récolte de vin ou de cidre à faire bouillir, ou pour augmenter les quantités de marcs ou de fruits destinées à la chaudière. Ce sont encore les propriétaires qui, intentionnellement, cultivent, en vue d'une grande récolte à distiller, comptant sur la prime à retirer de la vente sans paiement des droits pour compenser l'élévation relative des prix de revient de leur eau-de-vie. Enfin, la fraude prend encore naissance chez les bouilleurs de cru, par les agissements de ces individus qui parcourent les campagnes pour acheter les produits du cultivateur et du vigneron et qui, avec leur complicité, distillent chez eux, pour leur compte à eux acheteurs, sous le couvert du privilège et profitent, avec eux, du tort fait au Trésor.

Mais c'est surtout à la consommation que croît et se développe la fraude. Elle prend alors tout son essor par les procédés les plus variés et les plus ingénieux.

Tout d'abord, et par suite de la facilité avec laquelle on peut transporter l'alcool en raison de sa valeur élevée sous un petit volume, les bouilleurs de cru alimentent en franchise de l'impôt, dans un rayon assez étendu, la consommation des simples particuliers. La production des bouilleurs de cru est toujours au moins suffisante pour suffire à leur consommation, surtout aujourd'hui que la reconstitution du vignoble est attestée par la grande abondance des récoltes et que les plantations d'arbres fruitiers se sont très étendues, gagnant, même dans le Nord et le Midi, des régions où elles étaient presqu'inconnues jusqu'alors.

Le bouilleur affranchi de toute espèce de surveillance, sort des limites de son privilège pour vendre les quantités produites qui excèdent les besoins de sa consommation. Il trouve facilement des clients, qui sachant qu'en allant chercher l'alcool à la bouillerie, la matière imposable échappe au paiement des droits lui achètent son eau-de-vie à un prix bien supérieur au coût de production. Cette prime, c'est la rançon de la fraude, et une fissure est ouverte ainsi, par où s'échappe une partie des recettes.

Le privilège n'est pas moins l'origine d'actes qui constituent une véritable fraude si le bouilleur profite de son immunité pour alimenter, fût-ce à titre gracieux, la consommation de ses amis ou de ses parents. Il est hors de doute que toute consommation d'un produit soumis à un droit de consommation comme l'est l'impôt sur l'alcool, doit être payée.

Sans qu'il soit besoin de rechercher si c'est pour de l'argent que le bouilleur donne de l'eau-de-vie à ses amis, on peut affirmer hautement que le « bouilleur qui donne son alcool à un ami sans avoir payé les droits commet une fraude (¹) ».

N'est pas moins frauduleux l'acte des propriétaires bouilleurs de cru payant leurs ouvriers, partie en argent, partie en alcool. Ceux-ci sont alors réduits à en tirer le parti qu'ils peuvent en le répandant dans les estaminets où ils ont l'habitude de boire, dans leur famille, parmi leurs amis, etc..., et la fraude fait ainsi une tache d'huile dont le bouilleur est le centre, au détriment de l'hygiène, et du Trésor qui voit de ce fait se réduire la consommation d'alcool imposable.

(¹) Rouvier. Chambre des Députés, 4 déc. 1900.

A la séance du 4 décembre 1900, M. Rouvier, au cours de la discussion du régime des boissons, s'exprimait ainsi sur ce point, à la Chambre des députés : « Il arrive que le bouilleur de cru se transforme en fabricant d'alcool, cède une portion de la récolte à des acheteurs, et même (et c'est un des effets profondément attristant du privilège) que cette eau-de-vie rendue indemne des droits lui serve à payer une portion des salaires des ouvriers agricoles. » Comme un interrupteur disait : « c'est une légende » M. Rouvier continua : « Il a été fait là-dessus nombre d'enquêtes, les documents abondent et vous pouvez les consulter. Non ce n'est pas une légende ! Je ne veux pas citer de départements pour ne pas faire intervenir l'esprit de clocher, ni faire naître des divergences ou des rivalités entre régions ; mais enfin il y a nombre de départements où le bouilleur embarrassé de ses produits s'en fait une monnaie et la remet à l'ouvrier agricole ». C'est une façon d'opérer par avance, la conversion en alcool, des salaires destinés à subvenir aux besoins de la famille de l'ouvrier, conversion que ce dernier n'est déjà que trop tenté d'opérer par lui-même au détriment des siens, sans qu'il soit besoin que son patron comprenne ainsi son rôle social, et prélève cette dîme nouvelle sur la dénutrition de ses ouvriers, de leurs femmes et de leurs enfants.

Les bouilleurs de cru viennent encore dans un rayon étendu fournir en franchise l'alcool nécessaire à la vente des débits de boissons. Leur situation, en effet, leur assure, nous l'avons vu une grande facilité pour la fraude.

Il suffit qu'il existe, répartis sur la surface du pays, comme cela résulte du privilège, des dépôts d'eau-de-vie dont la régie ne connaît ni l'existence ni surtout l'importance, pour donner au commerce malhonnête le moyen de s'alimenter en fraude des droits par des achats et des transports clandestins. « Dans les pays des bouilleurs de cru, pays généralement boisés et accidentés, où les domaines et exploitations agricoles sont éparpillés, rien n'est plus facile que de faire la nique aux agents de la Régie « aux rats de cave ». Le cultivateur qui a de l'eau-de-vie en vend aux débitants et cafetiers de la région. De temps à autre, pour ne pas éveiller les soupçons, il prend un acquit chez le buraliste. Mais pour un hectolitre qui est déclaré et dont les droits sont acquittés, il en passe dix qui sont écoulés sous le bénéfice de la déclaration du premier, le débitant ayant d'ordinaire une cave secrète ou un endroit chez un ami ou un voisin où il met le liquide illégalement transporté, et, au fur et à mesure, il remplace la quantité manquante. A chaque litre vendu, il substitue 90 centilitres. C'est le contraire du tonneau des Danaïdes que l'on ne pouvait jamais remplir. Celui-là ne se vide jamais. »

Telle est la constatation qu'était obligé de faire un partisan de bonne foi, du privilège, quant à son principe tout au moins (¹). La fraude ainsi est très simple ; puisque l'alcool produit n'est pas connu de la régie, les bouilleurs peuvent transporter 1 ou 2 litres seulement à la fois, clandestinement au débit voisin. Ils l'alimentent peu à peu.

Le service est impuissant à reconnaître cette fraude chez le débitant, puisque celui-ci a bien soin de ne

---

(¹) BERTAULD. La question des bouilleurs de cru. Paris, Guillaumin, 1895.

pas laisser surprendre d'excédents dans son magasin. Les employés constatent que la consommation de l'alcool a diminué dans la localité; le Trésor y perd; les moralistes s'en réjouissent; les bouilleurs de cru en réalité seuls en profitent.

Tous ces procédés, indéfiniment répétés et surtout ou presque tout le territoire, arrivent déjà à soustraire à l'impôt de notables quantités d'alcool, qui, étant livrés à la consommation, y devraient être soumises.

Mais il en est d'autres qui permettent aux bouilleurs de cru ayant une forte récolte d'opérer sur une plus grande échelle.

« Un fraudeur achète 10 pièces de vin à un bouilleur de cru, mais une de ces pièces contient de l'alcool coloré en rouge. Le fût a d'ailleurs toutes les apparences d'un fût servant depuis longtemps au transport du vin; les douves sont rougeâtres et exhalent l'odeur *sui generis* des vieilles barriques. Le chargement ainsi composé se présente à l'entrée d'une ville rédimée. Or, comme jamais on ne vérifie le degré d'un vin ordinaire, le chef de barrière se contente de jauger un ou deux fûts, parfois il tire quelques gouttes de liquide dans une éprouvette, mais la couleur du liquide lui suffit, rarement il songe à goûter au liquide qu'on lui présente, de telle sorte que le fraudeur a neuf chances sur dix de voir réussir sa manœuvre illicite [1]. » Il ne reste alors qu'à se partager le bénéfice de cette opération, bénéfice dont le Trésor et les octrois communaux font tous les frais.

Les bouilleurs de cru utilisent au vinage clan-

---

[1] LACLAVIÈRE, commis principal des Contributions Indirectes. L'Impôt des boissons et sa réforme. Marseille, 1900.

destin une partie de l'alcool qu'ils produisent librement. Non seulement ils alcoolisent ainsi en franchise des vins destinés à la fabrication des vermouts et des vins de liqueur, mais ils portent jusqu'à 15° et même 15°9 des vins ordinaires, qu'ils livrent ensuite, moyennant une prime représentant une partie de l'impôt à des négociants qui les jettent ensuite dans la consommation. C'est une véritable spéculation sur l'impôt et non plus seulement une fraude sur l'alcool, c'est aussi une fraude sur les vins accomplie au détriment du Trésor et surtout au préjudice de la santé publique, car l'alcoolisation appelle le mouillage, le mouillage la coloration artificielle.

Le privilège est ainsi l'origine d'une foule de tripotages qui viennent déverser une grande quantité de breuvages détestables sur le marché qu'ils encombrent au détriment des producteurs honnêtes.

Enfin le système dit des acquits fictifs élude l'impôt dans les contrées où le privilège ne peut être directement mis à profit. Des négociants du Nord ou du Centre déclarent à destination du Midi des chargements plus ou moins considérables d'alcool qui restent en route clandestinement sur un point quelconque de l'itinéraire et qui pour la décharge des acquits à caution sont remplacés à l'arrivée par des chargements identiques que fournissent les bouilleurs de cru. C'est chez un acheteur intermédiaire que reste l'alcool expédié tandis que l'alcool des bouilleurs de cru passe ainsi chez le destinataire indiqué sur le titre de mouvement, pour y figurer l'expédition détournée. Lorsque la régie intervient, elle se trouve en face d'une situation parfaitement régulière. Quant aux fraudeurs, acheteurs, bouilleurs, etc., ils n'ont plus qu'à se partager le bénéfice de l'opération, d'autant plus grand que le chargement était plus important et que les droits fraudés sont plus élevés. Que si les armes mises aux mains de la Régie apportent quelques entraves aux envois fictifs à grande distance, ils sont toujours faciles dans un rayon restreint. Ainsi les marchands en gros des parties de la Nièvre ou de l'Allier où il ne se fait pas d'alcool peuvent toujours alimenter la consommation locale en déclarant des envois fictifs à destination des pays voisins de Saône-et-Loire et de l'Yonne où il y a des bouilleurs de cru pouvant fournir clandestinement les chargements indiqués sur les expéditions délivrées par la Régie ; il en est de même des envois déclarés entre tout pays de consommation et tout pays voisin, de production.

D'ailleurs, M. Monis l'expliquait au Sénat : « Il est toujours très difficile d'atteindre un acquit fictif, parce qu'il masque un fait purement négatif. L'acquit fictif est créé à l'occasion d'une marchandise qui paraît déplacée et qui ne voyage pas le moins du monde ; saisir en cours de route un déplacement imaginaire est un problème bien difficile. De même qu'on n'apporte pas de témoins d'un fait négatif, de même, on ne peut dresser un procès-verbal pour constater un fait négatif. L'emploi de l'acquit fictif ne peut se constater que dans un cas infiniment rare : quand, au moment où la substitution se fait, en cours de route, le hasard a amené un employé de la Régie. A ce moment, au moment du flagrant délit, on peut verbaliser, mais l'hypothèse ne se présente pas une fois sur dix mille ([1]). »

Quand tant de procédés sont mis à la disposition

([1]) Monis. Sénat, 18 juin 1896.

des bouilleurs de cru pour éluder l'impôt, qu'ils sont presque légalement consacrés par le privilège qui leur est accordé, comment s'étonner que la fraude fleurisse et se développe !

On conçoit aisément combien de matières imposables peut laisser échapper le privilège.

D'ailleurs, il n'est pas jusqu'à l'argumentation de certains défenseurs des bouilleurs de cru qui ne soit l'aveu même de la fraude. Si comme ils le prétendent une réglementation sérieuse et qui serait de nature à mettre obstacle à la fraude doit leur faire éprouver quelque perte, c'est l'aveu clair qu'ils fraudent.

D'autres de leurs partisans affirment qu'ils ne fraudent pas et qu'ils ne produisent que pour leur consommation familiale. Ce serait alors toujours insuffisant pour justifier qu'ils doivent avoir cette faculté de consommation que tous les autres citoyens ne peuvent se procurer qu'en acquittant l'impôt.

Mais les défenseurs des bouilleurs de cru se rapprochent davantage de la vérité quand ils répètent, non sans quelque naïveté, que toute atteinte au privilège ne peut que causer une perte sérieuse aux récoltants.

S'il en est ainsi, encore une fois, c'est qu'ils tirent d'importants bénéfices de la fraude. Le fait d'ailleurs se vérifie en consultant les registres des recettes buralistes qui ne portent que rarement la trace des quantités expédiées par les bouilleurs de cru avec des titres réguliers.

De deux choses l'une : ou bien les bouilleurs de cru consomment eux-mêmes leur alcool et dans ce cas, l'imposer c'est les rendre plus sobres, et c'est tout au moins étendre jusqu'à eux les charges qui pèsent depuis longtemps sur tous les autres citoyens; ou bien ils vendent leurs eaux-de-vie et ils acquittent ou garantissent l'impôt, et ils n'auront à l'avenir aucune charge nouvelle à supporter.

On ne peut donc soutenir que l'extension d'une réglementation aux bouilleurs de cru les ruinera sans avouer que leur gain n'est réalisé que par la fraude.

Il n'est pas d'ailleurs besoin de l'aveu des bouilleurs de cru pour établir l'existence de la fraude à laquelle ils se livrent. Il en existe des preuves indubitables, en dehors des procès-verbaux du service [1].

Un des phénomènes qui la font le mieux ressortir est celui qui se manifeste dans les années de production abondante. On voit alors, baisser d'une façon

[1] Cas de fraudes :

— 17 octobre 1900. A Vic-en-Bigorre (Hautes-Pyrénées), saisie de 275 litres d'Armagnac à 53° qui avaient circulé sans expédition.

— 22 novembre 1900. A Maubourguet (Hautes-Pyrénées) saisie de 300 litres d'Armagnac circulant sans expédition.

— Dans la nuit du 3 au 4 juillet 1900, vers deux heures du matin, sur la route de Domfront à Tinchebray, saisie de 320 litres d'eau-de-vie de cidre, par 2 gendarmes en tournée, qui en ramenant le contrevenant à la prison de Domfront, rencontrèrent une seconde voiture transportant sans expédition 478 litres d'eau-de-vie qu'ils saisirent aussi.

— 18 novembre 1899. A Autun (Saône-et-Loire) saisie de 85 litres d'eau-de-vie de marc, transportés en fraude.

— 7 septembre 1899. A Tanninges (Haute-Savoie) saisie d'un fût de 60 litres d'eau-de-vie à 49° transporté sans expédition, au moment où il était apporté à un débitant de la localité.

— 20 juin 1899. Deux commis et deux surnuméraires à Tarbes, au cours d'une surveillance de nuit, arrêtèrent une voiture stationnant sur la route, et dont le conducteur rebrousse chemin en les voyant. Elle contenait un fût de 130 litres d'Armagnac à 49°.

— 26 mai 1899. A Vendargues (Hérault), saisie de deux fûts qui renfermaient 300 litres d'eau-de-vie, dissimulés dans une charrette chargée de sarments.

— 31 mars 1899. Les agents ayant appris qu'un individu colportait de l'eau-de-vie dans les environs de Montceau-les-Mines (Saône-et-Loire) se mettent à sa recherche, et le retrouvent, sa voiture renfermait encore 36 litres d'eau-de-vie de marc à 51°, qu'ils saisissent.

caractéristique le cours des alcools d'industrie par suite de la concurrence que viennent leur faire les alcools de cru (¹).

En 1875, dernière année de l'application aux bouilleurs de cru de la réglementation votée par l'Assemblée nationale, le prix moyen de l'hectolitre d'alcool pur est de 54 fr.

L'année suivante, le privilège est rétabli et, en outre, la campagne 1875-1876 bénéficie d'une abondance exceptionnelle des récoltes, les cours de l'alcool d'industrie descendent à 43 fr., sans qu'on puisse en chercher l'explication dans la fabrication même des alcools d'industrie qui est, cette année-là, précisément inférieure de 64 000 hectolitres à celle de l'année précédente.

Par contre, la production des bouilleurs de cru, d'octobre 1875 à octobre 1876, a dépassé 400 000 hectolitres, et il ne s'agit là que de la production ostensible, celle que la Régie peut évaluer approximativement, plutôt en moins qu'en plus.

En 1890, quelle est la situation ? La fabrication industrielle s'est élevée de 1 408 000 hectolitres qu'elle atteignait en 1876 à 1 171 000 hectolitres, la production totale est évaluée à 2 214 000 hectolitres, les bouilleurs de cru y entrant pour 43 000 hectolitres.

Les cours sont alors à 54 fr.

L'année 1894 les voit descendre à 36 fr. Que s'est-il passé ? La fabrication industrielle a cependant diminué de 60 000 hectolitres environ. Mais celle des bouilleurs de cru a augmenté de 165 000 hectolitres.

(¹) Voir aux Annexes le tableau II.

Et cette année là, en 1894 (comme en 1876) les quantités imposées ont diminué, inférieures de 123 000 hectolitres à celles imposées en 1890. Nous reviendrons du reste sur ce dernier point.

Le même phénomène, avec une régularité remarquable, se reproduit en 1900 par rapport à 1899. L'année 1900 a été marquée par une récolte extrêmement abondante à la fois en vins et en cidres. Le total de la fabrication des alcools atteint 2 656 000 hectolitres en 1900 contre 2 600 000 en 1899, donc augmentation. La production industrielle est inférieure de 57 000 hectolitres à celle de 1899. Par contre, celle des bouilleurs de cru s'est élevée de 71 000 hectolitres à 204 000, augmentation notable. Les cours alors sont tombés de 42 à 35 fr. Plus les cours sont bas, plus l'augmentation de la production des bouilleurs de cru vient établir que la baisse n'est due qu'à leur concurrence, et la diminution des quantités imposées vient alors attester que cette concurrence est déloyale et s'exerce en fraude des droits.

Car la baisse du rendement de l'impôt est une seconde preuve de la fraude et est en quelque sorte la mesure de son intensité. Il y a une relation étroite entre l'augmentation de la récolte des vins et des cidres et la diminution de la consommation taxée de l'alcool. C'est la production des bouilleurs de cru qui, frauduleusement, fait la différence. En sorte que c'est presque un axiome aujourd'hui que de dire qu'à une plus-value de la récolte moyenne des cidres et des vins correspond, l'année suivante, une moins-value dans la consommation imposable de l'eau-de-vie. Il en est dans l'histoire financière de ces dernières années, pour ne pas remonter plus haut, deux exemples probants et qui établissent, cette fois, que la

Tableau des Variations du produit du droit de consommation sur l'alcool dans les départements à bouilleurs de cru, suivant l'importance des récoltes en vins et en cidres.

Récolte de 1892 (vins et cidres) = [illegible] hectol.   Récolte de 1893 (vins et cidres) = [illegible] hectol.

CLASSEMENT DES DÉPARTEMENTS	PRODUIT DE L'IMPÔT sur l'alcool		AUGMEN-TATION	DIMINU-TION	TAUX P. 100
	en 1892.	en 1893.			
	francs.	francs.			
Départements à bouilleurs de cidre (Calvados, Orne, Manche, Eure, Sarthe, Mayenne).	[illegible]	[illegible]	—	[illegible]	22
Autres départements producteurs de cidre, où il y a peu de bouilleurs de cru (Seine-Inférieure, Ille-et-Vilaine, Côtes-du-Nord, Morbihan).	[illegible]	[illegible]		[illegible]	[illegible]
Départements à bouilleurs de marc (Loire-Inférieure, Maine-et-Loire, Marne, Seine-et-Oise, Loire, Indre-et-Loire, Aube, Rhône, Meuse, Cher, Seine-et-Marne, Loiret, Yonne, Puy-de-Dôme, Côte-d'Or, Haute-Marne, Allier, Saône-et-Loire, Haute-Saône, Meurthe-et-Moselle, Vosges, Isère, Doubs, Jura, Ain, Savoie, Haute-Savoie).	[illegible]	[illegible]		[illegible]	[illegible]
Autres départements viticoles (Bouches-du-Rhône, Gironde, Hérault, Gard, Aude, Gers, Pyrénées-Orientales, Charente, Charente-Inférieure).	[illegible]	[illegible]		[illegible]	8
Total.	[illegible]	[illegible]	[illegible]	[illegible]	[illegible]
Autres départements.	[illegible]	[illegible]		[illegible]	[illegible]
Ensemble de la France.	[illegible]	[illegible]		18 [illegible] 000	[illegible]

statistique est véritablement, selon l'expression de
M. René Stourm, l'expérience écrite et chiffrée. De
ces exemples, le premier est relatif aux variations du
droit de consommation sur l'alcool dans les départements à bouilleurs de cru, suivant l'importance ou
l'insuffisance des récoltes de vin ou de cidre. Ces
variations, M. de Verninac les a développées dans
un tableau inséré au très remarquable rapport présenté par lui au Sénat en 1896 sur la réforme du
régime des boissons. L'année 1893 a été marquée
par la plus abondante récolte qu'on ait eu en
France après celle de 1875 et celles qu'on devait voir
peu après en 1900 et 1901. Elle fut de beaucoup supérieure à la moyenne, tandis que celle de 1891 y fut
très inférieure [1].

Or, dans les départements à bouilleurs de cidre,
Calvados, Manche, Eure, Sarthe, Mayenne et Orne,
le produit de l'alcool passa de 27 262 000 fr. en 1892
à la somme de 21 499 000 fr. en 1894, soit une diminution de 5 763 000 fr. représentant un taux de
21 p. 100.

Dans les autres départements à bouilleurs de cidres,
mais où ils étaient en moins grand nombre, le produit de l'impôt passa de 30 901 000 fr. en 1892 à la
somme de 29 430 000 fr. en 1894, soit une diminution
de 1 471 000 fr. seulement, ou 4 p. 100.

La diminution s'accentue dans les départements
à bouilleurs de marcs, où elle va jusqu'à 12 p. 100,
pour l'ensemble, montant à 25 p. 100 dans l'Yonne,
18 p. 100 dans l'Aube, 15 p. 100 dans la Meuse,
28 p. 100 dans le Maine-et-Loire, 28 p. 100, dans

[1] Diagramme de la production des vins et des cidres, Annexe,
tableau I.

l'Indre-et-Loire, etc... L'impôt qui, dans ces départements, avait produit 65 008 000 fr. en 1892 ne produit plus que 57 223 000 fr. en 1894.

Dans les autres départements viticoles, le produit de l'impôt baisse, de 1893 où il atteignait 20 730 000 fr. à la somme de 18 982 000 fr. en 1894, présentant une diminution de 1 748 000 fr., soit 8 p. 100.

Pour tous les autres départements où il n'existe pas de bouilleurs de cru, la situation au contraire, est presque identique : 127 164 000 fr. en 1894 au lieu de 128 748 000 fr. en 1892, offrant un très faible écart de 1 584 000 fr., à peine 1 1/2 p. 100 tandis que l'ensemble de la moins-value pour tous les départements à bouilleurs de cru atteint 18 531 000 fr.

Ce phénomène, déjà si démonstratif, n'est pas isolé. Afin de bien établir que la diminution des quantités imposables est liée comme l'effet à la cause à l'augmentation de la production des bouilleurs de cru allant alimenter en fraude la consommation, il se renouvelle chaque fois que cette production s'élève. A la suite des récoltes d'une si exceptionnelle abondance des années 1900 et 1901, il se manifeste en 1901 par rapport à 1899. Cette fois par exemple il convient de changer de base de démonstration et de prendre directement les quantités imposables au lieu du produit de l'impôt. C'est qu'en effet la loi du 29 décembre 1900 a relevé le tarif du droit général de consommation sur l'alcool de 63 fr. 75 soit 41 p. 100, le faisant passer de 156 fr. 25 à 220 fr. De sorte que du fait de la surtaxe le produit de l'impôt a été de 320 000 000 fr. en 1901, contre 300 087 000 fr. en 1899, augmentation absolument insignifiante en proportion du rehaussement de tarif mais qui ferait illusion.

Les quantités imposées pour toute la France en

Tableau des Variations des quantités soumises au droit général de consommation selon les régions et l'importance des récoltes en 1899 et 1901.

Récolte de 1899 (vins et cidres) : 68 700 000 hectolitres. Récolte de 1901 (vins et cidres) : 72 000 000 hectolitres.

CLASSEMENT DES DÉPARTEMENTS	QUANTITÉS imposées en 1899.	QUANTITÉS imposées en 1901.	EN MOINS en 1901.	TAUX de la diminution.
	Hectolitres.	Hectolitres.	Hectolitres.	P. 100.
1° Départements à bouilleurs de cidre (Calvados, Orne, Manche, Eure, Sarthe, Mayenne).	188 181	134 243	53 940	13.5
2° Autres départements producteurs de cidres, mais où il n'y a que peu de bouilleurs de cru (Seine-Inférieure, Ille-et-Vilaine, Côtes-du-Nord, Morbihan).	217 948	166 099	51 849	12.5
3° Départements à bouilleurs de marcs.	424 477	311 568	112 909	28
4° Autres départements viticoles (Gironde, Hérault, Gard, Aude, Gers, Pyrénées-Orientales, Bouches-du-Rhône, Charente et Charente-Inférieure).	108 195	84 410	23 785	6
Ensemble des départements à bouilleurs de cru	938 803	696 320	242 483	60
Départements sans bouilleurs de cru. — Autres départements.	818 928	653 439	165 489	40
Total des quantités imposées	1 757 731	1 349 759	407 972	

The left margin of the table is labelled vertically: *Départements à bouilleurs de cru.*

1899 étaient de 1 757 731 hectolitres. Pour 1901 elles ont été de 1 349 759 hectolitres, soit une diminution de 407 972 hectolitres.

Il est hors de doute que le premier effet de la surtaxe a été de contribuer pour une certaine part à la diminution des quantités imposées. Mais cette diminution se répartit très différemment et selon les régions et il est facile de se rendre compte que, précisément parce que, là, c'est la production en franchise, sous couvert du privilège qui se substitue dans la consommation à l'alcool imposable, c'est dans les départements à bouilleurs de cru que le fléchissement est de beaucoup plus accentué.

Prenons encore en premiers les départements à bouilleurs de cidre. Les quantités imposées en 1899 y étaient de 188 183 hectolitres. Elles n'y sont plus en 1901 que de 134 243 hectolitres soit en moins 53 940 hectolitres.

Pour les autres départements à bouilleurs de cidres mais où ils sont en moins grand nombre, les quantités imposées, de 217 948 hectolitres en 1899, passent en 1901 à 166 099 hectolitres, soit une diminution de 51 849 hectolitres.

Si on envisage alors les départements à bouilleurs de marcs, on voit que les quantités imposées, qui en 1899 atteignaient 414 277 hectolitres, n'atteignent plus en 1901 que 291 458 hectolitres, soit en moins 123 819 hectolitres.

Pour les autres départements viticoles la diminution est de 23 809 hectolitres, les quantités imposées étant de 108 215 hectolitres en 1899 contre seulement 84 406 hectolitres en 1901.

Quant aux autres départements, qui n'ont pas de bouilleurs de cru, la diminution par l'effet de la surtaxe y est certes considérable puisqu'elle atteint 154 595 hectolitres. Les quantités imposées y étaient en effet de 797 933 hectolitres en 1899 et elles n'étaient que de 643 338 hectolitres en 1901. Mais elle est loin d'être égale à celle qui s'est produit dans les départements à bouilleurs de cru. Par rapport à la diminution totale, la diminution représente 13 p. 100 dans les départements à bouilleurs de cidres, 12 p. 100 dans ceux qui ont moins de bouilleurs de cidres, 30 p. 100 dans les départements à bouilleurs de marcs, 5 p. 100 dans les autres départements viticoles.

Sur une moins-value totale, dans le montant des quantités imposées, de 407 972 hectolitres, les départements à bouilleurs de cru entrent pour 253 377 hectolitres, l'ensemble des autres départements pour 154 595 hectolitres. Ainsi 40 p. 100 de la diminution viennent de ceux-ci ; 60 p. 100 sont imputables aux départements à bouilleurs de cru.

Il n'est pas besoin de beaucoup de constatations comme celle-ci pour établir que véritablement le privilège n'est que « le nom décent qu'on donne à la fraude (¹) ».

Les résultats de l'expérience faite de 1872 à 1875, par une sorte de contre-épreuve, viennent d'ailleurs confirmer tout ce que nous avons montré jusqu'ici.

La loi du 2 août 1872 supprima le privilège des bouilleurs de cru. Les événements de 1870-71 en augmentant les charges budgétaires devaient déterminer l'Assemblée nationale à augmenter le tarif du droit général de consommation sur l'alcool. Il fut porté de 90 fr. à 150 fr. en 1872, soit une augmentation de

---

(¹) Francis CHARMES. *Revue des Deux Mondes*, 15 déc. 1901.

66 p. 100. Il était indispensable, dans l'état des finances publiques, d'assurer le plein effet de cette surtaxe et la rentrée intégrale des recettes du Trésor. Le gouvernement pensa qu'il fallait pour cela qu'aucune source de production de l'alcool ne puisse échapper à la prise en charge de la régie et l'Assemblée nationale plaça les bouilleurs de cru sous le même régime que les bouilleurs de professsion à cela près pourtant qu'ils continueraient à être exempts de la licence, et qu'ils seraient exempts du droit général de consommation sur les eaux-de-vie et esprits produits et consommés sur place dans la limite de 40 litres d'alcool pur, par an et par bouilleur. Ils cesseraient en outre d'être soumis aux visites et vérifications des employés de la régie dès qu'ils n'auraient plus en compte que de l'alcool exempt ou libéré d'impôt. Cette allocation familiale ouvrait encore trop largement la porte à la fraude. On la réduisit à 20 litres d'alcool pur en 1874.

Sur 278 000 bouilleurs, il y en eut 248 000 qui d'abord furent considérés comme ne produisant pas annuellement au delà de 40 litres d'alcool pur et restèrent à ce titre en dehors de la réglementation nouvelle.

Lorsque la quantité allouée pour consommation de famille eut été abaissée de 40 à 20 litres, il y eut encore 224 000 bouilleurs qui se trouvèrent échapper au contrôle et à la surveillance de la régie.

C'est assez montrer que le régime auquel la loi de 1872 soumettait les bouilleurs de cru ne pouvait donner que des résultats insuffisants, en rapport avec l'insuffisance d'une réglementation qui constituait un affranchissement absolu pour les 5 ou 6 septièmes des bouilleurs. Quoi qu'il en soit, tant qu'il dura, c'est-à-dire jusqu'à ce que l'Assemblée nationale, à la veille de se séparer, poussée par des considérations électorales, plus que par le souci des finances publiques, rétablit le privilège tel qu'il existait auparavant, par la loi du 14 décembre 1875, ce régime donna des résultats qui méritent de retenir l'attention.

L'alcool donna en 1871 environ 110 millions et demi de francs.

En 1872, première année de l'application de la surtaxe de 60 fr. il produit 120 millions, c'est-à-dire 7,6 p. 100 en plus. Comme proportion, c'est absolument hors de toute relation avec un rehaussement de tarif de 66 p. 100. Cela dénote dans la consommation une diminution qui rend la situation absolument comparable à celle qui résulte de la surtaxe établie par la loi du 29 décembre 1900.

Si l'on décompose maintenant ces 7,6 p. 100 d'augmentation de rendement en 1872, que trouve-t-on ? Pour faire cette décomposition, il faut diviser les départements en trois catégories : les départements où la régie considérait qu'il n'y avait pas de bouilleurs de cru, au nombre de 29; les départements où il y en avait un petit nombre, il y en a 32, et ceux où le bouillage sévissait réellement, au nombre de 26.

Pendant que les départements où le bouillage n'existait pas fournissaient une dépression de 6,92 dans le rendement de l'impôt, les deux autres catégories donnaient ensemble une augmentation de 24,59 p. 100. Donc la surtaxe n'avait pas affecté les deux régions de la même façon. Pourquoi ? parce que dans les régions à bouilleurs de cru, celles où l'augmentation se manifeste, un fait nouveau s'était produit: la suppression du privilège.

En 1873, la situation s'améliore pour la première

série de départements de 22,80 p. 100; pour la seconde et la troisième, il y a une plus-value supérieure de 27,20 p. 100. En 1874, 3,30 p. 100 pour les premiers, 11,20 p. 100 pour les suivants.

Si on prend maintenant les quantités imposables, on constate qu'en 1871 il avait été imposé dans la première série, celle où il n'existait pas de bouilleurs de cru, 500 700 hectolitres d'alcool pur. En 1872, on tombe à 346 000 hectolitres. C'est une chute de 30 p. 100 dans la consommation, par l'effet de la surtaxe.

En 1873, les mêmes départements remontent à 420 000 hectolitres ; en 1874, 419 000 hectolitres ; en 1875, 458 000 hectolitres ; en 1876, 465 000 hectolitres. Ainsi, après cinq années pleines, le chiffre de 1871 n'est pas encore regagné dans ces départements.

Pour les deux autres séries de départements, celle où il y a peu de bouilleurs, grâce à la réglementation de 1872, regagne son chiffre de 1871, mais en 4 ans, alors que la première ne l'a pas retrouvé en 6 ans. Quant à la troisième, celle où il y a beaucoup de bouilleurs de cru, les quantités taxées montent de 40 p. 100 dans les quatre années perdues pour le privilège : 173 000 à 237 000, malgré l'allocation familiale dont l'administration évalue elle-même le bénéfice, pour les quatre années dans ces départements à 119 000 hectolitres.

Quant à la moyenne annuelle d'augmentation du rendement de l'impôt dans chacune de ces trois séries pendant ces quatre années de suspension du privilège, elle est de 14,36 p. 100, pour la première; 60 p. 100 pour la seconde ; 67 p. 100 pour la troisième [1].

---

[1] P. Taquet. Op. cit. et Delacre. Chambre des députés, 3 déc. 1900.

Le tableau suivant rend plus saillante la manifestation de l'augmentation du produit de l'impôt et des quantités imposées dans les départements où il y a le plus de bouilleurs de cru, et cela malgré la surtaxe et grâce à la suppression du privilège, et la diminution d'autre part des quantités imposées et du rendement de l'impôt dans les départements sans bouilleurs, par l'action de la surtaxe, dont les effets ne s'atténuent là que petit à petit. On voit ainsi à merveille que, tandis que la surtaxe de 1872 fait fléchir de 30 p. 100 les quantités imposées dans les départements sans bouilleurs de cru, l'État, par la suppression du privilège, regagne la perte dans les départements à bouilleurs. Dans ceux-là, le rendement de 1872 à 1875 a presque doublé, il est passé de 20 269 000 fr. à 39 036 000 fr. Encore que la suppression ne fut que partielle, elle provoque immédiatement une plus-value dans les départements à bouilleurs de cru.

Si, toutes déductions faites pour le rendre comparable à ceux postérieurs à 1870, on considère le chiffre des quantités imposées, en 1869 on voit qu'il atteint 916 000 hectolitres..

En 1872, année pendant laquelle la surtaxe de 66 p. 100 se fait seule sentir, il tombe à 755 000 hectolitres.

En 1873, avec la suppression du privilège et malgré la franchise de 40 litres d'alcool pur pour allocation familiale, il s'élève à 934 000 hectolitres, soit en un an une augmentation de 179 000 hectolitres, la plus forte qui soit avant, soit après, ait jamais été constatée d'une année sur l'autre.

Puis il passe à 970 000 hectolitres en 1874 et à 1 019 000 hectolitres en 1875.

Tableau indiquant les résultats de la suppression du privilège en 1872, malgré l'action contraire de la surtaxe.

	DÉPARTEMENTS SANS BOUILLEURS (29)		DÉPARTEMENTS CONTENANT LE PLUS DE BOUILLEURS (26)	
	Produit de l'impôt.	Quantités imposées.	Produit de l'impôt.	Quantités imposées.
	Francs.	Hectolitres.	Francs.	Hectolitres.
1871 (droit de 90 francs... privilège)	59 492 000	500 700	20 269 000	173 000
1872 (droit de 150 francs... suppression du privilège)	55 291 000	346 600	24 476 000	154 000
1873	67 800 050	420 000	33 047 000	212 400
1874 (droits de 156 fr. 25)	70 535 000	419 500	37 802 000	234 500
1875	77 016 000	457 800	39 036 000	237 100
1876 (rétablissement du privilège)	78 190 000	455 400	34 899 000	210 000

En voilà assez pour édifier sur les résultats que peut produire l'application d'une réglementation aux bouilleurs de cru. L'augmentation des quantités imposées, uniquement due à la suppression, partielle cependant, de leur privilège, de 1872 à 1875, suffit à montrer quelles ressources échappent au Trésor depuis que la loi du 14 décembre 1875 a rétabli leur privilège, quelles quantités sont soustraites au droit qui pèse sur l'alcool et peuvent aller alimenter la fraude.

La réalité de la fraude étant bien établie et ses procédés connus, il nous reste à rechercher quel préjudice elle cause au Trésor, en même temps que son étendue. Les chiffres officiels, nous avons eu déjà l'occasion de le dire, et il est bon de le faire observer à nouveau ici, ne donnent à cet égard que des indications, et non pas des renseignements d'une exactitude certaine. Les évaluations de la régie relativement aux bouilleurs de cru et à l'importance de leur production, n'ont pas la prétention d'être en conformité absolue avec la réalité, elles sont et ne peuvent être qu'approximatives. Elles doivent même n'être considérées que comme des minima et cela pour deux raisons. C'est, d'abord, la pratique constante des bouilleurs de cru de dissimuler avec soin et avec une habileté qui prouve une longue expérience, une notable partie de leurs opérations, aussi bien en ce qui concerne la production, qui semble n'être que d'un hectolitre, quand elle s'élève parfois à 8 ou 10, qu'en ce qui concerne la mise en consommation des quantités produites, qui s'effectue souvent sous le couvert d'un acquit masquant la circulation de quantités décuples.

C'est aussi ce fait qu'il en coûte à la Régie de

dénoncer dans toute son ampleur une situation désastreuse pour le rendement des recettes sur l'alcool,
situation dont on est porté dans certains milieux à la
rendre à tort responsable, soit qu'on l'accuse de
tolérer la fraude, soit qu'on lui fasse un grief de
l'impuissance où trop souvent elle est de pouvoir la
réprimer. Aussi est-elle elle-même très portée à l'atténuer, tout en faisant ses réserves sur l'exactitude des chiffres qu'elle avance. Pour tous ces motifs on est donc très fondé à croire qu'ils sont toujours
plutôt réduits qu'exagérés.

Les évaluations des pertes que le privilège cause
au Trésor ont été les plus diverses, s'élevant de 15 à
20 millions de francs d'après l'administration et
M. Carnot en 1886, à 25 millions avec M. Peytral,
35 avec M. Yves Guyot, atteignant 100 millions selon
M. Taquet, et 200 millions avec M. Claude (des
Vosges). Les bouilleurs de cru triomphent de ces
divergences d'appréciation. Elles prouvent surtout
la difficulté qu'il y a à connaître exactement la
situation et à se rendre compte de ses conséquences.
Si cette difficulté est telle, elle ne fait qu'établir une
fois de plus avec quel soin les bouilleurs de cru se
soustraient à tout contrôle, et dissimulent leurs opérations. Et s'ils agissent ainsi on n'en peut tirer que
cette conclusion, c'est que des gens qui loin de jouir
au grand jour des immunités à eux concédées, se
cachent et en tirent parti pour soustraire aux regards
toutes leurs opérations, ne le font qu'afin d'en profiter
pour faire servir leur privilège à des manœuvres
frauduleuses, et contraires au but qu'on se proposait
en le leur accordant.

Il n'est peut-être pas cependant impossible d'arriver à acquérir une notion exacte du chiffre de la

fraude et du montant de la perte qu'elle cause au Trésor.

Il est d'abord nécessaire de faire une distinction : celle de la production ostensible des bouilleurs de cru et de leur production clandestine, car ce sont les deux sources où va s'alimenter la fraude. Sur la première la Régie fournit des chiffres, que nous acceptons comme exacts puisque les réserves que nous faisons à leur sujet ne s'y appliquaient que lorsqu'ils se présentaient comme concernant la production totale, ce qui est bien différent.

Nos investigations ont porté sur les cinq années 1896 à 1900.

Cette période quinquennale se présente dans les meilleures conditions pour fournir une moyenne exacte puisqu'elle comprend précisément quant à l'importance des récoltes en vins et en cidres, une année moyenne, deux faibles et deux très bonnes. Nous arrivons donc aux constatations suivantes.

Production ostensible des bouilleurs de cru, en eaux-de-vie de toutes sortes :

1896	134 000 hectolitres
1897	107 000
1898	76 000
1899	91 000
1900	204 000
Total	612 000 hectolitres

Consommation des bouilleurs de cru, en franchise.

1896	94 280 hectolitres
1897	78 758
1898	75 853
1899	80 669
1900	80 435
Total	409 995 hectolitres

C'est donc pour cette période quinquennale 202 048 hectolitres d'alcool pur, restant, après déduction de la consommation familiale, en franchise, à la disposition des bouilleurs de cru. Une faible partie de cette quantité paye les droits lorsqu'elle est livrée à la vente, on ne peut l'évaluer à plus du tiers, soit 67 349 hectolitres.

Il reste donc alors : 134 697 hectolitres, soit une moyenne annuelle de 26 940 hectolitres qui sur la production ostensible des bouilleurs de cru passent en fraude à la consommation esquivant à la fois les droits au profit de l'État, et dans nombre de cas les octrois municipaux.

A ne considérer que les recettes du Trésor, c'est, au tarif de 156 fr. 25, une somme de 4 209 365 francs, et au tarif actuel de 220 francs une somme de 5 926 800 francs qui échappe au recouvrement.

Mais le préjudice causé par la fabrication ostensible n'est que le moins important de beaucoup, comparativement à celui qui résulte de la fraude alimentée par la production clandestine des bouilleurs de cru. Pour celle-ci, il est nécessaire, afin d'avoir des données précises, de n'envisager que les bouilleurs de vins et de cidres. Pour eux seuls, en effet, les statistiques permettent d'obtenir des éléments d'appréciation offrant une garantie suffisante, grâce aux formalités à la circulation des vins et des cidres. Il n'en est plus de même pour les bouilleurs de marcs et de fruits.

Là, c'est l'inconnu, dont il est peu aisé de soulever le voile.

En nous en tenant donc aux vins et aux cidres, nous arrivons à constater les faits suivants :

Tableau de la fabrication clandestine d'alcools de vin.

	1896 Hectolitres	1897 Hectolitres	1898 Hectolitres	1899 Hectolitres	1900 Hectolitres	TOTAL Hectolitres	RENDEMENT en alcool de 18 482 081 hectol. de vins au titre de 8°5	MONTANT des droits soustraits annuellement en moyenne au Trésor
Ressources totales en vins (vins de vendange, de marcs, de raisins secs, piquettes, importation).	55 789 257	43 122 393	44 249 859	60 010 376	73 723 532	276 895 417		
Emploi des ressources (consommation imposée, consommation en franchise, fabrication des vinaigres, exportation, stocks en cave).	48 935 239	42 774 000	44 380 000	54 850 461	69 473 636	260 413 336		
Reste des ressources en vins						16 482 081	1 400 977	Tarif de 156 fr. 25 20 754 374
Fabrication en alcools de vin des bouilleurs de profession.	49 251	54 451	28 386	61 689	97 353	291 130		
Fabrication ostensible en alcools de vin, des bouilleurs de cru.	9 401	19 968	17 589	15 317	52 054	113 629		Tarif actuel de 220 fr. 29 222 160
Total de la fabrication connue d'alcools de vin						404 759	404 759	
Montant de la fabrication clandestine d'alcools de vin							996 218	
Stocks en caves							332 074	
Reste pour la fraude							664 144	
Moyenne annuelle de la fabrication clandestine alimentant la fraude.							132 828	

Nota. — La disproportion entre les chiffres des emplois et ceux des ressources dans la même année s'explique par la mise en mouvement des stocks restés en cave et provenant de récoltes antérieures.

Les ressources totales en vins de toute sorte : vins de vendange, de moûts, de raisins secs, vins d'importation, piquettes, se sont élevées en

1896 . . . . à	55 789 257 hectolitres
1897	43 122 393
1898	44 249 859
1899	60 010 376
1900	73 723 532
Total	276 895 417 hectolitres.

Par contre, les emplois de toute sorte : consommation imposée, consommation en franchise, exportation, fabrication des vinaigres de vin, stocks restant en caves, ont absorbé de ces ressources, en

1896	48 935 239 hectolitres
1897	42 774 000
1898	44 380 000
1899	54 850 461
1900	69 473 336
Total	260 413 336 hectolitres.

Il restait donc pour toute la durée de la période quinquennale 16 482 081 hectolitres de vin.

Les vins de ces cinq récoltes titraient en moyenne 8°,5 au moins. Cette quantité restante passée à l'alambic a donné 1 400 977 hectolitres d'alcool pur.

Les bouilleurs de profession ayant fabriqué dans ces cinq années 291 130 hectolitres d'alcool de vin et la fabrication ostensible des bouilleurs de cru ayant été pour le même laps de temps de 113 629 hectolitres d'alcool de vin, qu'il faut ajouter à la production des bouilleurs de profession afin de ne pas faire de double emploi, c'est donc 404 759 hectolitres d'alcool de vin que nous devons déduire du montant total de la fabrication pour avoir le chiffre de la fabrication clandestine des bouilleurs de cru en eaux-de-

Tableau de la fabrication clandestine d'alcools de cidre

	1896 Hectolitres	1897 Hectolitres	1898 Hectolitres	1899 Hectolitres	1900 Hectolitres	TOTAL Hectolitres	RENDEMENT en alcools de 5 240 665 hectol. de cidres au titre de 6,5	MONTANT des droits soustraits annuellement en moyenne au Trésor
Ressources totales en cidres (quantités récoltées et importées).	8 074 658	6 789 305	10 641 962	20 836 995	29 409 587	75 752 508		
Emploi de ces ressources (consommation imposée, consommation en franchise, exportation).	16 791 828	5 531 346	10 847 885	12 083 337	15 754 249	60 511 843		Tarif de 156 fr. 25
Reste des ressources en cidres						5 240 665	340 643	4 316 093
Fabrication en alcools de cidre des bouilleurs de profession.	2 271	1 094	917	2 420	4 229	10 931		Tarif actuel de 220 fr. 6 077 060
Fabrication ostensible en alcools de cidre des bouilleurs de cru.	51 488	25 485	8 435	17 340	42 814	145 562		
Total de la fabrication connue d'alcools de cidre							156 493	
Montant de la fabrication clandestine d'alcools de cidre							184 150	
Stocks restant en caves							46 035	
Reste pour la fraude							138 115	
Moyenne annuelle de la fabrication clandestine alimentant la fraude.							27 623	

vie, soit : 996 218 hectolitres, ce qui représente une moyenne annuelle de 199 243 hectolitres d'alcool produits clandestinement sous le couvert du privilége.

Sur ces quantités, le stock d'eau-de-vie de vin vieillissant dans les caves des producteurs est de 66 415 hectolitres.

Il reste donc encore 133 828 hectolitres pour la fraude représentant au tarif de 156 fr. 25, 20 754 374 fr. de perception que la production clandestine des bouilleurs de cru enlève au Trésor, et au tarif de 220 fr., tarif aujourd'hui en vigueur, 29 422 160 fr.

Nous pouvons appliquer aux cidres les mêmes procédés d'évaluation.

Ressources totales : quantités récoltées ou importées :

1896.	8 074 658 hectolitres.
1897.	6 789 306 "
1898.	10 641 962 "
1899.	20 836 995 "
1900.	29 409 587 "
Total. . . .	75 752 508 hectolitres.

Par contre, les emplois de toute sorte : consommation imposée, consommation en franchise, exportation, ont absorbé de ces ressources, en

En 1896.	16 294 828 hectolitres.
1897.	5 534 346 "
1898.	10 847 883 "
1899.	12 083 557 "
1900.	15 754 249 "
Total. . . .	60 511 843 hectolitres.

Il restait donc pour ces cinq années, 5 240 665 hectolitres de cidres, titrant en moyenne 6°5 et qui, distillés, donnent par suite 340 643 hectolitres d'alcool.

Tableau de l'évaluation de la fraude des bouilleurs de cru.

	1896 Hectolitres.	1897 Hectolitres.	1898 Hectolitres.	1899 Hectolitres.	1900 Hectolitres.	TOTAL Hectolitres.	PRÉJUDICE causé par la fraude au Trésor. TARIF de 156.25	de 220
Fabrication ostensible des bouilleurs de cru (production totale)	134 000	107 000	76 000	91 000	204 000	612 000		
Consommation en franchise des bouilleurs de cru	94 280	78 758	73 853	80 649	80 432	409 952	156.25	220
Reste des quantités fabriquées						202 048	Francs.	Francs.
Quantités vendues en payant les droits						67 349		
Quantités vendues en fraude						134 699		
Moyenne annuelle des quantités fournies à la fraude par la fabrication ostensible						26 940	4 209 365	5 925 800

	ALCOOLS DE VIN	ALCOOLS DE CIDRE		Hectolitres.	Francs.	Francs.
Fabrication clandestine des bouilleurs de crû. Moyenne annuelle des quantités fournies à la fraude (pour les alcools de vin et de cidre)	132 828 hectol.	27 623 hectol.		160 451	25 070 468	35 299 220
Total du préjudice causé par la fraude au Trésor. Moyenne annuelle				210 057	29 279 833	41 225 020

Nota. — Même observation que pour le tableau précédent.

La fabrication connue des bouilleurs de profession et des bouilleurs de cru pendant cette période quinquennale a été de 10 931 hectolitres d'alcool pur pour les premiers, et de 145 562 hectolitres pour les seconds, soit en tout 156 493 hectolitres à déduire de la production totale des eaux-de-vie de cidre, pour avoir seulement le chiffre correspondant à la production clandestine.

Il reste donc pour celle-ci : 184 150 hectolitres, soit en moyenne une fabrication clandestine par an de 36 830 hectolitres.

Sous déduction des quantités constituant le stock vieillissant chez les producteurs, il reste 27 623 hectolitres pour la fraude.

C'est, au tarif de 156 fr. 25, une perte pour l'État de 4 316 093 fr., et au tarif de 220 fr., une perte de 6 077 060 fr.

Ainsi, en réunissant les données de la fabrication ostensible et celle de la fabrication clandestine (cette dernière seulement en ce qui concerne les vins et les cidres), on voit que le privilège des bouilleurs de cru a fourni à la fraude :

Fabrication ostensible pour une année		26 940 hectol.
Fabrication clandestine pour une année. { Vins. .	132 828	»
{ Cidres.	27 623	»
Soit.		187 391 hectol.

Le préjudice annuel est alors de 29 279 833 fr. au tarif de 156 fr. 25, ou de 41 226 020 fr. au tarif de 220 fr.

Cela suffit déjà à montrer quel bénéfice le Trésor retirerait de la réglementation qui lui permettrait de taxer les quantités qui, grâce au privilège, lui échappent actuellement.

Il est aujourd'hui d'autant plus utile de mettre un terme à la fraude que par suite du dégrèvement des vins et des cidres, l'alcool est devenu presque l'unique pourvoyeur du budget, pour les recettes que doivent lui procurer les boissons.

« Si l'on veut vraiment sauvegarder les intérêts du Trésor, il est nécessaire, sinon de supprimer absolument le privilège des bouilleurs de cru, ce qui serait d'ailleurs la solution la plus nette, du moins de le réglementer très étroitement. Autrement il est à craindre qu'une partie du bénéfice du relèvement de 64 fr. des droits sur l'alcool n'échoie à la fraude. Si le Trésor éprouvait un mécompte du côté des droits sur l'alcool par la simple restriction de la consommation, le mal ne serait pas grand, ou, du moins, on s'en consolerait aisément puisque l'alcoolisme est considéré comme un fléau, mais si le mécompte vient du développement de la fraude, c'est une autre affaire ; alors, il n'y a plus de consolation (¹) ».

Ces prévisions ne se sont que trop réalisées. Le Trésor, par la diminution de ses recettes, le commerce honnête, par la concurrence déloyale des fraudeurs, la morale, par le mépris qu'on fait de la loi, souffrent du privilège. Il est urgent de remédier à cet état de choses.

La situation financière suffirait seule à établir la nécessité de mettre un terme à ces abus qui n'ont que trop duré.

En dehors du bénéfice illégitime que leur procure la fraude, les bouilleurs de cru jouissent d'un cadeau injustifié dans la franchise de leur consommation personnelle. Nous l'avons déjà dit et redit, l'impôt

---

(¹) Leroy-Beaulieu, Économiste français, 15 déc. 1900.

sur l'alcool est un impôt de consommation, il doit
dès lors être acquitté par tous les consommateurs.
Il n'y a pas de raison à tirer, pour demander la
faveur d'une exemption injuste et contraire à toute
égalité, du fait que la qualité de producteur et celle
de consommateur se confondent en la personne du
bouilleur de cru. Tous les bouilleurs de profession
et distillateurs qui distillent les vins, cidres, grains,
betteraves de leur récolte ne jouissent d'aucune franchise pour leur consommation personnelle.

On demande aujourd'hui, de toutes parts, à l'État,
de prendre trop de charges à son compte pour qu'il
lui soit possible de faire des largesses à certains
contribuables au détriment de tous les autres.

Il convient donc, et il est d'absolue nécessité, pour
fermer toute porte à la fraude et assurer la rentrée
intégrale des recettes sur l'alcool, de saisir toutes
les quantités produites par les bouilleurs de cru et de
leur faire l'application des droits aussi bien sur leur
consommation personnelle que sur les autres quantités.

L'acquittement de l'impôt par les quantités consommées par les bouilleurs de cru donnerait, d'ailleurs, un supplément de recettes peu négligeable.

Il nous est facile, à présent, de nous rendre compte
du produit que procurerait l'application du droit
général de consommation à toutes les quantités produites par les bouilleurs de cru.

La fabrication ostensible annuelle étant, en
moyenne, de 122 400 hectolitres et la fabrication clandestine (pour les vins et les cidres seulement, de
183 117 hectolitres, c'est 305 517 hectolitres au moins
qui seraient taxés par an.

Dans la fabrication ostensible, celle des eaux-de-vie

Tableau de l'Évaluation du produit de l'application du droit général de consommation
à toutes les quantités produites par les bouilleurs de cru.

FABRICATION OSTENSIBLE		MONTANT DES DROITS TARIF	
		de 156 fr. 25 Moyenne annuelle.	de 220 fr. Moyenne annuelle.
Période quinquennale 1896-1900.	Moyenne annuelle.		
612 000 hectolitres.	122 400 hectolitres.	19 125 000 fr.	26 928 000 fr.
FABRICATION CLANDESTINE (seulement pour les alcools de vin et de cidre).			
Période quinquennale 1896-1900.	Moyenne annuelle.		
Alcools de vins. 995 218 — Alcools de cidres. 184 150 — Total. 1 180 358	236 073 hectolitres.	36 886 406 fr.	51 036 060 fr.
Total de quantités imposables	Moyenne annuelle. 358 473 hectolitres.	56 011 406 fr.	78 864 060 fr.

de marcs et de fruits est double environ de celle des eaux-de-vie de vins et de cidres. Peut-être en pourrait-on conclure qu'il en est de même de la fabrication clandestine que nous avons laissé de côté. Faute d'éléments assez précis nous ne la faisons pas entrer en compte, désireux de n'apporter que des allégations basées sur autre chose que des hypothèses. Si quelque exagération, malgré les précautions prises, se glissait encore dans les évaluations, le fait de n'y pas comprendre une partie de la production des bouilleurs de cru assurerait, qu'en tout cas, le résultat final n'en peut être sérieusement faussé.

Donc, on peut affirmer que d'une réglementation, assurant la prise en charge de toutes les quantités produites par les bouilleurs de cru, le Trésor eût retiré, en moyenne chaque année, avec l'ancien tarif, de 156 fr. 25, une somme qui eût été de 50 à 55 millions et qui, au tarif actuel de 220 francs, n'atteindrait pas moins de 75 à 80 millions de francs.

C'est une ressource qu'il n'y a pas lieu de dédaigner.

CHAPITRE II

LES BOUILLEURS DE CRU AU POINT DE VUE ÉCONOMIQUE

Sommaire. — § 1. Le privilège et la viticulture : dangers du sucrage et du vinage qui, sous le couvert du privilège, tendent à augmenter les stocks de vins qui pèsent sur le marché. Graves inconvénients des systèmes qui, comme les projets de prime à la distillation des vins ou de taxe différentielle, conduisent à considérer la transformation des vins en alcools comme un débouché de nature à résoudre la crise viticole. De toutes façons on aboutit, sous le couvert du privilège, à une surproduction indéfinie, alors que cette surproduction est précisément la cause du mal à laquelle il faut parer. — § 2. Le privilège et l'agriculture : La progression du nombre des bouilleurs, sans profit pour la prospérité agricole indique combien le privilège lui est étranger. Ce qui intéresse l'agriculture, ce n'est pas la fabrication de l'alcool, pas plus par les petits bouilleurs que par les gros bouilleurs de cru. La fabrication de l'alcool d'industrie sert seule les intérêts agricoles, par l'emploi qu'elle fait de produits agricoles qui sont tirés du sol national, par l'utilité des résidus de distillerie pour la nourriture du bétail et la fumure des terres. — § 3. Le privilège et le commerce : Préjudice causé tant au commerce de détail qu'au commerce de gros par les bouilleurs de cru ; concurrence déloyale par la vente en fraude des eaux-de-vie du privilège.

I

Le privilège des bouilleurs de cru a longtemps réuni, malgré l'atteinte qu'il porte au principe d'égalité et le préjudice qu'il cause au Trésor, de nombreux partisans qui lui croyaient au moins une portée économique suffisant à justifier son existence.

Il semblait d'abord, dans l'esprit de beaucoup, que

les intérêts de la viticulture étaient liés à la jouissance sans entrave des immunités concédées aux bouilleurs de cru.

Quand les vignobles furent ravagés par le phylloxéra et tant que leur reconstitution ne fut pas assurée, la production resta, pendant de longues années, inférieure aux besoins de la consommation. Pour suppléer à l'insuffisance des récoltes dans le Midi on eut recours aux raisins secs, aux figues, au sucrage, au vinage, aux additions de tout genre, capables, non pas d'améliorer la qualité, mais d'augmenter la quantité.

Le sucrage et le vinage ont tous les deux le même but : l'élévation du degré alcoolique du vin. La différence essentielle, entre les deux, consiste en ce que le sucrage, qui a besoin de la fermentation alcoolique pour produire ses effets, ne s'applique qu'aux moûts ou à la vendange, tandis que le vinage constitue une opération faite après coup sur des vins déjà terminés.

L'opération du vinage consiste à jeter de l'alcool sur des vins faits, en d'autres termes, sur des vins dont la première fermentation est terminée. Exceptionnellement toutefois, on jette de l'alcool aussi sur des vins dont la fermentation n'a pu dissoudre tous les principes sucrés pour les transformer en alcool, et sur ceux dont on veut enrayer la fermentation pour les maintenir doux sans les exposer à se gâter à la suite d'une reprise tardive de la fermentation, provoquée par l'élévation de la température.

Le sucrage, au contraire, ne peut s'appliquer qu'à la vendange en cuve, dans laquelle on jette du sucre ou de l'eau sucrée avant toute fermentation, cette dernière étant indispensable pour transformer le sucre en alcool.

Mais aux termes de la législation actuelle, le su-

crage, ou addition de sucre à la vendange elle-même,
est une opération qui ne doit avoir pour but que
d'améliorer la qualité du vin en remédiant au défaut
de maturité des raisins. En aucun cas, il ne doit
devenir un moyen d'augmenter la production des vins
de première cuvée en facilitant une addition d'eau
qui constituerait le délit de mouillage, prévu et puni
par la loi du 24 juillet 1894. L'emploi du sucre en
première cuvée ne se justifie donc que dans les
années où le raisin n'a pas complètement mûri, en
raison, soit des intempéries, soit des maladies dont
la vigne est atteinte. Il n'offre, alors, que peu de
dangers. On ne sucre, en première cuvée, que les
moûts qui en ont réellement besoin. « Un récoltant
ne va pas, de gaîté de cœur, risquer de sacrifier une
première cuvée pour le seul avantage d'augmenter
légèrement la force alcoolique de son vin. Il ne le
sucre qu'en cas de nécessité et dans la mesure strictement nécessaire. Mais il ne faut pas qu'une faveur
accordée dans un but nettement défini, en vue d'une
utilisation limitée, puisse servir à faciliter la fraude.
Or, si le sucrage des premières cuvées, des moûts,
se justifie en certains cas, il n'en est plus de même
pour le sucrage des deuxièmes cuvées, pour le
sucrage des marcs [1] ».

Si on sucre les moûts lorsque l'opération est nécessaire, on sucre les marcs toujours, en tout temps,
que l'année ait été bonne ou mauvaise, on les sucre
pour en faire des vins artificiels qu'on mélange aux
vins naturels et qu'on vend comme tels, et c'était là
un usage très employé pour remédier à la diminution
des récoltes : on les sucre aussi pour fournir un ali-

---

[1] SALIS, Rapport à la Chambre, 13 novembre 1891.

ment aux distillations clandestines des bouilleurs de
cru. La législation fixe à 24 fr. par 100 kilogrammes au
lieu de 60 fr. l'impôt sur le sucre dénaturé en présence
des employés de la régie par son addition aux marcs de
raisin. Or, théoriquement, 100 kilogrammes de sucre
donnent 64,3 volumes d'alcool pur. Dans la pratique,
on peut retirer jusqu'à 58 litres d'alcool à 100° de 100
kilogrammes de sucre mis en fermentation [1]. Si on
admet que les bouilleurs de cru n'en retirent que
40 à 45, par suite de la conduite plus ou moins mauvaise de leurs opérations, qu'arrive-t-il ? Qu'au lieu
de consommer en nature le liquide provenant de cette
fermentation, le bouilleur de cru le passe à l'alambic :
il obtient pour un droit de 24 fr., entrant dans les
caisses du Trésor, 40 litres, au minimum, d'alcool
pur, soit 80 litres à 50°. Ces 40 litres d'alcool pur
livrés en fraude à la consommation, comme cela se
voit tous les jours dans les pays vignobles devraient
acquitter un droit autrefois de 62 fr. 50, à raison de
156 fr. 75 l'hectolitre, aujourd'hui de 88 fr. avec le
tarif de 220 fr. l'hectolitre. Dans ce cas, le Trésor
perd, par chaque dénaturation de 100 kilogrammes
de sucre, en vue de la falsification des vins, 64 fr. de
droits que la fraude lui enlève. Le sucrage des moûts
pouvait bien être une opération vinicole. Le sucrage
des marcs ouvre la porte à la spéculation et à la
fraude.

L'emploi du sucre en deuxième cuvée, c'est-à-dire
le versement d'eau et de sucre sur les marcs en vue
de la production d'un vin de sucre doit donc avoir
pour unique objet de fournir au récoltant la boisson
nécessaire pour son usage, celui de sa famille et de

---

[1] GRANDEAU, *L'alcool, la santé publique et le budget*, Paris, 1888.

son personnel. Il est absolument interdit de livrer à la vente ces boissons, soit en nature, soit après mélange. Mais ces interdictions portées par la loi du 6 avril 1897 n'ont pas été respectées, et l'importance des quantités de sucre employées en viticulture suffisait à le révéler clairement. Se basant sur ce que la quantité de sucre qu'un récoltant peut employer légitimement à la préparation du vin de sucre dépend du nombre des personnes composant sa famille et sa domesticité, la loi du 29 décembre 1900 a édicté que le bénéfice du droit réduit de 24 fr. serait limité aux quantités de sucres bruts ou raffinés employés jusqu'à concurrence d'un maximum de 40 kilog. par membre de la famille et domestique attaché à la personne (art. 16).

Au delà des limites qui viennent d'être indiquées, le sucrage devient une opération manifestement suspecte, paraissant dénoter une intention frauduleuse de la part de celui qui s'y livre.

Et cette intention frauduleuse ne peut exister que chez un bouilleur de cru. La fraude sur les vins est facilement reconnue par les laboratoires d'analyse. D'ailleurs, dans la situation actuelle du marché des vins, avec la mévente provenant de la surabondance de l'offre relativement à la demande, on ne voit guère l'intérêt qu'il y aurait à mettre en circulation les vins de sucre ainsi produits : ils seraient d'un placement aussi difficile et se vendraient à un cours aussi peu élevé que les autres. Mais où l'intérêt devient évident, c'est lorsque la production des vins de sucre, disproportionnée aux besoins de la consommation du récoltant, a pour but d'alimenter la distillation clandestine qui procure de si beaux bénéfices. En sorte que dans l'état actuel des choses, le sucrage, s'il n'est

pas strictement limité aux premières cuvées, et, en
première cuvée, à la production de vins de consommation familiale, ne tend qu'à l'un ou l'autre de ces
deux résultats : si les vins fabriqués sont mis en
vente, contrairement à la loi, ils viennent augmenter
les stocks qui pèsent sur le marché déjà si lourdement ; si, au contraire, ils sont distillés, ils viennent
alimenter en fraude la consommation, sous le couvert
du privilège des bouilleurs de cru. On ne voit guère
jusqu'ici en quoi ce privilège intéresse la viticulture
honnête.

Si en effet les bouilleurs de cru obtiennent par le
sucrage des quantités de vins supérieures à ce
qu'exige les besoins de leur consommation, ou bien,
en jetant les vins ainsi obtenus dans la circulation,
ils augmentent le caractère d'acuité de la crise viticole
et avilissent les cours, ou bien, en les distillant, ils
profitent de leur situation pour réaliser des bénéfices
dont le Trésor fait les frais, par des agissements frauduleux, d'une malhonnêteté évidente. Il est permis
de se demander pourquoi la législation vient les
encourager par la concession d'immunités au moins
intempestives.

Les bouilleurs de cru ont essayé de se faire avec le
vinage, toujours au nom des intérêts de la viticulture,
un rempart contre les attaques que leur mérite leur
privilège. Leur moyen de défense n'a pas plus de
valeur, et leurs prétentions ne sont pas davantage,
en quoi que ce soit, fondées.

Le vinage ou versement d'alcool sur les vins peut,
à la rigueur, se comprendre quand il est destiné à
rehausser le degré des vins faibles et manquant de
consistance, et que la pénurie de la récolte générale
du pays oblige à assurer la conservation et l'utilisa-

tion de toutes les quantités de vins récoltées. C'est dans cet esprit que le législateur avait autorisé, dans de certaines limites, le vinage chez le producteur, au temps des ravages de l'invasion phylloxérique. Et encore était-ce une porte ouverte à la fraude, par où l'on ne se fit pas faute de passer. Il était en effet lucratif d'alcooliser à l'excès le vin, puisque c'est un moyen de livrer au commerce un alcool affranchi de droits : c'est une prime à la fraude, et il faut avouer que notre législation, en ces questions, a été vraiment très tutélaire.

Il semble qu'on se soit longtemps ingénié à multiplier pour les bouilleurs de cru les occasions de frauder et à augmenter l'intérêt qui pouvait les pousser à en profiter. Il ne faut peut-être pas trop s'étonner s'ils croient aujourd'hui avoir des droits acquis à se créer des bénéfices par la fraude.

Mais lorsque les vignes redevinrent luxuriantes, que les fûts se remplirent et que la mévente se fit craindre avec le retour de l'abondance, on proscrivit le vinage, qui ne pouvait d'ailleurs mettre en circulation que des produits très inférieurs, n'ayant souvent de vins que le nom (car il dissimulait les coupages et les fabrications les moins scrupuleuses), et qu'on acceptait faute de mieux. Cependant depuis la loi de 1894, cette opération du vinage a continué de se pratiquer à l'aide des alcools produits sous le couvert du privilège des bouilleurs de cru, malgré toutes les prohibitions. La législation est cependant formelle sur ce point, puisque la loi du 14 août 1889 déclare que « nul ne peut expédier, vendre ou mettre en vente sous la dénomination de vin, un produit autre que celui de la fermentation des raisins frais ».

Toute addition d'alcool a donc pour effet de faire

perdre la qualité de vin naturel, et cela est aussi vrai en réalité, qu'au point de vue légal. Que le propriétaire remonte son vin avec de l'alcool d'industrie ou des eaux-de-vie provenant de sa vendange, peu importe, ce vin est passible, s'il est mis en circulation, d'une double contravention : l'une à la requête du procureur de la République pour délit de falsification (art. 423 du Code pénal, lois de 1851-1855 et du 14 août 1889) ; l'autre, à la requête de la Régie, pour déclaration inexacte de la boisson expédiée et inapplicabilité du titre de mouvement (lois du 28 avril 1816 et 14 août 1889). La loi du 24 juillet 1889 est venue confirmer cette législation en décidant que les pénalités édictées par l'article 423 du Code pénal, et la loi de 1851 seraient applicables même dans le cas où la falsification par addition de l'alcool serait connue de l'acheteur. Le décret du 19 avril 1898 et la circulaire du 29 juin 1898 rendus en conformité de la loi de 1894 ont déclaré en termes encore plus précis que le législateur prohibe l'addition d'alcool au vin. La Cour de cassation [1] a consacré l'application des dispositions législatives et fixé la jurisprudence : toute addition d'alcool est prohibée ; il n'y a pas à distinguer si l'alcool est de provenance industrielle, ou s'il provient de la distillation d'une partie de la récolte du producteur [2].

Malgré cela il est avéré que les bouilleurs de cru pratiquent le vinage, ce qui est une fraude de plus à ajouter à la liste de toutes celles auxquelles ils se livrent, et ils prétendent qu'à ce titre leur privilège

---

[1] 17 avril 1896. — 18 juin 1896. — 17 déc. 1896.

[2] DALLOZ. Supplément. Vente de substances falsifiées n° 63. — LABORI. Répertoire encyclopédique : Fraudes et délits dans les ventes n° 277. — VALLAT. Commentaire sur les vins artificiels 1897. p. 277.

est indispensable à la viticulture. Le vinage, même avec paiement des droits, est une opération formellement interdite par la loi ; elle n'est pas plus licite parce que, sous le couvert du privilège, elle s'effectue en franchise. De plus, comme le rappelait M. Caillaux, « c'est sur l'initiative même des représentants les plus autorisés de la viticulture, qu'ont été votées les lois du 14 août 1889 et 24 juillet 1894, et l'on est fondé à se demander si le vinage, en même temps qu'il est contraire aux lois précitées, n'est pas aussi contraire à l'intérêt bien compris de l'industrie viticole, et si l'autorisation du vinage, en favorisant la production en très grande quantité de vins très médiocres, ne contribuerait pas à pousser la culture dans une voie où elle s'est peut-être déjà trop engagée, la recherche des gros rendements au détriment de la qualité [1]. » Il est difficile d'admettre, en effet, que pour permettre aux vins défectueux de trouver une place dans la consommation, on autorise une pratique dont le premier et inévitable effet serait de jeter la déconsidération sur la production viticole tout entière et de discréditer l'usage du vin parmi les consommateurs. En réclamant la faculté de viner, en franchise, les bouilleurs de cru ont une singulière façon de comprendre les intérêts de la viticulture. Il peut bien s'agir là des intérêts de certains viticulteurs, producteurs de vins de qualité inférieure et de mauvaise tenue, mais non des intérêts généraux de la production viticole. D'autant qu'à l'égard de ces récoltants dont le vinage remonterait les vins, la nécessité qu'ils invoquent peut exister peut-être, mais en tous cas n'est pas une nécessité naturelle résul-

[1] J. Caillaux, Lettre à M. Pams, député, 20 février 1901.

tant de la force même des choses. C'est une nécessité qui n'a son origine que dans l'extension de la culture de la vigne, dans certaines régions, à des terrains qui ne la comportaient pas, dans le choix des cépages qui ne se recommandent que par leur productivité et auxquels ne s'arrêtent pas les viticulteurs soucieux avant tout de la qualité de leurs produits. La recherche exclusive des gros rendements a pu être pour ceux qui s'y sont adonnés une spéculation très lucrative dans les années où pour l'ensemble du pays la production ne suffisait pas à subvenir aux besoins de la consommation. Aujourd'hui, cette spéculation a contribué pour la plus grande part à déchaîner la crise qui sévit sur la viticulture, elle a provoqué la mévente. C'est une singulière prétention que de vouloir, malgré tout, compromettre les intérêts des autres viticulteurs, et arriver à venir concurrencer leurs produits sains et de bonne qualité, par des vins que les tripotages, les falsifications et les additions d'alcool permettent seuls d'amener sur le marché où leur présence ne peut qu'accélérer la baisse des cours. Ceux qui se sont livrés à cette spéculation autrefois profitable et qui ne l'est plus maintenant, n'ont d'autre moyen de sortir de la situation où ils se sont mis, qu'en renonçant à suivre la voie où ils s'étaient engagés. Ce n'est pas en augmentant, par le vinage et la coloration artificielle, les stocks pesant déjà sur le marché qu'on peut venir en aide à la viticulture. C'est là, au contraire, aggraver le mal. C'est en renonçant aux pratiques de culture intensive au-delà de toute limite raisonnable, c'est en s'attachant à la qualité, non à la quantité, qu'on pourra guérir les maux causés par la surproduction.

Les vrais intérêts de la viticulture sont ceux-là ; ils

n'ont rien de commun, on le voit, avec le privilège
des bouilleurs de cru, ils sont, au contraire, bien plutôt en opposition complète avec lui.

Le privilège, par cela seul qu'il permet de jeter
sur le marché, des vins vinés grâce aux immunités
qu'il confère, ouvre largement la porte à la fabrication ; il porte préjudice à la production naturelle en
contribuant à répandre l'idée que tous les vins sont
falsifiés ; en augmentant les quantités offertes à la
consommation il n'aboutit qu'à les déprécier davantage. Les bouilleurs qui, avec l'alcool qu'ils doivent
au privilège, étendent leurs vins et multiplient leur
production, deviennent les premiers agents de la
décadence viticole ; c'est autant de débouchés qu'ils
suppriment aux vins naturels, livrés par suite à l'avilissement des cours.

La viticulture ne saurait davantage trouver un
remède efficace à la crise qui l'éprouve dans la distillation des vins sous le couvert du privilège. Déjà les
cours de l'alcool se sont fort abaissés (¹), ils se tien-
nent à un niveau peu rémunérateur pour les producteurs actuels. Venir jeter sur le marché les produits
obtenus en passant à l'alambic les vins récoltés serait
déchaîner une crise nouvelle et ajouter à la mévente
des vins celle des alcools, ce dont les viticulteurs
pâtiraient alors des premiers.

La production considérable d'alcool qui résulterait
de la distillation de quantités de vins toujours croissantes, porterait d'ailleurs préjudice à la consommation des vins. Cette transformation des vins en alcool
n'arrêterait en rien la surproduction, cause de la crise

(¹) Voir tableau de la production du prix et de la consommation des
alcools en France depuis 1850. Annexes, tableau II.

viticole. En s'ingéniant seulement à créer des débouchés à des produits s'offrant sur le marché en quantités de beaucoup supérieures aux besoins de la consommation, on arrive à être fatalement débordé, car la production ne ralentissant pas, se maintient toujours au-dessus du niveau de la demande. C'est donc perpétuer le mal, avec cette aggravation qu'on a diminué la demande de vin en proportion de ce qu'on augmente l'offre d'alcool. Car la consommation du vin est en raison inverse de celle de l'eau-de-vie. Dans les débits, on boit d'autant moins de vin qu'on boit plus d'alcool, et on boit l'alcool parce qu'il ne coûte que o fr. o5 ou o fr. 10 le petit verre. Ce n'est assurément pas en augmentant la fabrication d'alcool et en la favorisant d'une taxe différentielle, ou d'un privilège comme celui des bouilleurs de cru qui ouvre la porte à toutes les fraudes, qu'on peut se flatter de remplacer par le vin la consommation des boissons alcooliques. On ne peut aboutir en s'engageant dans cette voie, qu'à diminuer la consommation des vins en les concurrençant par l'alcool. Fût-il produit par la distillation de vins, il n'y aurait aucune compensation puisque la production du vin n'en resterait pas moins à un niveau dépassant, dans la même proportion qu'auparavant, la consommation qui peut s'en faire.

Admettons même que l'intérêt de la viticulture exige comme remède, à la crise actuelle, la transformation en eau-de-vie de la plus grande quantité possible de vins. Il va de soi que le produit de cette distillation étant destiné, non à la consommation familiale, mais à la vente, sera, par suite, soumis au payement des droits. Mais il est aussi évident qu'il ne pourra s'introduire dans la consommation qu'à la condition, tout d'abord, qu'il ne soit pas concurrencé par l'eau-de-vie de fruits, indemne d'impôt, ou par les eaux-de-vie de vin mises en circulation frauduleusement par les bouilleurs de cru. C'est donc la suppression du privilège qui se présente avant tout comme nécessaire. A ce point de vue encore, c'est la même conclusion qui s'impose : le privilège n'a rien de commun avec les véritables intérêts de la viticulture.

Une fois débarrassés de la concurrence des eaux-de-vie du privilège, les alcools provenant de la distillation des vins auraient encore à lutter contre la concurrence de la production industrielle. Les moyens proposés pour leur assurer la suprématie sur le marché, malgré les conditions économiques dans lesquelles il se trouve, sont de pures duperies.

Pour permettre aux eaux-de-vie de vin de lutter avantageusement avec l'alcool d'industrie, le projet Augé propose de donner une prime de o fr. 5o par degré aux vins soumis à la distillation. Cette allocation, de nature à favoriser la distillation du vin, serait fournie par un relèvement du droit de circulation, porté de 1 fr. 5o à 2 fr. 5o par hectolitre.

Cette façon de remédier à la crise engendrée par la surproduction semble bien devoir atteindre un résultat tout à fait opposé au but visé. Lorsque tout vin inférieur qui passera à l'alambic recevra une prime de o fr. 5o par degré d'alcool, il est à craindre que la production des vins de chaudière ne connaisse plus de limite.

Et pourquoi se borner, en effet, à la fabrication de vins titrant au moins 5 à 6°, puisque l'État payera l'alcool de toutes les piquettes, de tous les lavages de marcs. « On présente ce moyen comme panacée contre la surproduction ? Erreur funeste ! Ce serait une prime à l'indéfinie surproduction [1]. » Cette surproduction inévitable de vins, à peine dignes de ce nom, ne pourra qu'amener, s'ils vont tous à l'alambic, une surproduction d'eau-de-vie dont les résultats sont faciles à prévoir : encombrement du marché, avilissement des cours.

Mais tous ces petits vins seront-ils brûlés ? Il est probable qu'en raison de leur bas prix, le commerce les achètera de préférence à d'autres exigeant une dépense supérieure. Il les achètera non pour en faire de l'eau-de-vie, mais pour les vendre en nature, escomptant, pour les écouler dans la consommation, le bon marché auquel permettra de les vendre le taux peu élevé du prix d'achat. Ce sera là, certes, une manière efficace de venir en aide à la viticulture que ruine la mévente ! La valeur des choses étant subordonnée au besoin que nous en avons, croît dans la rareté et diminue dans l'abondance.

Or, de même que, lorsque des produits sont en quantité inférieure aux besoins, la valeur de tous tend à se régler sur le coût de production maximum, de même, lorsqu'ils sont en quantité supérieure aux besoins, la valeur de tous se règle sur le coût de production minimum.

Le prix d'un produit, mis en vente dans les conditions où la surproduction place le marché des vins, tend inévitablement à être le prix de celui qui a la moindre valeur. Il se fixe à ce niveau et c'est là l'éternel résultat de l'offre et de la demande qui agissent sur les cours. Ce sera donc ces vins inférieurs qui établiront la cote immuable et définitive des vins.

[1] VALAYER, ancien président de la Société de Viticulture de Vaucluse (*Éclair de Montpellier*).

Ainsi on arrive à ce résultat, pour soulager les maux causés par la mévente : un nouvel abaissement des cours.

Cette prime, d'ailleurs, de deux choses l'une, sera payée par les viticulteurs ou par les consommateurs. Si ce sont les consommateurs qui la paient, ce sera pour eux une charge nouvelle, pour arriver, comme premier effet, à augmenter la quantité de vins défectueux et de qualité inférieure qui seront livrés à la consommation. Si ce sont les viticulteurs qui la paient, ceux qui en feront les frais seront ceux qui, n'ayant pas cédé à la folie de la production à outrance, ne sont pas responsables d'une crise à laquelle ils n'ont pas contribué, et qui auront à payer une prime à ceux qui l'ont déchaînée. A ces vrais vignerons de France, qui produisent des vins de bonne qualité, en ne sacrifiant pas tout au vain mirage d'une culture destinée à accroître le rendement à l'hectare au delà des limites raisonnables, à ces vignerons qui ne brûlent pas leurs vins, on viendra demander de payer une surtaxe pour constituer une prime au profit de ceux qui se sont livrés à une spéculation devenue peu profitable et qui voudraient faire payer par les autres les pertes que leur cause une situation dont ils sont seuls responsables.

De tels résultats suffisent à juger un projet capable de les engendrer.

La proposition d'une taxe différentielle ne semble pas davantage de nature à porter efficacement remède aux maux de la production viticole.

Comme la précédente, elle est inspirée par cette pensée que la distillation, en offrant un débouché aux vins, est le salut pour la viticulture, et que ce débouché ne peut être ouvert que par un système de taxation qui permette la lutte entre les eaux-de-vie de vin et les alcools d'industrie, en assurant la victoire aux premières.

On a pu trouver plus simple, pour permettre à l'eau-de-vie, produite par la distillation des petits vins et des vins défectueux, de s'introduire dans la consommation, de supprimer toute concurrence en supprimant les concurrents. Tel est l'objectif que vise la proposition Cunéo d'Ornano, qui tend : 1° à abaisser à 156 fr. 25 le droit de consommation sur les alcools, sauf les absinthes, qui restent taxées à 220 fr. ; 2° à interdire, sous peine d'amende et de prison, l'emploi des alcools d'industrie comme boisson, ces alcools devant être obligatoirement dénaturés pour les usages industriels ; 3° à favoriser l'emploi de ces mêmes alcools au chauffage et à l'éclairage, par un relèvement des droits de douane sur le pétrole. C'est là, tout au moins, avouer franchement que l'on rêve d'assurer aux alcools de vin le monopole de la consommation de bouche.

Mais indépendamment de cette proposition de nature vraiment radicale, la Chambre est saisie d'une proposition de M. Lauraine, qui tend à porter à 270 fr. le droit de consommation sur les alcools d'industrie, ce droit restant fixé à 220 fr. pour les alcools de vins et similaires.

Cette proposition est fondée, nous l'avons déjà dit, sur l'idée que la viticulture, écoulant difficilement ses vins en nature à cause de la surproduction, trouverait des débouchés nouveaux par la transformation du vin en alcool si l'alcool de vin n'était pas concurrencé par l'alcool d'industrie. Celui-ci revenant à meilleur marché, on veut balancer cet écart du prix de revient par une différence d'impôt.

Avant tout, il est permis d'observer que se lancer dans une voie semblable, c'est poser, en principe, l'instabilité dans le régime fiscal du pays. C'est faire l'État juge des conditions de fabrication et du quantum des prix de revient et l'instituer arbitre de la taxation à imposer à l'un ou l'autre des produits rivaux pour égaliser soi-disant les conditions de la concurrence entre eux. Un tel rôle ne lui convient guère : il est, en outre, fort délicat et très dangereux. La Belgique en a fait l'expérience, précisément dans le régime de l'alcool [1]. La législation instaurée en 1896 tout en transformant la base d'imposition et en substituant le rendement effectif au rendement présumé, a voulu s'ingénier à traiter différemment la distillerie agricole, par rapport à la distribution industrielle.

Le droit était fixé à 200 francs par hectolitre d'alcool pur, avec une détaxe de 15 francs par hectolitre en faveur des distilleries agricoles. Cette réduction, fort analogue à ce qu'on nous propose sous le nom de taxe différentielle avait aussi pour but d'équilibrer les conditions de concurrence, de *handicaper* selon l'expression de M. le ministre Liebaert, les différents concurrents. Qu'est-il arrivé ? qu'à la faveur de cette détaxe, la distillerie agricole a écrasé complétement la distillerie industrielle et que celle-ci ne parvenant pas à trouver d'autres débouchés, a été livrée à une crise des plus violentes.

Pour premier remède, on a ramené de 15 à 9 francs la réduction consentie aux distilleries agricoles et actuellement, en présence des désastres menaçants et des plaintes s'élevant de toutes parts, contre la

[1] Léon Antheaume. L'alcool en Belgique. Paris. Vigot. 1901.

production agricole qui en est arrivée à s'industrialiser tout en bénéficiant toujours de sa situation privilégiée, la question se pose de la refonte d'une législation vieille au plus de six ans, afin de rétablir l'égalité de tous au regard de l'impôt. C'est folie. —et l'exemple belge est là pour le montrer, — que de vouloir réaliser législativement l'équilibre entre deux branches de production. Le coût de fabrication est sujet à varier et il faut alors, avec chaque variation, mettre en branle tout l'appareil législatif pour revenir à ce qu'on croit être le point d'équilibre. Car ce point, s'il est difficile à atteindre, est encore plus difficile à conserver.

Si cependant l'une des branches de production trouve dans la législation des dispositions favorables qui font pencher la balance de son côté, c'est la ruine pour l'autre branche. Or il est inadmissible de soutenir que l'État puisse favoriser l'une au détriment de l'autre. Tous les citoyens ont un droit égal à sa protection, et il ne lui est pas permis, pour aider les uns, de sacrifier les autres.

On sent si bien tout ce qu'aurait d'injuste le fait de fermer *de plano* le débouché de la consommation de bouche aux alcools d'industrie, pour le réserver aux alcools de vins, qu'on prétend accorder aux premiers une large compensation par les mesures destinées à assurer l'emploi industriel de l'alcool. On cite à ce propos avec complaisance, l'exemple de l'Allemagne. Il est certes, instructif, mais on oublie facilement que nous ne sommes pas arrivés au développement industriel de l'Allemagne; que d'ailleurs, toutes proportions gardées, nous ne pouvons guère compter arriver à consommer plus de 600 000 hectolitres par an. On risque donc, par une taxe différentielle, de causer un grave préjudice à l'industrie de la distillation, pour venir en aide à une région malheureuse sans doute, mais beaucoup par son propre fait. Pourquoi demander aux autres la rançon des fautes commises ?

Pour brûler les vins qui ne se vendent pas et pour trouver un débouché aux alcools de vin on s'efforce d'arriver à reléguer les alcools de grains, de mélasse, et de betteraves dans les emplois industriels. Or ces emplois ne peuvent suffire à les absorber. Atteindre la distillerie industrielle c'est aussi ruiner l'agriculture de toute une région, c'est accroître l'acuité de la crise qui sévit sur la culture betteravière et précisément à l'heure où la grosse question du régime des sucres soulève à nouveau des difficultés, de nature à préjudicier gravement à la culture de la betterave de sucrerie. Que la betterave de distillerie soit atteinte à son tour et c'est la prospérité de la région du Nord entièrement compromise. Sans compter qu'il serait souverainement injuste de sacrifier le cultivateur de betterave aux cultivateurs d'autres régions ; que d'ailleurs la culture du blé est intimement liée à celle de la betterave.

Il est bon de faire remarquer aussi que depuis les droits prohibitifs sur les mélasses et maïs étrangers les alcools d'industrie sont des produits du sol national au même titre que les alcools de vins ou de fruits, et que la betterave est un produit éminemment national au même titre que la vigne, puisque le producteur est bien obligé de s'adonner aux cultures que lui permettent à la fois la nature du sol et le climat des régions qu'il habite.

Au surplus, il n'est plus possible de soutenir aujourd'hui que les alcools d'industrie soient beaucoup plus toxiques que les alcools de vin.

La science a heureusement fait justice de cette légende du peu de toxicité, voir même de l'*inocuité*, des eaux-de-vie naturelles ; légende au nom de laquelle on accusait les seules eaux-de-vie de provenance industrielle, des méfaits de l'alcoolisme, encore même que celles-ci soient moins riches en impuretés que les meilleurs produits distillés par les bouilleurs de cru (¹).

En réalité, les deux sortes d'alcools — industriels ou naturels — peuvent à tout le moins, être renvoyés dos à dos au point de vue anti-alcoolique, et l'hygiène n'a rien à attendre de la substitution des eaux-de-vie naturelles à la consommation des alcools d'industrie. Si autrefois on voyait moins d'alcooliques, ce n'est pas parce qu'on buvait de l'eau-de-vie de vin au lieu d'eau-de-vie de grain ou de mélasse, c'est surtout parce qu'on buvait moins, ayant moins d'eau-de-vie à boire.

Au point de vue financier, cette question du droit différentiel ne paraît pas moins dangereuse qu'au point de vue purement économique. Déjà le régime des boissons a vu les premiers temps de son application marqués par un déficit, dans le produit du droit sur l'alcool, qui pour l'année 1901 n'a pas atteint moins de 82 millions. Il n'est guère douteux que la détaxe des eaux-de-vie de vin ne ferait que creuser davantage le gouffre et porter davantage atteinte aux recettes du Trésor.

La proposition d'une taxe différentielle ne tend à rien moins qu'à protéger une industrie française contre une autre industrie française, qu'à couper ainsi

____

(¹) Voir à ce sujet le chapitre III de la deuxième partie du présent ouvrage.

le pays en deux et à mettre en conflit deux régions différentes, en ruinant l'une au profit de l'autre. Elle aboutirait dans la pratique à une instabilité de la législation des plus préjudiciables aux intérêts des producteurs et du commerce.

Elle ne pourrait se réaliser que par une surcharge des consommateurs ou par une diminution des recettes de l'État.

On veut aveuglément s'exposer à tous ces dangers pour secourir une catégorie de producteurs de vins qui ont été pour le moins imprudents et dont la conduite déraisonnable a déchaîné la crise dont ils se plaignent si fort.

Le mal, on ne saurait trop le redire, provient de la trop grande abondance des vins, et surtout des vins faibles et de conservation difficile. Et cette abondance de produits défectueux provient du mauvais choix des cépages, fait dans le but d'un développement de la production qui, avec l'extension des cultures n'a pas tardé à devenir excessive.

Les réponses envoyées à la Commission viticole de la Chambre des députés, sont démonstratives à cet égard.

« Avant l'invasion phylloxérique, le vignoble s'établissait de préférence sur les coteaux ; c'est dans ces situations que les raisins acquièrent le plus de finesse. Les crus les plus réputés sont toujours parfaitement exposés. Mais depuis quelques années les plaines se sont recouvertes d'immenses vignobles donnant des rendements extrêmement élevés. La fraîcheur et la richesse du sol communiquent aux ceps une végétation des plus luxuriantes. Par contre le degré alcoolique est beaucoup moins élevé que sur les coteaux et le sol entretient une humidité qui favorise le développement des maladies cryptogamiques. Les vins de plaine, extrêmement abondants, sont venus encombrer le marché. On a employé des greffons donnant surtout la quantité. Les surfaces énormes, plantées en Aramon dans le Midi, en sont un exemple frappant. Ce cépage produit très abondamment. On a cité des rendements dans les plaines s'élevant à 2, 3 et 400 hectolitres à l'hectare ; mais ce vin pauvre en alcool est de conservation difficile.

« Avec les vignes greffées sur les vignes américaines bien adaptées on arrive à des rendements très élevés, plus élevés que si la vigne était franche de pied ; et comme fréquemment qualité est le contraire de quantité, les vins devenus plus abondants sont moins bons au goût et de conservation plus aléatoire ([1]). »

C'est donc l'extension de la culture viticole à des terrains dont la constitution devait fatalement modifier la production des ceps, développant à la fois non seulement la quantité de raisins sur un même pied, mais aussi la quantité et la grosseur des grains sur un même raisin, et le choix de cépages particulièrement susceptibles de subir cette augmentation de la quantité au détriment de la qualité, qui, par une conséquence naturelle et logique, ont faussé le rapport entre la production et la consommation, entraînant une baisse persistante des cours.

Les régions qui ne se sont pas laissées entraîner dans cette voie dangereuse de la surproduction ne sont pas sans supporter les effets de la crise. Celle-ci devait en effet se généraliser, à raison de ce fait que par suite des facilités des transports, des communi-

---

[1] M. Guillon, directeur de la Station viticole de Cognac.

cations, et des relations commerciales, la France ne constitue qu'un unique marché pour les produits de son sol. Or il est naturel que sur un même marché les prix tendent à se fixer sensiblement au même niveau pour un même produit. Cependant c'est là un phénomène qui, dans la réalité des choses, se manifeste plus régulièrement pour le blé produit, de conservation et de transport relativement plus faciles que le vin. Aussi peut-on dire que la qualité défectueuse des petits vins produits en surabondance, leur a fermé l'accès de certaines régions trop éloignées du lieu de la récolte, précisément par suite de la difficulté de leur conservation. En sorte que c'est la mauvaise constitution de ces produits qui les empêchant de bénéficier du développement des voies de communication, les a concentrés sur le marché des régions de production, morcellant ainsi le marché national, et par une justice distributive a laissé la crise peser de toute son acuité là où l'imprudence du viticulteur s'était donné libre carrière, et en a atténué les effets là où ils n'avaient écouté que les conseils de la prévoyance ou de la raison.

Le Syndicat du Loiret s'exprime ainsi à ce sujet : « Le département est grand consommateur des vins frais et fruités que produit notre sol ; Paris et la région qui nous entoure recherchent aussi ces crus. Dans les replantations successives qui ont suivi l'invasion phylloxérique, nos viticulteurs se sont efforcés de maintenir par des greffages appropriés nos cépages anciens, et ont ainsi pu conserver, du moins en partie, les qualités d'antan.

« Il est résulté de ces diverses causes que nos vins ont trouvé des acheteurs à des prix suffisants et qu'il n'en est resté que fort peu au vignoble. En somme la

ANTHEAUME. Bouilleurs de cru.

crise générale a été très atténuée dans le Loiret. Il semble évident que dans le Midi des terrains ont été plantés à tort, et les vins ainsi produits, de qualité très inférieure, ont grandement influé sur la crise ».

C'est donc à la cause qu'il faut s'attaquer pour remédier au mal. Il n'est pas besoin pour cela de se lancer dans d'inextricables difficultés, de bouleverser le régime fiscal, de porter atteinte au principe d'égalité des citoyens devant l'impôt, de protéger les uns avec l'argent des autres. Ce qu'il faut, ce n'est pas pousser la viticulture à produire pour distiller, ce que feraient infailliblement tous les moyens proposés. L'écoulement des vins est fort difficile à raison non seulement de leur abondance mais aussi de leur qualité défectueuse; abondance et mauvaise qualité étant étroitement liées l'une à l'autre. Il ne sert à rien de s'ingénier à chercher les moyens de faciliter l'écoulement des récoltes si l'accroissement général de la production doit continuer à transformer la crise actuelle en une situation durable et permanente. Ce qu'il faut prévenir c'est l'abondance extrême des récoltes en même temps que leur qualité défectueuse qui rend leur conservation difficile.

En se rendant compte de la nécessité de diriger les efforts dans le sens d'une réduction de la quantité et d'une amélioration de la qualité, on en est venu à examiner l'idée d'une concentration des moûts avant la fermentation, en évaporant dans le vide une partie de l'eau qu'ils contiennent en excès.

Il est toujours à craindre que l'emploi de semblables procédés jettent la suspicion sur la nature des produits mis en vente sous le nom de vins. Il n'est cependant pas impossible de concevoir que l'on puisse arriver ainsi à une production qui cependant ne perdrait ni sa valeur ni sa qualité. Le *Moniteur vinicole* écrivait à ce sujet : « Nous sommes convaincus qu'en se servant de bons appareils et en prenant les précautions voulues on obtiendra des produits de tenue. Mais nous nous demandons si c'est bien ainsi que sera résolue la crise viticole actuelle, et à cet égard nous avons des doutes. En effet, il faudra organiser de véritables usines pour pouvoir pratiquer cette concentration artificielle soit par la chaleur, soit par le froid (car on propose aussi ce système). Or, il n'y a que les propriétaires fortunés, les grosses Sociétés viticoles et financières qui pourront les avoir. La masse des vignerons n'en disposera pas. Dès lors, si l'on poursuit le genre de culture intensive déjà trop en honneur jusqu'ici, on continuera à produire quantité de petits vins légers et débiles dont les prix pèseront toujours sur les marchés.

« Certes, nous ne sommes pas ennemis de l'emploi des méthodes scientifiques et des innovations en viticulture et en vinification, et nous applaudissons volontiers aux découvertes des savants. Toutefois, il nous semble que nos vignerons feraient bien de songer avant tout à opérer une concentration naturelle, qu'il leur est facile d'entreprendre eux-mêmes, sans le secours d'aucun appareil coûteux et qui leur donnerait, nous en sommes certains, de très bons résultats. Cette concentration consisterait à revenir à l'ancienne culture des bons cépages et, en attendant une modification des plants qui s'impose, à tailler court et à réduire un peu les fumures. Ils arriveraient de la sorte à diminuer la quantité au profit de la qualité : ils concentreraient ainsi, normalement, plus de sucre et de sels utiles dans les raisins ; partout, les vins obtenus seraient plus riches en alcool et en extrait. »

M. Laurent de l'Arbousset, dans le *Journal d'Agriculture*, donne le même conseil aux vignerons.

« Les propriétaires, dit-il, comprennent déjà qu'il faut sacrifier la quantité à la qualité. Et s'inspirant de cette idée, ils abandonneront en grande partie les Bouschet, et en partie aussi les Aramon, bien que leur vin léger soit bon et fort agréable, lorsque ce cépage vit dans les terrains secs. Ils regretteront, s'il le faut, les Espars ou Mourvèdres, les Carignans, les Alicantes jaunes, les Cinseaux, les Œillades, les Terrets, les Terrets Bourrets et les Clairettes rouges ou blanches dans la région du Sud-Est.

« Avec ces cépages, ils n'obtiendront ni 200 ni 100 hectolitres à l'hectare, mais ils récolteront 40 ou 50 hectolitres d'un vin solide, clair, généreux, pesant de 10 à 12 degrés d'alcool, capable de supporter toutes les températures et tous les transports et qui vaudra toujours son prix, soit de 15 à 25 fr. l'hectolitre.

« Voilà le seul remède qui puisse guérir, à coup sûr, la crise viticole. La force des choses obligera à son application, mais le plus tôt sera le mieux. »

Tout cela nous mène un peu loin des bouilleurs de cru. Cependant une conclusion s'impose, à savoir que les intérêts de la viticulture n'exigent ni la faculté du sucrage ou du vinage, ni la liberté de distiller en franchise et que, par conséquent, la prospérité viticole ne se rattache en aucune façon à l'existence du privilège puisque au contraire celui-ci ne peut qu'y faire obstacle par toutes les manières dont il pousse à la surproduction.

II

La prospérité de l'agriculture ne se trouverait non plus nullement atteinte si les bouilleurs de cru rentraient sous le régime de droit commun.

Pour se rendre compte, à première vue, que les bouilleurs de cru ne rendent aucun service à l'agriculture, il suffit de remarquer que leur nombre a progressé d'une façon rapide et dans des proportions énormes sans que la situation agricole se soit notablement améliorée.

De 90 869 en 1869, le nombre des bouilleurs de cru s'est élevé à 925 910 en 1900.

1869	90 869
1874	278 132
1879	146 655
1884	468 656
1889	563 545
1893	678 131
1894	750 805
1895	957 032
1896	918 403
1897	822 642
1898	823 000
1899	781 230
1900	925 910

Ce sont d'ailleurs les régions de la Beauce, du Nord et de la Brie où l'agriculture est dans la situation la plus favorable qui comptent le moins de bouilleurs de cru. Si donc on peut voir se développer la production et le nombre des bouilleurs de cru sans que l'agriculture en tire le moindre avantage et si, d'autre part, les départements où l'industrie agricole est le plus en progrès sont aussi ceux où il y a le moins de bouilleurs de cru, on est déjà autorisé à en

conclure que le privilège n'est d'aucun intérêt pour
l'agriculture.

Cela ne veut certes pas dire qu'il n'y a aucun lien
entre la fabrication de l'alcool et l'industrie agricole.
Il y a, au contraire, entre les deux, une connexité
d'intérêts très réelle, mais si l'on peut dire que la
fabrication de l'alcool intéresse vivement l'agriculture et est de nature à lui prêter un encouragement
et un secours précieux, ce n'est certes pas de la fabrication des bouilleurs de cru qu'il peut être question
en pareil cas.

Les bouilleurs de cru sont de deux sortes, encore
qu'il soit délicat de vouloir législativement les diviser
en deux catégories, pour leur appliquer un traitement différent, selon l'importance de leur production.

Ceux qu'on peut appeler les petits bouilleurs font
de l'eau-de-vie avec les marcs, avec des fruits,
cerises, prunes, pommes ou poires. Une fois terminée la distillation de ses substances, que reste-t-il
pour l'agriculture ? Ni drêche, ni résidu qui puisse
être utilisé, même comme engrais. Ils ont distillé
pour disposer d'une quantité d'alcool qui alimente
la consommation de famille pour une part, et... la
fraude pour une autre part, mais dans tout cela, si
l'hygiène et le Trésor y perdent, l'agriculture n'y
gagne rien non plus.

Les gros bouilleurs, ceux dont la production est
plus importante, mettent en œuvre des vins ou des
cidres. C'est, au fond, le même résultat qu'avec les
petits bouilleurs, la distillation donne lieu également à la production d'alcool, en plus grande quantité, parce qu'on opère plus en grand, mais il ne reste
non plus aucun déchet utilisable pour l'agriculture.

Il n'en est plus de même avec la distillation des

betteraves, mélasses, grains, etc., que met en œuvre la distillerie industrielle. C'est la fabrication des alcools d'industrie qui, en même temps qu'elle procure au Trésor de gros revenus, sert utilement les intérêts agricoles.

Les substances employées par l'industrie pour la fabrication de l'alcool sont, au premier chef des produits agricoles : grains, betteraves, mélasses, etc. Elle offre donc pour ces produits de précieux débouchés à l'agriculture. Tout au plus pourrait-on contester l'utilité de la distillerie industrielle pour l'agriculture nationale, si elle avait recours à la production étrangère pour se procurer les matières premières qu'elle met en œuvre. Mais il n'en est rien, et avec le régime douanier et les droits prohibitifs sur les mélasses et maïs étrangers, ce sont bien les produits du sol national qu'emploie l'industrie de la distillerie. Les surfaces cultivées en betteraves et en céréales pour produire de l'alcool ne sont pas aujourd'hui moindres de 110 000 hectares. Elles représentent en journées de labeur agricole plus de dix millions de francs et le prix de la main d'œuvre industrielle pour la distillation dépasse 8 millions de francs. Le travail des distilleries exige plus de 400 000 tonnes de houille et un outillage considérable qui pour les constructeurs de machines est un élément de travail fort important. Les résidus salins des betteraves fournissent pour 4 millions et demi de francs de carbonate de potasse. La distillerie sert donc de la manière la plus efficace les intérêts agricoles puisqu'elle procure à la culture le placement rémunérateur d'une bonne part de sa production. Elle est même d'autant plus utile, que c'est surtout des betteraves et des mélasses qu'elle tire les quantités les plus considérables d'alcool. Car la prospérité de l'agriculture en général est intimement liée à celle de la culture des betteraves. Or, aujourd'hui, de très vives alarmes surgissent au sujet de la culture de la betterave de sucrerie. Le régime des sucres est à la veille de subir des modifications que rendent plus délicates à la fois et plus dangereuses les nécessités de la lutte avec l'Allemagne et l'Autriche. Les conditions de la fabrication du sucre exigent, en outre, des betteraves de jour en jour plus riches, en sorte que la culture des betteraves à sucre se trouve limitée aux régions où leur densité n'est pas inférieure à 7,5 ou 8. De sorte que pour ne pas entraver la culture si utile de cette racine, il faut que les terres qui ne peuvent produire des betteraves possédant une richesse saccharine suffisante pour qu'elles soient admises en sucrerie, travaillent pour les distilleries. Il semble, d'ailleurs que les champs de betterave renfermant de prodigieuses réserves d'énergie, et de force motrice, la culture de la betterave à distiller doive devenir une source de véritable prospérité pour l'agriculture. Peut-elle attendre rien de semblable de la fabrication des bouilleurs de cru ?

Non seulement la production de l'alcool désigné sous le nom d'alcool d'industrie est la seule production d'alcool qui ait véritablement le caractère agricole par la nature des matières premières qu'elle emploie, mais encore, et c'est là un mérite appéciable, elle procure la nourriture du bétail par ses résidus et enrichit ainsi l'exploitation de tous les engrais naturels que produit ce bétail.

Tandis que la distillation des marcs, des fruits et des vins ne laisse aucun produit utilisable, la distillation des betteraves procure des pulpes qui secondent

activement l'élevage du bétail et facilite ainsi la
fumure des terres, en même temps que par les résidus abondants qu'elle laisse au sol. Les vinasses des
distilleries de betteraves sont en effet un excellent
engrais. Par mètre cube de vinasse, on trouve :

Matières organiques	15,950 kg
Matières minérales	7,590
Azote	1,024
Acide phosphorique	0,470
Potasse	1,674

La fonction de l'industrie de l'alcool comme de
celle du sucre est d'enlever aux matières premières
les hydrates de carbone. La transformation des
grains en alcool se fait aux dépens de l'amidon, qui est
d'abord transformé en sucre, puis le sucre est transformé à son tour en alcool. La distillation achevée,
les éléments nutritifs : phosphore, azote et potasse
subsistent dans le grain ; après l'évaporation de l'eau
pour le desséchage, ces éléments n'en subsistent
toujours pas moins et la drèche, comme la pulpe et
les mélasses, reste un résidu précieux pour l'alimentation du bétail.

Dans une de ses savantes leçons, M. le professeur
Joffroy donne des renseignements précis sur la valeur
nutritive des drèches et des pulpes : « Pour fabriquer
un hectolitre d'alcool à 100°, il faut 2.000 kg. de betteraves, 1.428 de topinambours, 1.200 de pommes de
terre, 400 de seigle ou d'orge, 333 de maïs.

Or, avec les pulpes provenant de la distillation des
2.000 kg. de betteraves, on peut nourrir une bête
à corne pendant 13 jours, pendant 12 jours et
demi avec les résidus de la distillation des topinambours, pendant 18 jours avec les pulpes de pommes

de terre, pendant 19 jours avec les résidus du maïs, et pendant 23 jours avec les drèches de seigle ou d'orge.

Le résidu provenant de la récolte distillée d'un hectare est capable d'alimenter pendant un jour 118 bêtes à corne s'il s'agit de seigle ou d'orge, 175 à 180 s'il s'agit de topinambours ou de pommes de terre, et 260 s'il s'agit de betteraves [1].

Cela suffit pour faire saisir tout le profit que l'élevage et l'agriculture peuvent retirer de la production d'alcool provenant de la distillation des produits du sol proprement dits: grains, betteraves, pommes de terre, orge, maïs. Aussi l'Allemagne, dans le but de secourir l'agriculture, a-t-elle une législation qui favorise les distilleries usant de ces matières premières.

La nature même des substances mises en œuvre exigeant l'installation des distilleries dans les régions agricoles assure aux ouvriers des campagnes une ressource assurée de travail qui ne peut que contribuer à les retenir au village et à les empêcher de courir à la ville se heurter à toutes les difficultés et toutes les misères.

Ainsi c'est bien à tort que les partisans du privilège des bouilleurs de cru invoquent à leur profit la nécessité d'apporter un encouragement à l'agriculture. Il ne lui est, et ne peut lui être d'aucune utilité tandis qu'au contraire c'est la fabrication, sans aucun privilège, de l'alcool des mélasses, des betteraves et des grains qui seule, en même temps qu'elle procure au Trésor des revenus considérables, vient efficacement en aide à l'agriculture.

. . .

[1] JOFFROY. *Gazette des Hôpitaux* du 5 déc. 1896. Les bouilleurs de cru et l'alcoolisme.

III

Étranger aux intérêts agricoles, comme à ceux de la viticulture, le privilège des bouilleurs de cru cause en outre au commerce un préjudice réel et des plus considérables.

« Les chiffres, si inférieurs à la réalité qu'ils soient, montrent que le privilège des bouilleurs de cru est un privilège, et la Déclaration des droits de l'homme a proclamé l'égalité des contribuables devant l'impôt. Comme tous les privilèges, il est une spoliation.

Des bouilleurs de profession paient la patente, sont soumis à l'exercice et à la permanence, doivent payer le droit de 220 fr. par hectolitre, pour chaque centilitre d'alcool qu'ils produisent. A côté d'eux les bouilleurs de cru produisent de l'alcool sans que cet alcool soit pris en charge. Ils peuvent l'écouler plus ou moins discrètement par la fraude au détail ou par la fraude en gros sans qu'ils aient un sou à payer à la Régie. Tandis que le bouilleur de profession est chargé de 220 fr. par hectolitre d'alcool, le bouilleur de cru n'a pas un sou à payer. De o à 220 fr. voilà la marge existant entre ces deux citoyens [1]. »

On voit dans quelle situation le privilège place les distillateurs de profession, les négociants et les débitants. Dans cette lutte forcément inégale entre les bouilleurs et eux, le commerçant qui satisfait à la loi doit à la longue succomber devant celui qui la transgresse.

La situation même des bouilleurs de cru et les conditions dans lesquelles s'effectue leur fabrication

[1] Yves Guyot. *Le Siècle.*

leur donne, sous le couvert du privilège, toutes les facilités pour alimenter la consommation rurale en franchise de l'impôt. Pour une notable partie, ils approvisionnent directement le consommateur. Puisqu'on les laisse produire sans qu'il soit possible de se rendre compte avec exactitude des quantités fabriquées par eux, alors pourtant qu'elles devraient acquitter un impôt de 220 fr. l'hectolitre lors de leur mise en circulation, comment peut-on, en effet, empêcher le bouilleur de cru de transporter dans les plis de sa blouse ou de son paletot, dans sa voiture, sa brouette ou son sac de petites quantités d'eau-de-vie. Comment pourrait-on percevoir les droits dans ces conditions ? Quand la production de l'alcool, s'exerçant sans contrôle, coudoie ainsi la consommation, la circulation journalière de maison à maison, par quantités transportables sans fûts, sans véhicule est insaisissable. Si l'on n'a eu soin de prendre en charge la production, la fraude est inévitable. Le bouilleur de cru ne se prive pas de la pratiquer et l'on conçoit quel tort il cause au commerce puisqu'il le supplante ainsi frauduleusement et dans l'ombre.

Aussi voit-on s'établir une relation inverse entre le nombre des débitants et celui des bouilleurs de cru. Là où ceux-ci progressent et dominent, ceux-là végètent et leur nombre se restreint sans que les hygiénistes et les moralistes aient lieu de s'en réjouir puisqu'il n'y a pas, de ce fait, une diminution de la consommation de l'alcool, mais une substitution des bouilleurs aux débitants, pour l'approvisionnement du consommateur. Cette substitution amène presque toujours une augmentation des quantités consommées, encore que le fisc constate l'abaissement du produit des droits, puisque l'alcool imposé fait place à l'alcool des bouilleurs, écoulé sans payer l'impôt.

Le Trésor, le commerce de détail et le commerce de gros perdent à cette situation. Elle se résume dans une concurrence déloyale que font les bouilleurs au commerce, sous le couvert du privilège. Ceux-ci ont beau faire observer que leur alcool est d'un prix de revient supérieur aux alcools d'industrie, et que la position favorable appartient aux commerçants. Lorsqu'un produit acquitte, comme l'alcool, un droit de 220 fr. par hectolitre, ce qui règle son prix de vente est bien plus l'impôt, que le coût de production. Il n'est pas besoin de longs calculs pour se rendre compte que le commerce ne disposant que d'alcool, d'un coût de production de 25 à 30 fr. l'hectolitre, auquel s'ajoute le montant de l'impôt qu'il ne peut éviter, se trouve, avec un produit lui revenant alors à 250 fr. l'hectolitre, dans l'impossibilité de lutter avec les bouilleurs qui offrent, à la consommation, un alcool dont le prix de revient ne dépasse pas le coût de production, environ 100 fr. à 110 fr. l'hectolitre en moyenne, puisqu'il se soustrait frauduleusement aux droits. C'est pour cela que dans les années de production abondante des bouilleurs de cru, l'on peut voir leur alcool peser lourdement sur le marché et faire baisser les cours. En même temps qu'il prive alors le Trésor de recettes importantes sur lesquelles il était en droit de compter, le privilège des bouilleurs de cru cause un préjudice considérable aux négociants et aux distillateurs soumis au régime du droit commun.

On a présenté le privilège des bouilleurs de cru comme une condition essentielle pour tirer parti de la production, dans certaines régions, d'eaux-de-vie d'un grand prix. On a affirmé que la suppression du privilège diminuerait la production des eaux-de-vie de marque et ruinerait le commerce, si important, qui s'en fait. Or, il n'est personne de plus qualifié, pour répondre à ces allégations, que les propriétaires charentais.

« Si la fraude fiscale, résultant de l'exonération frauduleuse d'une quantité considérable de l'alcool consommé en France, n'est pas arrêtée, c'est notre région, c'est-à-dire, la région viticole des deux Charentes, la région productive d'eau-de-vie de vin par excellence qui en souffrira le plus.

Il faut, en effet, ne pas perdre de vue que les Charentes sont un pays de production et non de consommation et qu'il en est tout autrement dans les régions du Nord-Ouest de la France, notamment en Bretagne et en Normandie. Là, la production coudoie à chaque porte la consommation, là, la fraude, c'est-à-dire, l'absence totale de toute perception de droits sur l'eau-de-vie qui sort de chez le bouilleur de cru pour aller se boire chez son voisin, simple consommateur, prend fatalement des proportions considérables, au détriment de qui ? de la production régulière, du commerce régulier, comme le sont la production et le commerce charentais, et aussi au détriment du fisc.

Les eaux-de-vie des Charentes ont deux débouchés possibles : le marché extérieur et le marché intérieur.

Pour le marché extérieur, encore qu'il soit gravement compromis, nous n'avons pas ici à nous en inquiéter, puisque tout ce qui s'en va d'alcool par cette voie, à destination de l'étranger, est naturellement exempt des droits de consommation.

Mais quant aux eaux-de-vie destinées au marché

intérieur, elles ne peuvent échapper, elles, à ces droits. En effet, nos produits — à nous propriétaires charentais — en passant de nos chais dans ceux des négociants, ne circulent que suivis de pièces régulières de mouvement, en vertu desquelles, au moment où ils entrent chez l'assujetti, ils sont pris en charge jusqu'à l'heure où livrés à la consommation, toujours sous expédition, ils ont à acquitter l'impôt. De sorte qu'ils ne peuvent pas plus être soustraits à la perception des droits — bien que distillés par un bouilleur exempt de tout contrôle à la production — que ceux distillés par les bouilleurs de profession, ou que les alcools d'industrie.

Pourquoi? parce que notre acheteur — à nous — est un assujetti. Pendant ce temps-là, que se passe-t-il en Bretagne, en Normandie, dans toutes les régions avoisinantes ? Alors que nous, nous avons comme acheteurs des commerçants tenus de prendre en charge les eaux-de-vie que nous leur livrons, là, le producteur qui, lui aussi, a transformé sa récolte en eau-de-vie, a comme acheteur un consommateur du voisinage, c'est-à-dire que l'alcool passe de chez lui — non exercé — sans l'intermédiaire d'un commerçant assujetti, chez un consommateur — également non exercé — et cela sans que le déplacement opéré au jour le jour, par petites quantités, puisse être constaté.

Comment voulez-vous, dans ces conditions, que notre commerce régional — qui est notre acheteur, en définitive, à nous propriétaires — et à la prospérité duquel nous sommes, par conséquent, intéressés — puisse continuer à faire figure sur le marché intérieur et lutter avec des eaux-de-vie, ayant à payer 156 fr. 25 (aujourd'hui 220 fr.) de droits, contre l'eau-de-vie circulant en fraude de maison en maison [1] ».

Ainsi la circulation en exemption frauduleuse de droits, par suite du privilège, d'eaux-de-vie fabriquées dans les régions où elles sont consommées, constitue donc, au commerce régulier, une concurrence déloyale dont le commerce des eaux-de-vie de marque souffre tout le premier. Cette concurrence est d'autant plus active et désastreuse pour le commerce régulier, que la fabrication des bouilleurs de cru va se répandant sur tout le territoire, mettant de plus en plus, toujours en fraude, le produit à portée du consommateur. Les produits des bouilleurs de cru prennent la place de ceux des vignobles réputés s'imposant partout, grâce à leur prix peu élevé, parce qu'ils n'acquittent pas les droits, qu'ont à supporter, les autres eaux-de-vie. Aussi, a-t-on pu dire [2] : « Il sort aujourd'hui, de nos départements charentais, à destination de tous les points de la France, moitié moins d'eau-de-vie qu'il y a cinq ans, en attendant l'époque prochaine où l'autre moitié sera si fortement entamée que la plus grande partie des négociants des Charentes sera fatalement obligé de renoncer à ce commerce, ne pouvant même plus y gagner la valeur de ses frais généraux. C'est précisément l'augmentation colossale des bouilleurs de cru qui nous vaut la décroissance constante de nos expéditions et nous mène à la ruine. Penseriez-vous que le sort réservé au commerçant ne serait pas également réservé au propriétaire et que le premier ne soit pas l'auxiliaire

---

[1] A. VIVIER, propriétaire-viticulteur à Cognac. La question des bouilleurs de cru au point de vue de la viticulture et du commerce charentais. Paris, 1895.

[2] BOURILLIER, propriétaire-viticulteur, conseiller général de la Charente-Inférieure. Réponse à M. Bisseuil. Paris, 1895.

indispensable du second ? Si vous enlevez à l'un la faculté d'acheter à l'autre, n'est-ce donc pas la ruine pour tous les deux ? »

Voilà comment le privilège des bouilleurs de cru peut favoriser la production des eaux-de-vie de marque !

Ainsi les viticulteurs, les commerçants, les agriculteurs, peuvent s'unir aux autres contribuables pour demander la répression de la fraude. Tous, à des titres divers, sont en droit de demander au législateur de faire rentrer dans le droit commun ceux qui ne peuvent profiter du régime de faveur à eux concédé que pour en abuser. A tous les points de vue il est contraire aux intérêts généraux du pays comme à ceux des finances publiques. C'est par la pratique de toutes les fraudes, qu'il procure aux bouilleurs les bénéfices illicites que ceux-ci n'osent avouer, tout en défendant le régime grâce auquel ils les obtiennent, ce privilège qu'ils appellent le droit des récoltants, et qui en fait, n'est à leurs propres yeux, que le droit à la fraude.

CHAPITRE III

LES BOUILLEURS DE CRU AU POINT DE VUE HYGIÉNIQUE

Sommaire. — § 1. Le préjugé de l'innocuité de l'eau-de-vie naturelle et en particulier de celle distillée par les bouilleurs de cru. — Ce qu'est l'eau-de-vie dite naturelle. — Analyses chimiques des différents types d'eaux-de-vie produites par les bouilleurs; leur richesse en impuretés; leur degré alcoolique élevé. — Les eaux-de-vie de fabrication industrielle moins chargées en impuretés et moins riches en alcool que les eaux-de-vie naturelles. — L'expérimentation et les équivalents toxiques. — Les eaux-de-vie naturelles plus toxiques que les eaux-de-vie de fantaisie; évaluation de cette toxicité. — La question des alcools naturels et des alcools d'industrie. — § 2. Les bouilleurs de cru et l'alcoolisation; consommation familiale et consommation alimentée en fraude par les bouilleurs. — La suppression du privilège des bouilleurs de cru s'impose comme moyen de prophylaxie contre l'alcoolisme.

La question des bouilleurs de cru, considérée dans ses rapports avec l'hygiène, peut être envisagée successivement à deux points de vue différents : l'un concernant l'eau-de-vie produite par le bouilleur, eau-de-vie étudiée dans sa composition, sa fabrication et sa toxicité; l'autre relatif à l'alcoolisation chez le bouilleur et par le bouilleur à l'aide de la susdite eau-de-vie, alcoolisation dont peut être très largement rendu responsable le maintien du privilège que l'on connaît.

I

Pour le médecin, un des reproches les plus fondés qu'on puisse adresser aux bouilleurs de cru, c'est qu'à la faveur de leur privilège et sous les auspices de l'État, ils enracinent de plus en plus dans le public la légende de l'innocuité de l'eau-de-vie, pourvu qu'elle soit naturelle, et l'on sait assez quel est, dans la genèse de l'alcoolisme, le rôle important dévolu à ce préjugé! Si puéril que cela paraisse, pour beaucoup de nos concitoyens, cette épithète de *naturelle* semble douée d'un pouvoir magique et leur permet de se dispenser de tout autre explication en matière de toxicité des alcools.

Entrez chez un brave paysan qui distille tous les ans ses prunes et ses cerises, il ne manquera pas de vous honorer en vous offrant un verre de son eau-de-vie, et pour vous décider, il aura bien soin d'ajouter : « Celle-là, je vous la recommande, c'est de la bonne, elle est *naturelle*, c'est moi qui l'ai faite. » Comme l'a fait justement remarquer le professeur Cornil au Sénat : « Qu'il consomme ou vende le produit de sa distillation, le bouilleur de cru vante son eau-de-vie; il lui est impossible de penser que ses pommes, que ses poires contiennent des poisons après avoir passé par son alambic; de telle sorte qu'il est convaincu que l'alcool qu'il a fabriqué est tout ce qu'il y a de meilleur. »

Énumérez dans la classe élevée de la société les méfaits de l'alcoolisme, tout le monde sera d'accord avec vous pour les déplorer, mais si vous accusez les eaux-de-vie des bouilleurs d'avoir, en cette matière, leur bonne part de responsabilité, on plaidera pour l'alcool naturel les circonstances atténuantes et l'on accusera de tout le mal l'alcool industriel.

Voilà où nous en sommes actuellement et cette disposition d'esprit que l'État, en quelque sorte, accrédite officiellement en privilégiant le bouilleur de

cru, est même propagée par certains médecins. En
voici quelques exemples. Parlant au sujet de l'alcool
et de l'alcoolisme, le Dr Davillier[1], cité par Verhaeghe, ne craint pas de s'exprimer en ces termes :

« Nos pères n'étaient pas ennemis de la joie de la
table et des vins, et la race française n'a jamais
engendré la mélancolie. En France, on est fonciè-
rement gai et lorsque c'est le moment de s'amuser,
on y va, comme on dit, « franc jeu, bon argent ! » La
chanson après boire est de tradition immémoriale et
dans notre beau pays lorrain, j'ai pu, maintes fois,
observer les physionomies rubicondes et épanouies
des convives pendant qu'un amateur débitait une
chanson bachique avec un fort goût de terroir local
et gouailleur.

C'est un spectacle réjouissant et il ne saurait venir
à l'idée de personne de déblatérer contre cette divine
liqueur qui met tant de beau sang dans les joues et
tant de verve au cerveau des humains. Mais ces
humains n'ont bu que du vin naturel, du jus de raisin authentique... Et si ces mêmes Lorrains viennent
à compléter leur gai repas par du café et de l'eau-
de-vie, ils ont encore des produits naturels, des
marcs ou des kirschs de leur récolte et de leur fabrication et non ces alcools amyliques pernicieux au
dernier degré[2]. Voilà pourquoi il n'y avait pas tant

---

[1] Davillier. L'alcool et l'alcoolisme, Paris, 1889.

[2] Cette assertion est doublement erronée parce que d'une part il
n'existe aucune eau-de-vie industrielle qui soit à base d'alcool amylique
et que fort peu en contiennent des traces, et que d'autre part on a singulièrement exagéré la toxicité de cet alcool par rapport à l'alcool éthylique. Ainsi en 1879, S. Stenberg expérimentant sur des lapins avec de
l'alcool éthylique additionné d'alcool amylique à doses croissantes, n'a
pu découvrir de différence notable entre l'action toxique d'un alcool pur
et celle d'un alcool contenant 4 p. 100 d'alcool amylique. En 1858, Strass-
mann opérant sur des chiens a constaté que l'addition de 1 p. 100 d'alcool

d'ivrognes autrefois, voilà pourquoi nos pères vivaient vieux sans infirmités, tout en consommant autant que nous de vins et d'alcools. Les produits dont ils faisaient usage étaient naturels. »

Lors de l'enquête sénatoriale de 1886 sur la consommation de l'alcool en France, qui aboutit au rapport du sénateur Claude, les médecins en chef de nos asiles départementaux furent consultés sur l'influence qu'ils attribuaient à l'alcool. Parmi les réponses qui furent faites, quelques-unes sont à noter :

L'avis du médecin en chef de l'asile de Bron (Rhône) est que l'intoxication serait due à l'invasion des alcools d'industrie qui servent à fabriquer des vins alcoolisés et des cognacs artificiels, pour lesquels les buveurs de la région, « dédaignant leurs produits, abandonnent leurs eaux-de-vie de marc, consommées sans danger depuis des siècles, par leurs ancêtres ».

Pour le médecin en chef de l'asile de Maréville (Meurthe-et-Moselle), « il faut regretter amèrement que les paysans des Vosges délaissent ou vendent leur kirsch pour ingurgiter de l'eau-de-vie de pommes de terre ».

Le médecin en chef de l'asile de Dijon écrit : « Le Bourguignon a eu de tout temps, paraît-il, l'habitude de déjeuner le matin avec un verre d'alcool et du pain ; autrefois, l'alcool absorbé était de l'eau-de-vie de marc provenant de la distillation du raisin ; il n'en résultait aucun mal. Tous les médecins que j'ai consulté ici, et ils sont nombreux, ont été una-

amylique à l'alcool éthylique pur accentue à peine les effets de ce dernier. Zuntz (1891) affirme qu'une proportion de 0,3 à 0,4 p. 100 d'alcool amylique. dans l'eau-de-vie, reste sans influence (expériences sur l'homme).

nimes à attribuer à la substitution des eaux-de-vie de commerce à l'eau-de-vie de marc de raisin les nombreux cas d'alcoolisme aujourd'hui constatés ».

Pour formuler de telles assertions, il faut évidemment avoir une conception toute particulière des causes de l'alcoolisme puisque cela revient à attribuer les progrès évidents de cette intoxication aux seules impuretés contenues dans les boissons spiritueuses d'origine industrielle !

Lors de la discussion parlementaire de 1896 sur le régime des boissons, un autre médecin et non des moindres, le professeur Lannelongue, est venu donner à cette interprétation l'appui de sa parole éloquente en prenant la défense des alcools naturels et par contre-coup celle des bouilleurs de cru. Pour ce clinicien éminent la question de l'histoire de l'alcool en France présente deux phases : « La première antérieure à 1854-1855, peut être dénommée *période des eaux-de-vie naturelles*, parce qu'on consommait surtout, à cette époque, des eaux-de-vie fabriquées avec les raisins, pommes, poires, fruits à noyaux. A ce moment on ne connaissait guère que l'alcoolisme aigu.

En 1854-1855, il se produit un fait nouveau; le vin et l'alcool manquent tout d'un coup, une fabrication presque inconnue en France, celle des alcools de substances farineuses, de betteraves, de mélasses se développe rapidement et avec elle l'alcoolisme chronique : c'est la *période des eaux-de-vie industrielles*.

La conclusion semble s'imposer : l'alcoolisme chronique a remplacé l'alcoolisme aigu parce que l'alcool industriel a remplacé l'alcool naturel; ce qui prouve que ce dernier est inoffensif et le premier dangereux.

C'est là cependant une erreur complète, contre

laquelle on ne saurait s'élever avec trop de véhémence : il n'y a pas ici de relation de cause à effet, mais une simple coïncidence, un trompe-l'œil. Et le professeur Riche auquel nous sommes redevable de cette affirmation catégorique combat de la manière suivante l'argumentation spécieuse de M. Lannelongue : « Il est incontestable qu'aujourd'hui et depuis dix ou quinze ans, l'alcool d'industrie livré à la consommation de bouche est voisin de l'état de pureté. En admettant que l'alcool industriel n'ait pas été rectifié, vers 1853, aussi bien qu'aujourd'hui, il est certain aussi qu'il était moins chargé d'impuretés à cette époque que ne l'est maintenant l'alcool naturel, parce qu'une eau-de-vie de grains ou de betterave, au degré d'impureté que possèdent les eaux-de-vie de vin et de cidre, est à la fois infecte et imbuvable.

La cause réelle de la différence réside à peu près exclusivement dans la quantité de boissons alcooliques consommées.

Le développement de la consommation de l'alcool et de l'alcoolisme en France trouve son explication dans les modifications économiques qui se sont passées dans notre pays, il en est la suite et la conséquence.

Vers 1853, s'est inaugurée en France une ère de prospérité matérielle. L'industrie, le commerce, les travaux publics et privés dans les villes ont pris rapidement un essor extraordinaire qui a déterminé l'émigration des campagnes vers les villes et les centres industriels. L'accroissement de la fortune publique, l'augmentation des salaires ont suscité le goût et l'abus des jouissances; le luxe sous toutes ses formes a envahi la bourgeoisie, et l'amour de la boisson tout spécialement l'ouvrier des villes.

A la même époque, vers 1853, la récolte de la vigne a faibli et l'alcool de vin a manqué; on s'est jeté sur l'alcool d'industrie dont la consommation a naturellement précipité la production : de 76500 hectolitres qu'elle était en 1850, elle est montée à 506000 de 1853 à 1857.

Lorsque les récoltes de vin revinrent aux proportions normales, l'alcool industriel avait conquis la place et, pour la conserver, le fabricant n'a cessé d'améliorer les produits et surtout d'en abaisser le prix. La crise du phylloxera, qui a frappé ensuite nos vignes, est venue compléter la victoire de l'alcool d'industrie. A l'état voisin de sa pureté, il vaut 30 à 35 centimes le litre à 95° qu'on ramène avec de l'eau à 35° ou 40° pour en faire de l'eau-de-vie.

De fait, le grand coupable est, il est vrai, l'alcool d'industrie; mais ce n'est pas à cause de ses impuretés, c'est en raison de son extrême bon marché qui permet de fabriquer, d'année en année, à des prix plusbas, le cognac, l'absinthe et toutes les liqueurs.[1] »

Mais de ce que la production industrielle a joué et joue encore un tel rôle dans le développement de l'intoxication alcoolique est-ce une raison pour méconnaître la complicité des eaux-de-vie naturelles et surtout cela autorise-t-il à les innocenter des méfaits de l'alcoolisme sous le prétexte erroné qu'elles seraient moins riches en impuretés que les alcools industriels? Assurément non, car d'abord « le tort de l'un n'excuse pas celui de l'autre » selon le dicton populaire

---

[1] Riche. — La loi sur les boissons alcooliques, l'alcoolisme. Brochure publiée chez Masson et extraite du *Journal de pharmacie et de chimie* (1er et 15 octobre, 1er et 15 novembre 1895). Paris.

et, ensuite la bonne réputation dont jouissent les eaux-de-vie naturelles au point de vue de la santé, est absolument injustifiée.

Cette question de toxicité de l'alcool naturel est celle qui se pose en ce moment, et elle présente un grand intérêt pour l'État, car s'il entre à bref délai, comme on doit l'espérer, dans la voie des réformes hygiéniques et fiscales et s'il demande au Parlement soit de restreindre, soit d'abolir le privilège des bouilleurs, ces derniers par l'intermédiaire de leurs représentants, ne manqueront pas, au cours de la discussion, d'invoquer, à titre d'argument hygiénique, les prétendues propriétés inoffensives des *eaux-de-vie naturelles* et de réclamer le maintien du privilège au nom de la santé des agriculteurs !

Une fois lancé dans cette voie, soyez certains qu'on ne s'y arrêtera pas de sitôt et que, dans le feu d'une controverse paradoxale, ces mêmes représentants iront jusqu'à prétendre que retirer leur privilège aux bouilleurs, c'est favoriser, dans nos campagnes, le développement de l'alcoolisme à l'aide de la « mauvaise eau-de-vie », celle qui est industrielle, au détriment de la « bonne eau-de-vie », celle qui est naturelle !

A la faveur de cette polémique, tout en fulminant contre l'alcoolisme contemporain, on essaiera de jeter une certaine confusion dans la question des causes de l'alcoolisme, confusion dont les bouilleurs espèrent profiter en réclamant, au nom de je sais quelle hygiène, le maintien de leur situation actuelle. Or, c'est cela qu'il est urgent d'éviter dans l'intérêt bien compris de la santé de nos agriculteurs et de leur entourage : il ne faut pas qu'il y ait de malentendu, il faut qu'on touche du doigt le danger, il faut qu'on sache, en un mot, combien de par la chimie, la physiologie et l'expérimentation, ces fameuses eaux-de-vie naturelles sont nuisibles pour l'organisme.

Au point de vue chimique, les analyses exécutées depuis quelques années par de nombreux expérimentateurs prouvent sans réplique [1], que les eaux-de-vie naturelles, aussi bien celles des petits que celles des grands bouilleurs, renferment les produits étrangers signalés depuis longtemps dans les alcools d'industrie, et tant incriminés. Rappelons seulement qu'il se trouve dans les uns et les autres de l'aldéhyde, du furfurol, etc.; des acides nombreux, acétique, butyrique, succinique, etc.; des alcools dits supérieurs, notamment les alcools propylique, isobutylique, amylique; des éthers résultant de l'action des acides sur les alcools; des bases comparables aux alcaloïdes organiques; des glycols, etc. [2].

Les impuretés semblables qui souillent les diverses sortes d'alcools sont-elles en plus forte proportion dans les alcools industriels que dans les eaux-de-vie naturelles? Les recherches comparatives faites par Riche, Daremberg, Rocques, Girard, Cuniasse, Depaire, etc., prouvent qu'au point de vue du taux des impuretés, les eaux-de-vie naturelles des bouilleurs doivent être considérées comme

----

[1] Riche. — *Loco citato.*

[2] La nomenclature des corps qui peuvent se former par la réaction de ces principes et qui doivent se former en réalité dans une eau-de-vie et surtout dans une eau-de-vie naturelle (eau-de-vie de grande marque, de prix, etc.) pendant son vieillissement est très considérable; peu de ces corps ont été isolés; mais au fond d'après Riche « cela importe médiocrement pour le contrôle hygiénique, parce que l'on possède aujourd'hui des réactifs permettant de caractériser ces genres de principes et par suite de classer les alcools au point de vue de leur pureté »

plus impures, que les eaux-de-vie de provenance industrielle. Sous ce rapport, la différence entre les unes et les autres est assez appréciable pour que, par l'analyse chimique, on puisse distinguer d'une manière certaine les liqueurs naturelles de leurs imitations, par la forte quantité d'impuretés qu'amène l'eau-de-vie naturelle (Riche).

Le tableau suivant retrace à première vue cette différence.

Composition en grammes, par litre, de quelques eaux-de-vie naturelles et artificielles.

	MARC		EAU DE VIE		KIRSCH	
	Naturelle (Riche)	Artificielle (Mohler)	Naturelle (Riche)	Artificielle (Mohler)	Naturel ([illegible])	Artificiel (Mohler)
Degré alcoolique. . . .	48°,9	44°,5	46°,2	44°,7	47°,6 (1)	43°,6
Extrait	gr. 0,50	gr. 0,321	gr. 0,33	gr. 1,121	gr. 0,176	gr. 0,801
Aldéhydes.	2,900	0,105	0,354	0,027	0,058	0,015
Furfurol.	0,0019	0,001	0,0044	0,0015	0,0058	0,001
Acides	0,456	0,252	0,816	0,072	0,120	0,084
Alcools supérieurs. .	1,140	0,130	1,429	0,100	0,450	0,055
Éthers	1,740	0,281	1,650	0,140	0,352	0,158
	6,2379	0,769	4,2534	0,3405	0,9858	0,313

(1) Acide cyanhydrique, 0,045.

Cette notion de la haute teneur en acides, éthers, aldéhydes, furfurol, etc., des différents types d'eaux-de-vie de bouilleurs de cru, et de leur plus grande proportion que dans les eaux-de-vie de fabrication industrielle est encore mise en évidence par le

Tableau comparatif des principales impuretés contenues dans les eaux-de-vie naturelles et les eaux-de-vie de fabrication industrielle.

PRODUITS	EAU-DE-VIE de prunes vraie	MARC VRAI à 400 fr. l'hect.	COGNAC VRAI 1873	EAU-DE-VIE de cidre vraie	KIRSCH VRAI 1888	RHUM FAUX (par sauce)	COGNAC FAUX (par sauce)	KIRSCH FAUX avec essence de noyau
	g.	g.	g.	g.	g.	g.	g.	g.
Acides	0.2270	0.840	0.8160	0.620	1.140	0.1920	0.0500	0.084
Ethers	16.074	0.654	0.7992	1.452	1.161	0.2240	0.0800	0.158
Aldéhydes	1.542	0.715	0.2363	0.160	0.057	0.0160	0.0080	0.013
Furfurol	0.0168	0.0001	0.0149	0.005	0.003	0.0050	0.0008	0.001
Alcools supérieurs	0.0320	1.654	1.7071	0.911	0.400	0.0480	0.0340	0.050
Acide cyanhydrique	0.015	»	»	»	0.065	»	»	0
Total par litre, au titre de consommation	18.7968	3.8631	3.4835	3.140	2.826	0.4850	0.1818	0.308

relevé ci-contre basé sur des statistiques d'analyses.

Voici maintenant quel est le taux des impuretés que l'on rencontre dans les alcools naturels et dans les alcools industriels, par hectolitre d'alcool à 100° ; la conclusion est la même que précédemment :

Impuretés par hectolitre d'alcool.

(Mohler).

Eau-de-vie de marc vraie ou naturelle .	875	gr.
Cognac vrai.	407	»
Mauvais goûts de tête	226	»
Kirsch vrai	218	»
Eau-de-vie de marc fausse	173	»
Cognac faux.	77	»
Kirsch faux	68	»
Rhum faux	44	»
1er alcool surfin (éthylique)	18	»
2e alcool surfin . . . . . pesant	13	»
Alcool extra-fin. . . . . . de	7	»
Alcool de cœur . . . . . . 95 à 77°	Quantité négligeable.	

Pour Daremberg [¹], « le cognac de trente ans et l'eau-de-vie de flegme de mélasse non rectifiée contiennent toutes deux, par litre, 6/10000 d'acides gras, 3 à 4/10000 d'éthers, 1/10000 d'aldéhydes. Le furfurol, n'existe qu'à l'état de traces infinitésimales dans l'eau-de-vie de mélasse, 0 gr. 00075, tandis qu'il s'en trouve presque dix fois plus dans le vieux cognac 0 gr. 0065 ; mais, d'autre part, l'eau-de-vie de mélasse non rectifiée contient deux fois plus d'alcools supérieurs que le même cognac, 0 gr. 80 pour le cognac, 1 gr. 70 pour la mélasse. »

On peut donc dire, conclut cet expérimentateur, « que les plus détestables eaux-de-vie d'industrie

---

[¹] Daremberg cité par Verhaeghe. De l'alcoolisation. p. 11. Paris, 1901.

non rectifiées ne sont pas plus nuisibles à la santé que les meilleurs cognacs. »

D'une manière générale, on peut admettre, avec Rocques, que les doses moyennes des impuretés sont les suivantes pour les diverses sortes d'eaux-de-vie :

	Doses des impuretés par litre d'alcool à 100°
Eaux-de-vie industrielles (dites de fantaisie, fausses, artificielles, etc.)	0,2 à 2 gr.
Eaux-de-vie naturelles bien préparées (Bouilleurs de profession)	2 à 7 »
Eaux-de-vie naturelles mal préparées (Bouilleurs de cru)	5 à 15 »

La fabrication des eaux-de-vie d'industrie permet d'expliquer en partie leur faible teneur en impuretés diverses. Elle consiste à réduire l'alcool d'industrie du titre commercial de 95-96° au titre des eaux-de-vie marchandes, c'est-à-dire à 40-45° et à l'aromatiser par addition d'ingrédients divers désignés communément sous le nom de bouquets artificiels. Or, dans ces conditions, le fabricant a *tout intérêt* à employer de l'alcool de grains, de betteraves, de mélasse, etc., absolument neutre, c'est-à-dire complétement purifié (¹).

Si, en effet, il employait de l'alcool de qualité inférieure valant par exemple 10 francs de moins par hectolitre, cela ne lui procurerait qu'une économie de 5 francs par hectolitre d'alcool à 45°, mais d'un

---

(¹) L'alcool de choix pour liqueur fine est toujours chimiquement pur; l'alcool de bourse ordinaire pour liqueur commune est presque pur puisqu'il ne renferme que 10,000 d'impuretés alcooliques. Ce que l'industrie de la distillerie livre au commerce des spiritueux c'est, en définitive, un produit où l'alcool éthylique entre pour les 95 ou 98 100, l'eau fournissant l'appoint et les impuretés y étant presqu'indosables.

autre côté pour couvrir l'odeur et le goût de cet alcool il serait obligé d'employer une plus grande proportion d'aromates et il aurait bien vite perdu et au delà ce qu'il aurait gagné d'un côté.

Le fabricant d'alcool d'industrie poursuit donc un but bien différent de celui du bouilleur de cru : le premier cherche à purifier l'alcool parce que les impuretés alcooliques sont désagréablement odorantes et à ne mettre dans son eau-de-vie factice que le bouquet nécessaire ; tandis que le second s'efforce de rendre impur l'alcool qu'il distille parce que les impuretés de l'alcool naturel ont un bouquet agréable.

Mais il est une autre question intéressante pour le parallèle à établir entre le pouvoir toxique des eaux-de-vie naturelles et des eaux-de-vie industrielles c'est celle de savoir à quel titre alcoolique les unes et les autres sont livrées au consommateur.

Il est constant que la grande majorité des eaux-de-vie naturelles sont bues telles qu'elles sont fabriquées, et cela est particulièrement exact pour celles des bouilleurs de cru. Ceux-ci boivent ou offrent à boire de l'eau-de-vie de cidre, du kirsch, de l'eau-de-vie de marc, etc., présentant un degré alcoolique élevé et l'on peut dire que ce degré n'est presque jamais inférieur à 50°. Pour certaines eaux-de-vie il est même supérieur à ce chiffre : c'est ainsi que l'eau-de-vie de cidre de Normandie ou Calvados (celle avec laquelle on fait un *trou* au milieu du repas) est bue couramment au titre alcoolique de 60° ; le degré alcoolique moyen de l'eau-de-vie de marc de Bourgogne dont l'usage est si répandu dans ce pays et aux alentours est de 52° (Rocques). Ce sont là, nous le répétons à dessein, non des évaluations fantaisistes, mais des faits incontestables.

Il en va tout autrement pour les eaux-de-vie que l'industrie verse en si grande quantité dans les débits de boisson ; ces eaux-de-vie présentent toujours un moindre degré alcoolique que celui de l'eau-de-vie naturelle dont elles sont l'imitation : ce degré alcoolique n'est jamais inférieur en général à 40° ; mais il dépasse rarement 42° ou 45°. C'est ainsi qu'à un kirsch vrai à 50° correspondra un kirsch faux à 44°, qu'à une eau-de-vie de marc de 52° correspondra par exemple une eau-de-vie de marc de fantaisie à 42°, etc.

D'où cette conclusion tirée à la fois de la comparaison du degré alcoolique et des impuretés de ces spiritueux qu'il vaut encore mieux pour la santé prendre un petit verre d'eau-de-vie frelatée, c'est-à-dire fausse, artificielle, en un mot industrielle, qu'un petit verre de kirsch authentique.

La chimie permet de la sorte une affirmation catégorique, basée sur des éléments scientifiques ; affirmation qui n'est guère pour plaire aux bouilleurs de cru et au nom de laquelle il est bien difficile de les trouver intéressants et de défendre leur fameux privilège.

Il est facile de comprendre pourquoi le commerçant cherche à livrer des eaux-de-vie au degré alcoolique le plus faible possible : il y va de son intérêt pécuniaire et d'un intérêt très appréciable car si nous prenons par exemple les mêmes eaux-de-vie vendues dans Paris au titre alcoolique de 50° ou à celui de 40° les prix de revient en seront les suivants :

	Eau-de-vie à 50°	Eau-de-vie à 40°
Prix de revient	0 fr. 75	0 fr. 55
Droits de régie et octroi	. fr. .	1 fr. 60
Prix total	. fr. 75	1 fr. 95

Est-il besoin d'ajouter que le bouilleur n'a pas les même motifs d'abaisser le degré alcoolique de ses produits, puisqu'à l'abri du privilège il s'alcoolise à bon marché et vend en fraude son eau-de-vie à un prix d'autant plus rémunérateur qu'elle est plus riche en alcool.

Voilà donc, de par la chimie, qui est entendu : les eaux-de-vie naturelles que nos bouilleurs boivent ou font boire sont doublement pernicieuses par suite de leur richesse en ces éléments toxiques qui sont d'une part l'alcool éthylique et d'autre part les diverses impuretés.

D'où cela provient-il et dans quelle mesure le bouilleur pourrait-il remédier à cette situation ?

On ne peut, raisonnablement, accuser le bouilleur de faire de l'eau-de-vie *impure*, car, et nous l'avons déjà dit, c'est le but qu'il se propose d'atteindre dans sa distillation, puisque sans les impuretés son eau-de-vie n'aurait pas de bouquet et serait un alcool de goût insipide ; mais ce qui peut, à bon droit, lui être reproché, c'est d'augmenter inconsidérément et dans de fortes proportions (au dépens souvent de la qualité de la liqueur) le taux de ces impuretés et le degré alcoolique, par suite d'une distillation critiquable dans sa technique et dans la préparation des matières premières mises en œuvre.

La plupart du temps le bouilleur de cru distille ses produits à l'aide d'un outillage très incomplet qui est d'ordinaire le plus primitif des alambics (alambic de sa possession ou alambic ambulant) ce qui l'expose nécessairement à pratiquer une opération défectueuse ; son ignorance et ses préjugés achèvent de la rendre telle. Dans la persuation qu'il suffit que la matière première soit de sa récolte ou de son cru pour

que le produit de la distillation soit excellent et de
première qualité, il ne répète et ne fractionne pas cette
distillation, ne se préoccupant en aucune façon des
impuretés de tête et de queue, mêlant, conséquem-
ment, le tout au fur et à mesure de la distillation,
réalisée d'une façon continue, et sans interruption [1].

« C'est là, dit Laborde, la manière de faire des
bouilleurs de cru, qui ne sont pas des propriétaires
et des paysans simplistes, mais des propriétaires de
haute marque tant au point de vue terrien, qu'à celui
de la position sociale et même politique, et pour

---

[1] Cette manière de faire absolument défectueuse n'est pas celle en pratique chez la généralité des bouilleurs de cru des Charentes, qui tout en étant par la nature de leurs produits de véritables bouilleurs de cru sont par l'importance de leur production et leurs méthodes de distillation assimilables à des bouilleurs de profession.

Le procédé charentais ordinaire, presque exclusivement suivi pour les eaux-de-vie fines et supérieures, consiste dans deux distillations à feu nu, opérées dans l'alambic ordinaire des pharmacies portant un chauffe-vin; il y a des alambics de 10 hectolitres et plus, surtout beaucoup de plus petits.

Dans la première chauffe, dite de brouillis, on ne fait généralement pas de fractionnement, et l'on s'arrête lorsque le liquide passant dans l'éprouvette de sortie, marque zéro. La vinasse est écoulée et l'on recommence une opération semblable.

Les liquides de trois opérations sont réunis dans le même alambic pour la deuxième distillation, repasse ou bonne chauffe, qui doit être menée avec une régularité et un soin plus grands encore que la première.

On met à part la portion qui passe la première, jusqu'au moment où l'alcoomètre marque 75 à 80°, ce à 5 litres, et l'on recueille comme eau-de-vie tout ce qui marque plus de 75°; à cet instant on change le récipient et on recueille les queues jusqu'à ce que l'alcoomètre indique 0°; souvent on met de côté la portion qui coule de 80° à 0°, dans l'une et l'autre des distillations, *petites eaux*.

Les produits de tête et de queue sont versés dans les brouillis suivants, ou rectifiés à part pour donner une eau-de-vie de moindre qualité.

A ce moyen coûteux par suite de deux distillations on substitue aujourd'hui le procédé, dit de *premier jet* pour les eaux-de-vie de qualité moins fine. Il existe différents systèmes : deflegmation seule, redistillation avec deflegmation en appareils intermittents ; distillation continue avec plateaux rectificateurs. Jusqu'à ce jour les appareils continus ne sont employés que pour les eaux-de-vie de deuxième choix. (Riche lesquels, la préoccupation de la nécessité de la répétition et du fractionnement de la distillation n'existe pas et n'est pas encore entrée dans leur pratique, celle-ci se bornant à continuer l'opération sans interruption et sans reprise tant que coule à l'entrée de l'alambic la matière première. » Cette technique est doublement critiquable car d'une part le bouilleur produit ainsi une eau-de-vie beaucoup plus riche en impuretés qu'il est nécessaire pour le bouquet (eau-de-vie qui gagnerait en finesse à être mieux préparée) et d'autre part il accroît inutilement le pouvoir toxique de sa boisson favorite.

Soit insouciance, soit préjugé, certains bouilleurs augmentent encore la nocivité des produits distillés, par d'autres pratiques dont certaines pourraient être avantageusement évitées. Citons-en quelques-unes. D'après Riche l'eau-de-vie de marcs de vin, de cidre et de poiré est surtout impure parce que les marcs sont abandonnés à l'air dans des tonneaux, souvent pendant plusieurs semaines; l'alcool en s'oxydant donne naissance à des proportions exagérées d'aldéhyde, l'un des produits réputés les plus toxiques et d'acide acétique.

D'autres fois le bouilleur passe à la chaudière des matières premières de mauvaise qualité, inutilisables en dehors de cette destination. C'est ce qui a lieu ordinairement pour l'utilisation des vins trop verts par suite d'une maturité insuffisante ou devenus aigres et piqués; on en sature l'acidité par de la craie ou de la chaux avant de les distiller; l'eau-de-vie préparée dans ces conditions est toujours de mauvaise qualité.

Enfin un autre fait, qui est à la charge de la pratique actuelle du bouillage de cru, d'après Laborde, c'est que les distillateurs-propriétaires qui ne se contentent pas de la provision familiale, mais qui sont entraînés grâce à l'abondance ou à une meilleure appropriation intéressée de leur récolte à se livrer à une véritable industrie par le trafic et la vente de leurs produits de distillation, se servent soit pour augmenter la quantité, soit pour corser le produit d'alcools d'industrie. Cette pratique contribue d'autant plus à favoriser l'alcoolisme que ces bouilleurs livrent ainsi à la consommation de grandes quantités d'alcools jouissant auprès du public de la réputation — imméritée du reste — des alcools naturels.

Examinons maintenant avec le concours de l'expérimentation physiologique, dans quelle mesure on peut apprécier la toxicité de ces eaux-de-vie naturelles.

Quels sont, pour parler avec toute la rigueur du langage scientifique, quels sont les équivalents toxiques [1]) que l'on a pu déterminer actuellement pour les eaux-de-vie et les produits qui entrent dans leur composition, c'est-à-dire les impuretés et l'alcool ?

M. Joffroy, en employant la méthode des injections intraveineuses chez le chien et le lapin, a pu, avec l'aide de M. Serveaux, déterminer les équiva-

[1]) M. Bouchard appelle équivalent toxique, la quantité de matière toxique capable de tuer un kilogramme d'animal vivant.

Tout en constatant que cette définition est exacte et n'est susceptible d'aucune critique dans les termes employés, il y a lieu de penser que l'énoncé de M. Bouchard doit être précisé, si l'on veut éviter les interprétations différentes et par suite les conditions expérimentales particulières à chaque auteur, qui cherchera à l'appliquer pour donner un procédé de mesure de l'équivalent toxique.

Aussi M. Joffroy, pour éviter toute confusion, définit-il l'équivalent toxique d'un corps : la quantité minima de matière toxique qui contienne entièrement à un moment donné dans le sang d'un animal tue totalement un kilogramme de matière vivante.

lents toxiques [1] ou expérimentaux de quelques eaux-de-vie de table, les voici :

EAUX DE VIE NATURELLES	ÉQUIVALENT TOXIQUE
Cognac jeune (1894) authentique	11,14
Armagnac vieux	11,10
Eau de vie de cidre (1894)	10,5?
Marc de Bourgogne	9,84
Eau-de-vie de prunes (1894)	8,40
Kirsch des Vosges	8,40

En ce qui concerne les alcools il est acquis aujourd'hui, depuis les travaux classiques de Dujardin-Beaumetz et Audigé d'une part, et de MM. Joffroy et Serveaux d'autre part, que tous les alcools, soit qu'ils appartiennent à la série monoatomique, soit aux séries polyatomiques sont doués de propriétés toxiques et que pour les alcools ayant la même origine, l'action toxique est d'autant plus intense que leurs formules atomiques sont plus élevées. Le tableau des équivalents toxiques des principaux alcools qui nous intéressent peut être établi de la manière suivante :

ALCOOLS	FORMULE	ÉQUIVALENT TOXIQUE
Méthylique	CH^4O	9
Éthylique	C^2H^6O	7,80
Propylique	C^3H^8O	5,?o
Isobutylique	$C^4H^{10}O$	3,?5
Amylique	$C^5H^{12}O$	0,63

[1]. Antheaume. *De la toxicité des alcools*, Paris, Alcan, 1897.

En ce qui concerne les impuretés, on sait aujourd'hui, d'après les travaux de Laborde et Magnan, que le furfurol en injection intraveineuse tue le lapin en quelques minutes à la dose de un demi-centimètre cube; un chien pesant 6 kilogrammes ne survit pas plus de trente minutes à l'injection stomacale de 4 centimètres cubes de cette substance.

Ces expériences révèlent une toxicité élevée, mais il ne s'ensuit pas qu'on doive, à l'exemple de quelques hygiénistes, en profiter pour faire du furfurol, au point de vue antialcoolique, un véritable épouvantail. Selon la remarque de Joffroy, en admettant, en effet, que l'homme soit aussi sensible que le lapin, il faudrait environ 10 grammes de furfurol présent dans le torrent circulatoire pour tuer un homme de 70 kilogrammes : c'est-à-dire un chiffre infiniment supérieur à celui qu'on indique dans un litre d'alcool de table. Nous pourrions multiplier ces exemples à propos des éthers, des alcools supérieurs, etc., mais pour ne pas sortir du cadre de ce sujet, nous croyons préférable de renvoyer le lecteur aux publications techniques sur cette question [1]. Contentons-nous de mentionner ici les résultats de ces recherches, c'est-à-dire les équivalents toxiques des principales impuretés des eaux-de-vie naturelles.

Les voici, d'après les expériences de Joffroy et Serveaux et celles de Dujardin-Beaumetz et Audigé :

[1] Consulter les divers travaux de Joffroy et Serveaux, Dujardin-Beaumetz et Audigé, Laborde et Magnan, indiqués dans la bibliographie (par ordre alphabétique) de cet ouvrage et le travail de l'un de nous sur la toxicité des alcools (Paris, Alcan, 1897) travail qui expose longuement cette question.

DÉSIGNATION	ÉQUIVALENT TOXIQUE
Éthers	4
Aldéhyde	1
Furfurol	0,14
Alcools supérieurs.	1,50

Ces diverses déterminations de toxicité sont pour nous d'un grand prix, car complétées par celles des analyses chimiques précitées, elles vont nous permettre de calculer, selon la méthode de Joffroy, la toxicité des diverses eaux-de-vie de consommation.

Nous venons de voir qu'un litre d'alcool éthylique chimiquement pur, autrement dit d'alcool de cœur, a une toxicité représentée par 7,80, c'est-à-dire que, pour tuer un animal d'un certain nombre de kilogrammes, il faut qu'il pénètre dans son sang, presque simultanément autant de fois 7,80 que l'animal pèse de kilogrammes. Il est donc facile de savoir quel est le nombre de kilogrammes de matière vivante que pourrait tuer, par exemple, un litre d'eau-de-vie de cidre de Gournay, à 50 degrés. Ce litre d'eau-de-vie renferme 500 centimètres cubes d'alcool éthylique pur, lesquels seraient capables de tuer un animal pesant $\dfrac{500}{7,80} = 64$ kilog. 102.

Le même calcul peut se répéter pour chacune des impuretés quantitativement connues de ce litre d'eau-de-vie, étant donné l'équivalent toxique des éthers, de l'aldéhyde, du furfurol, des alcools supérieurs. L'opération montre que ce litre d'eau-de-vie renferme :

$$\text{1 gr. 228 d'éthers pouvant tuer} \quad \dfrac{1,228}{4} = \overset{\text{Matière vivante.}}{0 \text{ kg. } 307}$$

Matière vivante.

$$0 \text{ gr. } 085 \text{ d'aldéhydes pouvant tuer} \quad \frac{0,085}{1} : 0 \text{ kg. } 085$$

$$0 \text{ gr. } 010 \text{ de furfurol pouvant tuer} \quad \frac{0,010}{1,4} : 0 \text{ kg. } 071$$

$$0 \text{ gr. } 228 \text{ d'alcools supérieurs pouvant tuer} \quad \frac{0,228}{1,50} : 0 \text{ kg. } 152$$

La toxicité d'une boisson spiritueuse étant la résultante des toxicités de ses divers composants, nous pouvons établir l'équation suivante :

Pouvoir toxique de l'alcool éthylique + pouvoir toxique des impuretés = pouvoir toxique de l'eau-de-vie.

Remplaçons par les chiffres obtenus, les termes généraux de cette égalité et nous connaîtrons quelle est la quantité de matière vivante qu'est capable de tuer expérimentalement le litre d'eau-de-vie de cidre en question, ce qui nous permettra de juger de sa toxicité.

Nous avons ainsi pour cette eau-de-vie de Gournay :

Matière vivante.

Alcool éthylique 500 cc. pouvant tuer	6 j Kg. 100	
Éthers . . .	1 gr. 228	0 kg. 307
Aldéhydes.	0 gr. 085	0 kg. 085
Furfurol, . . .	0 gr. 010	0 kg. 071
Alcools supér..	0 gr. 228	0 kg. 152

Ce litre d'eau-de-vie de cidre pourrait
donc tuer un animal pesant . . . 6 j kg. 717

Si nous prenons maintenant d'autres eaux-de-vie naturelles des bouilleurs de cru ayant le même degré alcoolique : armagnac, marc de Bourgogne, kirsch, eau-de-vie de cidre de Caen, eau-de-vie de prunes, cognac 1893, nous pouvons, pour chacune d'elles, faire un calcul semblable et arriver à nous faire une idée relative de leur toxicité.

Ainsi, pour un litre d'armagnac de moins d'un an, analysé par Rocques, nous obtenons les résultats suivants :

Matière vivante.

Alcool éthylique 500 cc. pouvant tuer		64 kg. 102	
Ethers	0 gr. 368	»	0 kg. 092
Aldéhydes	0 gr. 115	»	0 kg. 115
Furfurol	0 gr. 015	»	0 kg. 103
Alcools supérieurs.	1 gr. 676	»	0 kg. 717

Ce litre d'armagnac tuerait donc un animal pesant . . . . 65 kg. 129

Si nous prenons de l'eau-de-vie de marc de Bourgogne et que nous fassions le même travail, nous obtenons :

Matière vivante.

Alcool éthylique 500 cc. pouvant tuer		64 kg. 102	
Ethers	3 gr. 186	»	0 kg. 546
Aldéhydes	3 gr. 594	»	3 kg. 594
Furfurol	traces	»	»
Alcools supérieurs.	1 gr. 252	»	0 kg. 837

Ce litre d'eau-de-vie de marc tuerait donc un animal pesant. . . . . 68 kg. 079

Pour un litre de kirsch (sans tenir compte de l'acide cyanhydrique), nous trouvons :

Matière vivante.

Alcool éthylique 500 cc. pouvant tuer		64 kg. 102	
Ethers	0 gr. 369	»	0 kg. 092
Aldéhydes	0 gr. 06	»	0 kg. 060
Furfurol	0 gr. 005	»	0 kg. 035
Alcools supérieurs.	0 gr. 172	»	0 kg. 314

Ce litre de kirsch tuerait donc un animal pesant. . . . . 64 kg. 603

Pour un litre d'eau-de-vie de cidre de Caen, on obtient :

Matière vivante.

Alcool éthylique 500 cc. pouvant tuer 64 kg. 102
Ethers . . . . 1 gr. 25   »   0 kg. 507
Aldéhydes . . . . . 0 gr. 138   »   0 kg. 138
Furfurol . . . . 0 gr. 005   »   0 kg. 035
Alcools supérieurs. 0 gr. 802   »   0 kg. 533

Ce litre d'eau-de-vie de cidre tue-
rait donc un animal pesant. . . . 65 kg. 115

Pour l'eau-de-vie de prunes (Lorraine), nous avons :

Matière vivante.

Alcool éthylique 500 cc. pouvant tuer 64 kg. 102
Ethers . . . . 10 gr. 492   »   2 kg. 625
Aldéhydes . . . . . 1 gr.   »   1 kg.
Furfurol . . . . 0 gr. 010   »   0 kg. 074
Alcools supérieurs. 0 gr. 605   »   0 kg. 403

Ce litre d'eau-de-vie de prunes tue-
rait donc un animal pesant . . . 68 kg. 199

Enfin, pour un litre de cognac 1895, nous obtenons :

Matière vivante.

Alcool éthylique 500 cc. pouvant tuer 64 kg. 102
Ethers . . . . 0 gr. 655   »   0 kg. 159
Aldéhydes . . . . . 0 gr. 759   »   0 kg. 59
Furfurol . . . . 0 gr. 006   »   0 kg. 073
Alcools supérieurs. 0 gr. 994   »   0 kg. 662

Ce litre de cognac tuerait donc un
animal pesant . . . . 65 kg. 006

En récapitulant tous ces résultats voici ce que nous avons pour ces divers alcools naturels, au point de vue du degré de leur puissance toxique, dans l'intoxication aiguë expérimentale :

1 litre d'eau-de-vie de prunes à 50° tuerait un animal pesant 68 kg. 199
1 litre de marc de Bourgogne à 50°   .   .   68 kg. 079
1 litre d'armagnac à 50° . . .   .   65 kg. 149
1 litre d'eau-de-vie de cidre à 50°   .   .   65 kg. 115
1 litre de Cognac (1895) à 50° .   .   .   »   65 kg. 006
1 litre d'eau-de-vie de Gournay à 50°   .   .   64 kg. 717
1 litre de kirsch à 50° . . . .   64 kg. 603
1 litre d'alcool éthylique pur à 50°   .   .   64 kg. 102

La lecture de ce tableau montre d'abord que le pouvoir toxique des eaux-de-vie naturelles soi-disant inoffensives ou peu toxiques est élevé; elle prouve ensuite, en raison de la différence assez faible qui existe entre le chiffre minimum de 64 kg. 104 pour l'alcool éthylique et de 68 kg. 199 pour l'eau-de-vie de prunes, que ce qui donne à toutes ces eaux-de-vie, (comme à toutes les autres boissons alcooliques), la presque totalité de leur toxicité, c'est l'alcool éthylique, qui est, sans contredit, le moins toxique des produits qu'elles contiennent ainsi qu'il résulte de la comparaison des différents équivalents toxiques, mais qui est tellement plus abondant que c'est lui qui joue le rôle principal comme poison.

Cette dernière déduction a une grande importance car si elle est exacte — et il n'y a aucune raison pour penser qu'elle ne le soit pas — elle permet d'affirmer à coup sûr la moindre toxicité des alcools industriels que des alcools naturels, les premiers, ainsi que nous l'avons vu, étant toujours livrés à la consommation à un titre alcoolique moins élevé que les seconds.

C'est ce qui ressort de l'examen des tableaux ci-dessous, établis en suivant le procédé de calcul qui vient d'être employé au sujet des eaux-de-vie naturelles :

Kirsch artificiel ou faux à 43°.6.

Matière vivante.

Alcool éthylique .	456 cm³ tueraient	50 kg. 897
Ethers	o gr. 458 »	o kg. 059
Aldéhyde	o gr. 015 »	o kg. 015
Furfurol	o gr. 001 »	. . . .
Alcools supérieurs	o gr. 055 »	o kg. 056

   Ce litre de kirsch tuerait donc un
     animal pesant . . . . 55 kg. 987

Eau-de-vie de marc artificielle à 44°,5.

             Matière vivante.

Alcool éthylique 445 cm³ tueraient 67 kg. 051
Ethers. . . . . 0 gr. 281 » 0 kg. 070
Aldéhydes . . . 0 gr. 105 » 0 kg. 105
Furfurol . . . 0 gr. 001 » . . . .
Alcools supérieurs 0 gr. 130 » 0 kg. 086
Ce litre d'eau-de-vie de marc tuerait
 donc un animal pesant . . . . . 57 kg. 312

Eau-de-vie de cidre artificielle à 44°,7.

             Matière vivante.

Alcool éthylique 447 cm³ tueraient 57 kg. 507
Ethers. . . . . 0 gr. 140 » 0 kg. 035
Aldéhydes . . . 0 gr. 027 » 0 kg. 027
Furfurol . . . 0 gr. 015 » . . . .
Alcools supérieurs 0 gr. 105 » 0 kg. 006
Ce litre d'eau-de-vie de cidre tue-
 rait donc un animal pesant . . 57 kg. 575

Cognac artificiel à 45°,5.

             Matière vivante.

Alcool éthylique. 455 cm³ tueraient 55 kg. 756
Ethers. . . . . . 0 gr. 088 » 0 kg. 022
Aldéhydes . . . 0 gr. 023 » 0 kg. 023
Furfurol . . . . 0 gr. 003 » . . . .
Alcools supérieurs 0 gr. 128 » 0 kg. 085
Ce litre de cognac tuerait donc un
 animal pesant . . . . 55 kg. 887

Récapitulons ces résultats et comparons-les à ceux déjà connus qui concernent les eaux-de-vie naturelles de même appellation ; nous aurons ainsi, de par l'expérimentation, la preuve de ce que nous avancions il y a un instant, à savoir que la toxicité d'une eau-de-vie naturelle est supérieure à celle d'une eau-de-vie de provenance industrielle :

          Un litre de kirsch.

        A 45°,6   A 52°
        artificiel.   naturel.
Tuerait un animal pesant 55 kg. 987 67 kg. 605

Un litre d'eau-de-vie de marc.

	A 44°,5 artificielle.	A 50° naturelle.
Tuerait un animal pesant.	57 kg. 342	68 kg. 079

Un litre d'eau de vie de cidre.

	A 44°,7 artificielle.	A 50° naturelle.
Tuerait un animal pesant.	57 kg. 375	65 kg. 445

Un litre de Cognac.

	A 44°,5 artificiel.	A 50° naturel.
Tuerait un animal pesant.	55 kg. 887	65 kg. 006

Si nous avons calculé la toxicité de chacune de ces eaux-de-vie avec des titres alcooliques différents et en évitant de les ramener au même degré alcoolique, c'est parce que ce qu'il nous importe de connaître ici, c'est le pouvoir toxique des liqueurs de consommation, au degré alcoolique même où on les boit; mais dans le but de prévenir toute objection et de ne pouvoir être accusé d'indulgence envers l'alcool industriel, mettons-le en posture aussi mauvaise que possible dans une comparaison avec l'alcool naturel en faussant ces résultats à son désavantage et en supposant à toutes les eaux-de-vie artificielles déjà examinées un titre alcoolique de 50°. Que vont nous donner ces évaluations? On en jugera par les tableaux ci-dessous.

Kirsch artificiel supposé à 50°.

		Matière vivante.
Alcool éthylique.	500 cm³ tueraient	64 kg. 402
Ethers.	0 gr. 158 »	0 kg. 059
Aldéhydes.	0 gr. 015 »	0 kg. 015
Furfurol.	0 gr. 001 »	. . . .
Alcools supérieurs	0 gr. 055 »	0 kg. 056
Ce litre de kirsch *supposé à 50°* tuerait donc un animal pesant.		64 kg. 492

Eau-de-vie de marc artificielle supposée à 50°.

			Matière vivante
Alcool éthylique .	500 cm³	tueraient	6 j kg. 105
Éthers	0 gr. 281	»	0 kg. 070
Aldéhydes. . . .	0 gr. 105	»	0 kg. 105
Furfurol	0 gr. 001	»	. . . .
Alcools supérieurs	0 gr. 150	»	0 kg. 085

Ce litre d'eau-de-vie de marc *suppo-
sée à 50° tuerait donc un animal pesant*   6 j kg. 365

Eau de-vie de cidre artificielle supposée à 50°.

			Matière vivante.
Alcool éthylique .	500 cm³	tueraient	6 j kg. 105
Éthers	0 gr. 110	»	0 kg. 055
Aldéhydes. . . .	0 gr. 007	»	0 kg. 007
Furfurol	0 gr. 0015	»	. . . .
Alcools supérieurs	0 gr. 100	»	0 kg. 056

Ce litre d'eau-de-vie de cidre *suppo-
sée à 50° tuerait donc un animal pesant*   6 j kg. 170

Cognac artificiel supposé à 50°.

			Matière vivante.
Alcool éthylique .	500 cm³	tueraient	6 j kg. 105
Éthers	0 gr. 088	»	0 kg. 022
Aldéhydes. . . .	0 gr. 005	»	0 kg. 005
Furfurol	0 gr. 004	»	. . . .
Alcools supérieurs	0 gr. 138	»	0 kg. 085

Ce litre de cognac *supposé à 50° tuerait donc un animal pesant* . . . .   6 j kg. 242

Rapprochons ces résultats de ceux déjà obtenus
pour les eaux-de-vie naturelles et nous maintien-
drons entièrement la conclusion précédente, à savoir
qu'un litre de faux kirsch, de faux cognac, etc.,
sont moins à redouter pour l'organisme que le
cognac et le kirsch de la plupart des bouilleurs de cru.

Voici, en effet, en supposant que le degré alcoolique de tous ces spiritueux soit de 50°, quel est leur
ordre de toxicité relative :

Provenance dite naturelle.	1° Un litre de marc de Bourgogne tuerait un animal pesant	68 kg. 029
	2° Un litre d'eau-de-vie de cidre (Caen) tuerait un animal pesant	65 kg. 115
	3° Un litre de cognac (1895) tuerait un animal pesant	65 kg. 006
	4° Un litre de kirsch authentique tuerait un animal pesant	64 kg. 603
Provenance dite industrielle.	5° Un litre d'eau-de-vie de marc de fantaisie tuerait un animal pesant	64 kg. 363
	6° Un litre de cognac artificiel tuerait un animal pesant	64 kg. 332
	7° Un litre de kirsch artificiel tuerait un animal pesant	64 kg. 192
	8° Un litre d'eau-de-vie de cidre artificielle tuerait un animal pesant	64 kg. 170

Nous n'insisterons pas davantage sur ces chiffres dont, à nos yeux, la signification est relative principalement à ce fait qu'elle indique combien il est difficile, avec la meilleure volonté, de trouver une plus grande toxicité aux eaux-de-vie artificielles qu'aux eaux-de-vie des bouilleurs de cru.

Mais, ne manqueront pas d'objecter les partisans du privilége, cette argumentation n'est pas convaincante parce que vous ne nous parlez ici que des eaux-de-vie de provenance industrielle qui sont à base d'alcool bon goût, d'alcool purifié, d'alcool dépourvu ou presque d'impuretés; or, l'industrie en fait de moindre qualité, de moins bien rectifié; ces alcools à la faveur de bouquets artificiels capables de masquer leur mauvais goût, n'entrent-ils pas pour une large part dans la fabrication des eaux-de-vie et liqueurs?

Eh bien, il faut répondre négativement à cette question, au risque de froisser les croyances chères à un grand nombre d'hygiénistes. Au début de la fabrication des alcools de grains et de pommes de terre, on a pu livrer à la consommation de bouche des produits insuffisamment rectifiés, mais aujourd'hui, avec la perfection des machines et le choix judicieux et savant des méthodes et des procédés de distillation, l'alcool industriel est très voisin de l'état de pureté et l'on a pas d'intérêt sensible à le livrer impur, ce qui est le meilleur garant de cette pureté. C'est ce qu'a fait remarquer M. Riche à l'Académie de médecine et c'est ce qu'en 1895 il exprimait en ces termes :

« L'alcool de bourse, le plus mauvais, qui soit vendu pour la consommation, vaut 29 fr. 50; l'alcool absolument infect, contenant dix à douze millièmes d'alcools supérieurs, des quantités très fortes d'aldéhydes, d'éthers, se vend en moyenne 4 francs de moins, 25 fr. 50. Or, cet alcool trouve un débouché certain pour la dénaturation, et dans les emplois industriels. Un distillateur serait dans l'impossibilité d'en faire passer un litre dans la consommation; s'il en mélangeait trois litres par hectolitre d'alcool rectifié, celui-ci deviendrait lui-même invendable; de telle sorte que s'il gagnait d'une part 4 centimes par litre, soit 12 centimes par hectolitre, il déprécierait ce mélange de 2 ou 3 francs. Les distillateurs vendent à leur clientèle un alcool supérieur pour 1 à 2 francs de plus par hectolitre; il existe des qualités plus élevées valant 5, 7, 10, 15 et 20 francs de plus que l'alcool de bourse.

« Il est difficile de mettre des chiffres d'impuretés en regard de ces produits : si l'alcool de bourse en contient 1 millième et demi, l'alcool primé de 2 francs en renferme environ 1 millième, l'alcool primé de 5 à 7 francs, des traces ou 2 à 3 dix-millièmes. Quant aux plus chers, ils sont sensiblement purs, et les

variations dans le prix correspondent à des diffé-
rences infinitésimales dans l'odeur, le goût, ou à la
marque du distillateur : c'est une sorte de classement artistique pour lequel l'hygiène est désinté-
ressée. »

D'ailleurs comme nous l'avons montré déjà plus
haut, le fabricant d'eau-de-vie et de liqueur a tout
intérêt à n'employer que de l'alcool absolument neutre, puisque si pour des raisons d'économie il se
servait d'alcool de qualité inférieure, il serait obligé,
pour couvrir l'odeur et le goût de cet alcool, d'employer une proportion plus grande d'aromates et il
aurait bien vite perdu et au delà ce qu'il aurait gagné
d'un autre côté.

Mais, — faisant abstraction de ces données absolument incontestables —, admettons pour un instant
que les alcools mauvais goût d'industrie entrent
dans la consommation humaine, le danger qu'ils
feraient courir à la santé publique serait-il beaucoup
plus grand que celui auquel l'exposent journellement
les alcools naturels ?

L'expérimentation physiologique est d'accord avec
la chimie pour montrer que la toxicité des susdits
alcools industriels est bien moindre que celle qui
est généralement proclamée. MM. Joffroy et Serveaux ont, en effet, au cours de leurs remarquables
travaux, recherché, par la méthode expérimentale,
quelle était au juste la toxicité des alcools mauvais
goût provenant d'une distillation de topinambour.

Après avoir trouvé un degré toxique presque identique aux alcools mauvais goût de tête et de queue,
ils sont arrivés à ce résultat que ces alcools d'industrie avaient à peu près le même coefficient de toxicité
que l'alcool éthylique (7,70), puisque leur équivalent

toxique est supérieur ou au moins égal à 7, les chiens auxquels on a injecté dans les veines ou dans les muscles 7 cc de cet alcool mauvais goût ayant tous survécu. C'est ce qu'exprime le tableau suivant :

		Équivalent toxique.
Alcool d'industrie. \	Alcool mauvais goût de tête	7
(topinambour /	Alcool mauvais goût de queue	7
Alcool naturel.	Alcool éthylique pur.	7,80

L'alcool bon goût de topinambour, ce qu'on appelle l'alcool de cœur, a le même coefficient de toxicité que l'alcool éthylique pur (le plus pur qu'on trouve dans le commerce), soit 7,80.

Que conclure de tout cela, sinon, comme nous l'avons dit, que l'idée si répandue de la toxicité beaucoup plus considérable des alcools mauvais goût (alcools d'industrie, comparativement à l'alcool rectifié et *a fortiori* aux eaux-de-vie naturelles, est une idée très exagérée.

Du reste si l'on compare expérimentalement comme l'a fait M. Joffroy la toxicité d'une solution d'alcool éthylique pur, d'un rhum authentique et d'un alcool mauvais goût ramenés au même titre on obtient des équivalents toxiques qui sont très voisins les uns des autres comme l'indiquent les chiffres suivants :

Alcool éthylique	7,70
Rhum Martinique.	7,60
Alcool impur, mauvais goût	7,59

N'est-ce pas là une preuve de plus de l'inanité de cette théorie qui attribue une toxicité beaucoup plus grande aux alcools industriels qu'aux alcools naturels et rend les premiers seuls responsables des progrès de l'alcoolisme !

En résumé, deux points essentiels sont acquis au sujet des eaux-de-vie naturelles fabriquées par les bouilleurs de cru, c'est, d'une part, leur richesse en impuretés et, d'autre part, leur titre alcoolique élevé. Si on compare de telles eaux-de-vie à celles produites par l'industrie moderne, on trouve qu'elles contiennent à la fois plus d'impuretés et plus d'alcool que celles-ci. La conclusion s'impose : elles sont plus toxiques ; et, quelle que soit la théorie que l'on professe au sujet des causes de l'alcoolisme, — soit qu'avec Rabuteau, Laborde, Magnan, Lancereaux, Rochard, etc., on incrimine par-dessus tout la grande puissance de toxicité des impuretés de l'alcool, soit qu'avec Riche, Joffroy, Debove, Legrain, Duclaux, Depaire, etc., on incrimine surtout la quantité d'alcool consommé, — on ne peut que se montrer plein de sévérité envers un privilège qui favorise la production d'eaux-de-vie, qui au double titre de leur abondance en impuretés et de leur degré alcoolique élevé, ne peuvent qu'engendrer l'alcoolisme dans les régions où on les distille et où on les consomme.

II

Comment l'agriculteur utilise-t-il l'eau-de-vie de sa récolte ? Il la boit en famille, à moins que, fraudant le fisc, il n'en tire un profit commercial et encore, en pareil cas, se gardera-t-il d'aliéner la totalité de sa « bonne eau-de-vie », et en réservera-t-il les meilleurs flacons pour la « consommation familiale. »

C'est en effet presque toujours de cette manière

que les choses se passent et cette consommation familiale constitue, il faut bien l'avouer, le meilleur moyen qui existe pour propager, parmi les populations de nos campagnes, le goût des boissons spiritueuses. « La consommation familiale! Mais elle est la source principale toute naturelle de la tentation et du danger, la famille y puise et s'y abreuve... la famille entière, depuis l'enfant, les enfants de tout âge, jusqu'au vieillard, — quand la vieillesse a pu être atteinte dans ces conditions d'intoxication incessante et de déchéance précoce ; et non seulement les hommes, mais la femme, la mère de famille qui accumule ainsi et prépare en son sein une hérédité doublement fatale [1] ! »

Voilà comment se fait au village, l'éducation de l'alcoolisme et comment la famille du bouilleur devient si souvent la proie d'une alcoolisation d'autant plus funeste qu'elle est plus inconsciente et que le goût des boissons alcooliques risque désormais d'être transmis de génération en génération.

Mais ce qui aide encore dans une large mesure, autant même que la consommation familiale, à la diffusion de l'alcoolisme dans nos campagnes, c'est la manière dont le bouilleur utilise son eau-de-vie en fraudant le fisc.

Tout d'abord et par suite de la facilité avec laquelle on peut transporter l'alcool en raison du prix élevé qu'il représente sous un petit volume, le bouilleur de cru alimente, en franchise de l'impôt dans un rayon assez étendu, la consommation des simples particuliers.

[1] LABORDE. Les bouilleurs de cru et l'alcoolisme — Tribune médicale n° 39, 1896.

Affranchi de toute espèce de surveillance, il ne se fait pas faute de vendre les quantités produites qui excèdent les besoins de sa consommation. Les clients sont faciles à trouver, car, sachant qu'en allant chercher l'eau-de-vie à la bouillerie, ils l'achèteront à bon marché, parce qu'elle n'a pas acquitté les droits, ils se présentent souvent d'eux-mêmes et permettent aux bouilleurs de réaliser des profits très appréciables, étant donné le prix de revient peu élevé de leur alcool. Grâce à cet abus qu'il fait de son privilège, le bouilleur expose la santé publique aux mêmes dangers que le cabaretier, avec cette aggravation qu'en faisant à ce dernier une concurrence déloyale, il rend absolument illusoire l'élévation des droits sur l'alcool au point de vue de la prophylaxie de l'alcoolisme.

Une autre pratique, tout aussi dangereuse pour la diffusion de l'alcoolisme, pratique assez fréquente, consiste en ceci que certains propriétaires bouilleurs de cru payent leurs ouvriers partie en argent et partie en alcool. Ces derniers sont alors réduits à tirer de cet alcool le parti qu'ils peuvent en le répandant dans les estaminets où ils ont l'habitude de boire, dans leur famille, parmi leurs amis, etc., et la fraude fait ainsi une tache d'huile dont le bouilleur est le centre, au détriment de l'hygiène et du Trésor.

À la séance du 4 décembre 1900, M. Rouvier, au cours de la discussion du régime des boissons, s'exprimait ainsi sur ce point, à la Chambre des députés : « Il arrive que le bouilleur de cru se transforme en fabricant d'alcool, cède une portion de la récolte à des acheteurs; et même et c'est un des effets profondément attristant du privilège, que cette eau-de-vie rendue indemne des droits lui serve à payer une portion des salaires des ouvriers agricoles. » Comme un interrupteur disait : « C'est une légende, » M. Rouvier continua : « Il a été fait là-dessus nombre d'enquêtes, les documents abondent et vous pouvez les consulter. Non, ce n'est pas une légende! Je ne veux pas citer de départements pour ne pas faire intervenir l'esprit de clocher, ni faire naître des divergences ou des rivalités entre régions; mais enfin il y a nombre de départements où le bouilleur, embarrassé de ses produits, s'en fait une monnaie et la remet à l'ouvrier agricole. »

C'est une façon d'opérer par avance la conversion en alcool des salaires destinés à subvenir aux besoins de la famille de l'ouvrier, conversion que l'ouvrier n'est déjà que trop tenté d'opérer par lui-même au détriment des siens, sans qu'il soit besoin que son patron comprenne ainsi son rôle social en le faisant pour lui, et en prélevant cette dîme nouvelle sur la dénutrition de ses ouvriers, de leurs femmes et de leurs enfants.

Mais beaucoup de bouilleurs, préfèrent troquer leur eau-de-vie contre de la bonne monnaie en fournissant en franchise, dans un rayon assez étendu, l'alcool nécessaire à la vente des débits de boissons, contribuant ainsi, dans une certaine mesure, à faire prospérer aux dépens du Trésor les affaires de ces établissements. Leur situation, en effet, leur assure une facilité exceptionnelle pour la fraude. Il suffit qu'il existe, répartis sur la surface du pays, comme cela résulte du privilège, des dépôts d'eau-de-vie dont la Régie ne connaît ni l'existence ni surtout l'importance, pour donner au commerce malhonnête le moyen de s'alimenter en fraude des droits par des achats et des transports clandestins. « Dans les pays des bouilleurs de cru, pays généralement boisés et accidentés, où les domaines et exploitations agricoles sont éparpillés, rien n'est plus facile que de faire la nique aux agents de la régie, aux « rats de cave. »

« C'est ainsi que le cultivateur qui a de l'eau-de-vie en vend aux débitants et aux cafetiers de la région. De temps à autre, pour ne pas éveiller les soupçons, il prend un acquit chez le buraliste. Mais pour un hectolitre qui est déclaré et dont les droits sont acquittés, il en passe dix qui sont écoulés sous le bénéfice de la déclaration du premier, le débitant ayant d'ordinaire une cave secrète ou un endroit chez un ami ou un voisin où il met le liquide illégalement transporté et, au fur et à mesure, il remplace la quantité manquante. A chaque litre vendu, il substitue 90 centilitres.

« C'est le contraire du tonneau des Danaïdes que l'on ne pouvait jamais remplir. Celui-là ne se vide jamais. »

Ainsi, par le mécanisme de la consommation familiale et de la consommation frauduleuse, nombre de bouilleurs de cru peuvent être accusés, à juste titre, de jouer le rôle, qu'on nous passe l'expression, « d'agents provocateurs » de l'alcoolisme à l'égard du milieu social dans lequel ils évoluent.

Si l'on veut mesurer l'étendue du péril que ces récoltants peuvent ainsi faire courir au pays, il suffit de rappeler ici qu'ils sont près d'un million actuellement, ce qui signifie qu'il existe près d'un million de familles françaises qui veulent jouir du privilège pour le plus grand dommage de leur santé et de celle de beaucoup de leurs concitoyens.

Ces chiffres sont assez éloquents par eux-mêmes pour que nous soyons dispensé d'y insister davantage.

Malheureusement pour la santé publique, cette situation anormale persistera et même s'aggravera si l'on n'y porte remède, c'est-à-dire si le Parlement ne consent pas à supprimer le privilège des bouilleurs de cru purement et simplement, sans allocation annuelle à titre de consommation familiale comme il en est encore question aujourd'hui.

C'est qu'en effet, on ne saurait trop le répéter, l'augmentation de l'impôt sur l'alcool sans l'abolition intégrale du privilège des bouilleurs de cru est une mesure bâtarde et incomplète, qui équivaut à un véritable encouragement à l'alcoolisme et à la fraude pour le bouilleur, puisqu'il a toute facilité pour produire en quantité des eaux-de-vie dont le prix de revient est en somme peu élevé, et dont le prix marchand est considérable.

Voilà pourquoi le nombre des bouilleurs de cru a progressé, pendant ces derniers temps, et comment il se peut qu'il existe aujourd'hui sur le sol français près d'un million de ces intéressés à la production et à la consommation des fameuses eaux-de-vie naturelles.

Durant ces trente dernières années le nombre des bouilleurs de cru a varié dans les proportions suivantes :

ANNÉES	Nombre des bouilleurs de cru.
1869	90 869
1874	278 142
1879	146 655
1884	468 656
1889	567 573
1893	628 143
1894	790 805
1895	907 042
1896	948 704

ANNÉES	Nombre des bouilleurs de cru.
1897	807 642
1898	804 000
1899	784 950
1900	925 910

Tout en tenant compte des variations numériques, provoquées ici par le degré plus ou moins grand d'abondance des récoltes, il est permis de dire que le nombre des bouilleurs de cru a progressé dans des proportions énormes puisqu'il a plus que décuplé passant de 90 869 en 1869 à 937 032 en 1895, et à 925 910 en 1900. Point à noter en cette année 1900 qui fut l'une de celles, où en raison de l'abondance de la récolte en vins et en cidres, les bouilleurs de cru fabriquèrent le plus d'eau-de-vie 535 537 d'entre eux travaillèrent tandis qu'en 1899 il n'y en eut que 338 557 ; soit par conséquent en 1900 une augmentation de 214 980 bouilleurs de cru ayant effectivement distillé, sur l'année précédente.

La répartition de ces bouilleurs de cru sur tout le territoire dépend de la nature des substances qu'ils mettent en œuvre et a été suffisamment indiquée dans la première partie de cet ouvrage pour nous dispenser d'y revenir ; ce qui est à retenir sur ce point c'est le fait de leur dissémination pour ainsi dire dans toute la France et de la grande quantité d'eau-de-vie qui se consomme dans les régions de production.

Il est très difficile de savoir, avec précision, quelles sont les quantités d'eaux-de-vie que boivent les bouilleurs de cru. Ce qu'il est permis d'affirmer c'est qu'elles sont très considérables, mais on peut s'en faire une idée approximative à l'aide des documents concernant la production des eaux-de-vie naturelles.

Voici quels sont les chiffres officiels fournis par l'administration des finances à ce sujet pour les dix dernières années :

Production des eaux-de-vie naturelles.

PÉRIODE décennale. Années.	PRODUCTION des bouilleurs de profession en hectolitres.	PRODUCTION *ostensible des bouilleurs de cru* en hectolitres	PRODUCTION TOTALE des eaux-de-vie naturelles.
1891	51 626	51 892	103 518
1892	66 487	67 299	133 786
1893	89 586	159 199	248 585
1894	131 712	208 368	340 080
1895	55 292	128 917	184 209
1896	63 198	133 593	196 791
1897	82 407	107 111	189 518
1898	58 875	76 420	111 295
1899	77 451	90 916	168 367
1900	118 694	204 363	323 057

Les chiffres que reproduit ce tableau sont les chiffres officiels pour les eaux-de-vie naturelles distillées par les bouilleurs de profession, ils sont bien ceux de la totalité de leur production : mais pour les eaux-de-vie des bouilleurs de cru — les seules à envisager ici — ils ne représentent que la production *ostensible* celle qu'on ne peut dissimuler raisonnablement aux évaluations du fisc. Or — et nous y avons déjà insisté longuement — à côté de cette production ostensible il y a la production *clandestine* qui aboutit à la circulation et à la consommation en fraude de l'alcool naturel du bouilleur de cru. Cette production est très importante, il est malaisé de la préciser, mais elle peut être évaluée au bas mot à

300 000 hectolitres d'alcool (à 100°) ce qui correspond à 600 000 hectolitres d'eau-de-vie (à 50°).

Ajoutons à cette évaluation actuelle de la production *clandestine* le chiffre de la production *ostensible* des bouilleurs de cru et nous trouvons que la production totale de ces récoltants a atteint en 1900 (année de récolte abondante) le chiffre global de 504.000 hectolitres d'alcool (à 100°) soit plus d'un million de litres d'eau-de-vie.

Ce ne sont pas là, comme on voit, des quantités négligeables surtout quand on sait quel est le pouvoir toxique de ces boissons spiritueuses.

Mais quelle que soit l'importance de cette production annuelle des bouilleurs de cru, les partisans du privilège ne manqueront pas, croyant ainsi servir leur cause, de l'opposer au chiffre imposant de la production totale des alcools d'origine industrielle, et cela dans le but d'atténuer la part de responsabilité qui revient aux eaux-de-vie naturelles dans la genèse de l'alcoolisme.

Quel a été en 1900 le taux de cette fameuse production industrielle ? Les relevés officiels donnent comme chiffre total de cette production [1] celui de 2 332 355 hectolitres d'alcool (à 100°).

Mais pour bien juger la question il ne faut pas opposer l'un à l'autre le chiffre global de la produc-

---

[1] Nous ne faisons pas entrer dans cette production le chiffre des importations d'alcools pour 1900 qui est de 112 150 hectolitres ; si ce chiffre manque dans le premier terme de l'équation que nous allons établir entre les alcools industriels d'une part et les alcools naturels des bouilleurs de cru d'autre part, l'absence dans ce second terme de l'équation du chiffre de la production des eaux-de-vie naturelles des bouilleurs de profession (que nous éliminons ici parce qu'elles ne sont pas en cause) chiffre qui est de 118 694 hectolitres établira la compensation et la proportion à rechercher n'en sera pas altérée, toutes choses égales d'ailleurs.

tion présumée des bouilleurs de cru et ce chiffre
global de la production industrielle. Si en effet la
totalité des eaux-de-vie naturelles des bouilleurs de
cru est destinée à la consommation humaine, il n'en
est pas ainsi pour les alcools de provenance industrielle. Sur les 2 332 355 hectolitres d'alcools industriels précités, il en est 1 459 834 hectolitres qui passent à la consommation humaine, et 872 521 hectolitres
qui ne peuvent entrer en comparaison avec les alcools
des bouilleurs, puisqu'ils ne sont pas bus par nos com-
patriotes et se décomposent en 315 743 hectolitres
exportés et 275 728 hectolitres employés à des usages
industriels.

En résumé, pour l'année 1900 — ces corrections
étant effectuées — la quantité d'alcool industriel qui
peut être valablement incriminée dans l'alcoolisation
est égale à 1 459 834 hectolitres d'alcool évalué
à 100°, et la quantité d'eau-de-vie naturelle des
bouilleurs de cru calculée au même degré alcoolique
atteint 504 000 hectolitres; d'où, cette conclusion,
qu'en cette même année 1900, il a été fourni à la consommation environ trois fois plus d'alcool d'industrie que d'alcool naturel des bouilleurs de cru.

Vous devinez d'ici l'objection : mais alors s'écrie-
ront les défenseurs du privilège des bouilleurs, si
le taux de la production totale de nos récoltants est
à ce point inférieur au taux de la production globale
des alcools industriels, s'il est trois fois moindre, la
question d'hygiène perd de son intérêt en l'espèce
puisque l'alcoolisation en France peut être imputée
bien davantage aux alcools d'industrie qu'aux eaux-
de-vie de nos braves paysans ; pourquoi donc se
réclamer de leur santé pour supprimer leur privilège ?

Pourquoi ? Mais parce que les dommages causés à l'organisme par les eaux-de-vie industrielles ne diminuent en rien les dangers qui résultent de l'usage et de l'abus de vos eaux-de-vie naturelles.

Pourquoi ? Mais parce que les chiffres mêmes que vous comparez prouvent à l'évidence combien le bouilleur a plus de chance de s'alcooliser que tout autre Français, et parce qu'il est infiniment plus téméraire et plus grave de favoriser l'alcoolisation d'un million — mettons même d'un demi-million — de bouilleurs de cru à l'aide de 504 000 hectolitres d'alcool à bon marché que de laisser le reste de la nation, — soit trente-sept millions de citoyens, — libres de boire en acquittant les droits, 1 459 000 hectolitres d'alcools industriels.

Pourquoi ? Mais parce qu'encourager le bouilleur de cru, c'est encourager la fraude, donc, l'immoralité, c'est donner une prime à l'empoisonnement en famille ; c'est provoquer toutes les conséquences de l'alcoolisme héréditaire, c'est enfin diffuser le goût pernicieux des boissons spiritueuses dans nos plus belles régions françaises !...

Et si cela ne vous suffit pas encore, si vos yeux ne sont pas encore ouverts à la lumière, faites des enquêtes individuelles dans les pays de bouilleurs de cru, observez sans parti pris ce qui s'y passe journellement et vous comprendrez l'urgence des réformes hygiéniques et fiscales dont les bouilleurs doivent être l'objet. C'est ce qu'a fait le Dr Brunon [1], directeur de l'École de médecine de Rouen, avec beaucoup de soin et les documents de son enquête

[1] Dr Brunon, L'alcoolisme en Normandie, *Bulletin médical*, août 1896, nᵒˢ 55 et suiv., et L'alcoolisme chez la femme en Normandie, *Bulletin médical*, 8 mars 1899.

sur l'alcoolisation en Normandie sont tous à méditer.

Au sujet des enfants, Brunon rapporte entre autres les faits suivants :

« Un homme fort intelligent, un instituteur qui ne réside pas à Rouen, faisant une leçon sur les boissons et l'alimentation demande dans une classe de 63 enfants de six à neuf ans, combien d'entre eux buvaient de l'eau-de-vie tous les jours : 24 mains se levèrent sur 63 ; l'opinion personnelle de cet instituteur, dont l'attention a été attirée sur ce sujet, es, qu'en réalité 40 p. 100 des enfants boivent de l'eau-de-vie après les repas.....

« Dans trois écoles de filles d'une grande ville de Normandie « la proportion des enfants qui boivent avec leurs parents, café et eau-de-vie, est de 75 p. 100. Cette consommation est passée dans les habitudes des enfants les plus petits et il n'est pas rare dans les crèches de voir des mères apporter à leurs petits une bouteille contenant du café ; or, ici le café ne se boit pas sans eau-de-vie. »

L'étude des habitudes alcooliques des ouvriers des campagnes a encore amené le même auteur à de curieuses constatations au sujet des doses individuelles :

« Dans une des plus riches plaines de la Normandie le gain d'un homme de vingt-cinq à cinquante ans est de 5 à 6 francs par jour. Il travaille de six heures du matin à huit heures du soir et fait 5 repas par jour. Il boit au moins 8 litres de cidre et 6 verres d'eau-de-vie, mais ce ne sont pas des verres à liqueur ! Le dimanche est passé tout entier au cabaret et vers six heures on peut voir des hommes ivres-morts couchés sur le bord de la route ou dans leur herbage.

« Le jour du marché — trois fois par semaine, le patron passe toute la journée au cabaret, où il boit entre 20 et 40 tasses de café.

« Un café se compose d'une première tasse de vrai café auquel on substitue, à mesure qu'il s'épuise, une quantité considérable d'eau-de-vie sous le nom de pousse-café, rincette, surrincette, consolation, gloria, etc., etc.

« Le gros bourg de la plaine en question a une population de 4 000 habitants ; on y compte 28 cafés, tous « prospères », et autant de « caboulots ».

« Du côté de Flers et de Falaise, les ouvriers des champs boivent jusqu'à un litre d'eau-de-vie de cidre dans une journée. Ils boivent un grand verre à la fois comme nous boirions de l'eau. »

Mais les femmes, en Normandie, ne le cèdent, paraît-il, en rien aux hommes comme appétence pour l'alcool des bouilleurs de cru.

« On croit généralement, dit Brunon, que les femmes boivent moins que l'homme, parce que, chez elles, le vice est caché avec plus ou moins de soin. Il faut malheureusement abandonner cette dernière illusion et tous ceux qui ont étudié les faits avec quelque soin, disent que la femme en Normandie boit plus que l'homme. »

Et ce même enquêteur ajoute : « Dans un bourg qui est trop célèbre pour que je le nomme, le goût pour l'alcool est si grand chez les femmes qu'elles ne sortent pas de chez elles sans une fiole dans leur poche. Jeunes et vieilles ne vont pas chez l'épicier acheter deux sous de sel sans boire un verre. La rue qu'elles habitent porte le nom de la rue de la

Fiole. Leur inconduite est notoire. Quoique leurs maris travaillent au loin, elles ont, comme les femmes des marins, beaucoup d'enfants, le plus souvent 8, 10, 12. Les deux tiers de ces enfants meurent. Les petites filles sont recueillies par les Sœurs qui leur donnent le déjeûner, le goûter et des vêtements. Les femmes revendent pour dix sous, ces vêtements d'une valeur de 3 ou 4 francs. On cite une femme qui vendait pour boire la laine de ses matelas et la remplaçait par du foin pendant l'absence du mari ».

Voilà comment on s'alcoolise en Normandie, dans les régions à bouilleurs de cru. Pour ne pas être suspecté de partialité en ne citant dans cette enquête qu'un témoignage — si compétent soit-il — nous reproduirons, en terminant ces considérations hygiéniques, les faits observés encore dans cette même Normandie, par un directeur d'école normale d'instituteurs. M. Marival [1]. Laissons la parole à cet éducateur qui trace de l'alcoolisation dans le département de la Manche un tableau d'un réalisme saisissant :

« Dans l'inquiétant développement que l'alcoolisme a pris en France depuis quelques années, dit-il, l'un des facteurs les plus importants, a été incontestablement, dans certaines régions, le privilège des bouilleurs de cru. Je n'en veux pour preuve que ce que j'ai pu apprendre et constater auprès des instituteurs et des habitants du département de la Manche, pendant un court séjour que j'ai fait dans ce pays en qualité d'inspecteur primaire.

« Il arrive, en effet, que très fréquemment la provision de cidre récoltée dans les fermes dépassant la

[1] MARIVAL. Le privilège des bouilleurs de cru et l'alcoolisme dans le département de la Manche. Congrès international contre l'abus des boissons alcooliques. Annexe 1. t. II. Paris. 1899.

consommation annuelle, lorsque la nouvelle récolte approche, chaque propriétaire se préoccupe de débarrasser les tonneaux encore remplis. Aucun débouché n'ayant été assuré à ce stock de cidre, les propriétaires se bornent à le faire distiller. Ils en fabriquent ainsi une eau-de-vie d'autant plus nuisible que l'alcool éthylique y est associé à d'autres substances encore plus nuisibles, et que le titre en est habituellement d'au moins 60°.

« Les quantités d'eaux-de-vie ainsi fabriquées dépassent l'imagination. Dans un très grand nombre de maisons comptant huit ou dix personnes, il existe des provisions d'eau-de-vie s'élevant à un, deux et même trois tonneaux de 12 à 1400 litres chacun.

« On devine le résultat : la tentation que crée une provision pareille de poison mis à la portée du consommateur, l'amour-propre du propriétaire qui s'imagine que le produit de sa récolte est ce qu'il y a de meilleur ; l'abondance du produit toxique, toutes ces conditions réunies font que l'on consomme dans les campagnes des quantités prodigieuses d'alcool. Le café est devenu un simple prétexte à boire de l'eau-de-vie. Dans les cabarets on demande un sou de café, avec sous-entendu cinq ou six sous d'alcool. Nulle part le préjugé de la valeur de l'alcool comme aliment ou fortifiant n'est plus profondément enraciné, à tel point que j'ai vu des pères de famille additionner la tasse de café de leurs fillettes de huit à dix ans d'une bonne rasade d'eau-de-vie.

« L'alcoolisme s'étend des maîtres aux domestiques, et les premiers donnent souvent à leurs journaliers de l'eau-de-vie en guise de complément de salaire, eau-de-vie, qui est ainsi écoulée, en fraude, sans acquitter les droits de régie.

« Évidemment, la répression de la fraude, la suppression même du privilège, seraient à l'heure actuelle à eux seuls, des remèdes tardifs et insuffisants. Je pense qu'ils s'imposent néanmoins, et qu'il faudra y joindre une vigoureuse campagne pour persuader les instituteurs d'abord, et les populations ensuite, du pouvoir nocif et toxique de l'alcool. Il y va de la conservation et de la préservation d'une de nos plus belles et plus vigoureuses races françaises que le fléau menace d'abâtardir. »

Nous pourrions multiplier les citations de ce genre, toutes aussi démonstratives de l'intoxication intense des régions de bouilleurs de cru. Le seul remède efficace à employer contre une pareille épidémie d'alcoolisme (qu'on nous passe cette expression), c'est celui qui diminuera chez le producteur la consommation de l'alcool naturel bien plus que celui qui se préoccupera d'en améliorer la qualité. Est-il permis, dans ces conditions, de songer, par une suppression partielle du privilège, à accorder encore chaque année à plus de 900 000 familles de bouilleurs de cru, 10 litres d'alcool à 100° exonérés de tout impôt !

« Ce ne serait pas là une prime donnée à l'agriculture mais une prime donnée à l'alcoolisme ! » Comment ! c'est quand la consommation de l'alcool a triplé depuis cinquante ans ; c'est quand tout le monde est d'accord pour déplorer les progrès de l'alcoolisme, et qu'il apparaît nettement qu'il faut s'appliquer à diminuer la consommation de l'alcool par tous les moyens possibles, qu'on irait par la mesure la plus illogique et la plus funeste à tous les intérêts, fournir presque gratuitement chaque année aux habitants des campagnes déjà intoxiqués en grand nombre, 180 000 hectolitres d'eau-de-vie à 50° !

« Dès lors qu'il s'agit de cette substance nocive qui s'appelle l'alcool, nous demandons formellement qu'il n'y ait aucune exonération, parce que nous sommes bien convaincu que le jour où le bouilleur de cru devra payer l'impôt pour l'eau-de-vie par lui distillée, il sera beaucoup moins porté à en faire une consommation individuelle ou familiale.

« En définitive, soit qu'on se place au point de vue du droit, soit qu'on se place au point de vue de l'encouragement à donner à l'agriculture, soit qu'on se place au point de vue du fisc, soit enfin qu'on se place au point de vue plus élevé de la lutte contre l'alcoolisme, c'est-à-dire au point de vue hygiénique et moral, il nous semble qu'il y a la plus grande utilité, la plus grande urgence à mettre fin à ce privilège des bouilleurs de cru et à faire cesser cette situation qui choque le bon sens, la morale et l'hygiène et qui se résume dans ces mots : l'inégalité devant l'impôt (¹) ».

(¹) JOUFFROY. Les bouilleurs de cru et l'alcoolisme, *Gazette des hôpitaux*, 1896.

TROISIÈME PARTIE

SOMMAIRE. — Évolution de l'impôt sur l'alcool : primitivement basé sur les formalités à la circulation, il est actuellement assis sur la surveillance à la production. La réforme opérée par la loi du 29 décembre 1900 dans le régime des boissons consacre cette transformation. Étude des dispositions relatives aux bouilleurs de crû, contenues dans la loi du 29 décembre 1900 et le décret du 23 août 1901. § 1. — Dispositions relatives aux producteurs : prescriptions relatives à la détention des appareils à distiller ; prescriptions concernant la mise en usage de ces appareils. § 2. — Dispositions relatives aux loueurs d'alambics ambulants ; conditions dans lesquelles le fait de recourir à un alambic ambulant ne fait pas perdre la qualité de bouilleur de cru. § 3. — Examen critique de cette réglementation.

L'expérience faite en 1872 par l'Assemblée nationale apparaît dans l'histoire financière de la France comme une de ces tentatives par lesquelles on essaye de réaliser à l'avance un état de choses que la marche des événements finit par imposer tôt ou tard. Serait-ce parce qu'elle était prématurée qu'elle ne subsista pas, peu importe ; toujours est-il qu'elle était conforme à l'évolution générale du régime fiscal de l'alcool, au cours du XIXe siècle ; évolution qui semble aujourd'hui toucher à son dernier terme et qui, d'un impôt reposant presque exclusivement à l'origine sur des formalités à la circulation et à la vente, tend à faire un impôt assis principalement à la production.

C'est qu'en effet, en matière de contributions indirectes, pour percevoir un impôt de consommation, il faut opter entre deux solutions : ou bien mettre la main sur la matière imposable à sa naissance, décompter les quantités produites pour leur appliquer immédiatement le droit ou en assurer la perception par la prise en charge ; ou bien saisir la matière imposable seulement lors de la mise en consommation, par la surveillance à la circulation. Le législateur s'était arrêté à cette dernière solution, en établissant le régime fiscal de l'alcool. La constatation de l'impôt reposait à l'origine sur les formalités de circulation, les vérifications aux barrières des villes, la surveillance des magasins de gros et l'exercice des débits.

La fabrication industrielle de l'alcool n'intervenait alors que pour une très faible partie dans la production totale ; le contrôle des établissements des distillateurs de profession, peu nombreux et sans grande importance, n'offrait qu'un intérêt secondaire. La production, pour la plus grande partie, échappait à toute surveillance.

Mais la fabrication des alcools de betteraves et de substances farineuses prit petit à petit une certaine extension, qui détermina le législateur à tracer des limites précises, en 1837, au privilège de ceux qui produisaient des alcools sans déclaration et en dehors de tout contrôle. Le développement de la fabrication du sucre, à partir de 1840, vint mettre à la disposition des distillateurs de profession une matière première, la mélasse, qui accrut prodigieusement l'importance de leur fabrication, surtout lorsque la crise déchaînée par l'oïdium, en 1854, sur la production des eaux-de-vie naturelles, fut venue stimuler la production des alcools industriels. Les élévations successives de

tarif rendirent plus indispensable et plus stricte la
surveillance exercée chez les producteurs. Les règlements élaborés en 1879 et 1881 vinrent renforcer les
garanties fournies par la législation à l'égard des distillateurs et bouilleurs de profession. De 1872 à 1875,
la production des bouilleurs de cru, nous l'avons vu,
fut aussi soumise à une surveillance qu'on avait jugée
nécessaire pour la sécurité des recettes du Trésor.
Le moment où leur privilège leur fut rendu dans son
intégralité marqua un retour en arrière dans la marche
progressive de l'évolution que nous retraçons à grands
traits.

Mais il n'en restait pas moins acquis que pour les
alcools industriels, la prise en charge à la production
était la plus grande garantie du fisc. Pour les alcools
naturels provenant des bouilleurs de cru, les formalités de circulation, la surveillance à l'enlèvement et
à la vente, restaient les principaux moyens d'action
de l'administration chargée de l'assiette et de la perception de l'impôt. Or, comme précisément la situation prépondérante dans la production appartenait de
longue date aux alcools d'industrie, on peut dire que
dès cette époque, par le seul fait des changements
survenus dans les conditions de la fabrication, le
recouvrement de l'impôt sur l'alcool était surtout
assuré par la surveillance à la production, qui n'avait
à l'origine qu'une importance secondaire. Les ravages du phylloxéra et du mildew, à partir de 1880,
vinrent encore réduire la place qu'occupaient les
eaux-de-vie naturelles. La consommation fut dès lors
alimentée presque exclusivement par des eaux-de-vie
de production industrielle, prises en charge à la
fabrication. Peu à peu, le vignoble s'est reconstitué,
les surfaces plantées en vignes, en arbres fruitiers,

se sont étendues (¹) et la production des bouilleurs de cru est devenue plus considérable d'année en année.

La loi du 29 décembre 1900 est venue demander surtout à une surtaxe de l'alcool la compensation du dégrèvement accordé aux vins, aux cidres et aux bières. Le relèvement du tarif du droit général de consommation coïncide avec la disparition des garanties que donnait au Trésor l'exercice des débits de boissons.

Il a paru, en raison de la place tout à fait prépondérante que le droit sur l'alcool occupe aujourd'hui dans l'ensemble de la législation fiscale des boissons, qu'il n'était plus possible de laisser une source importante de production d'alcool en dehors de tout contrôle. On sentait tout ce qu'avaient encore d'insuffisants les procédés usités pour assurer la perception de l'impôt énormément accru et on s'est efforcé d'arriver à établir que les immunités anciennes ne soient plus maintenues qu'à l'égard des petits récoltants, qui peuvent être considérés comme distillant à peu près exclusivement en vue de leur propre consommation.

L'impôt sur l'alcool continue à comporter des formalités à la circulation, et le législateur de 1900 a cherché, par une aggravation des pénalités, à décourager les producteurs qui seraient tentés de livrer les alcools à la consommation sans payement de l'impôt. La surveillance à la production est devenue la garantie principale du fisc pour la généralité des alcools, de quelque provenance qu'ils soient. Le législateur a compris que les formalités de circulation ne

---

(¹) En 1900, l'étendue des terrains plantés en vignes était de 1.730.451 hectares.

pouvaient plus jouer dans le régime fiscal de l'alcool qu'un rôle secondaire, qu'elles ne pouvaient plus constituer qu'un complément de sécurité et que c'est à la production qu'il faut désormais s'attacher pour saisir la matière imposable et la placer sous le lien d'une prise en charge qui assure la constatation et le recouvrement ultérieur des droits. La loi du 29 décembre 1900 est donc venue poser les premières assises d'une réglementation qu'il faudra s'attacher à compléter.

Deux natures de dispositions organisent, dans la loi, la surveillance des bouilleurs de cru. Les unes sont relatives aux producteurs eux-mêmes, les autres aux loueurs d'alambics.

I

DISPOSITIONS RELATIVES AUX PRODUCTEURS

Les obligations qui leur sont imposées sont de deux ordres différents.

Les unes reposent sur le fait de la détention d'un appareil à distiller, les autres sur la mise en usage d'un appareil.

Pour les premières, tous les bouilleurs de cru indistinctement, du moment qu'ils sont détenteurs d'un appareil ou portion d'appareil, sont tenus d'y satisfaire. L'obligation consiste dans une déclaration à faire au bureau de la régie, énonçant le nombre, la nature et la capacité de ces appareils ou portions d'appareils. Les appareils sont poinçonnés par les employés des Contributions indirectes moyennant un droit de un franc perçu immédiatement (article 12).

Cette déclaration n'a d'autre but que de faciliter la surveillance générale, en constituant pour le service une indication précieuse dont on comprend facilement le parti qu'il en peut tirer.

Par portion d'appareils dont le détenteur doit faire la déclaration, lorsqu'il possède isolément seulement une portion, il faut entendre, ainsi qu'il ressort des circulaires et instructions qui ont assuré l'application de la loi, notamment les chaudières, les chapiteaux, les organes de rectification et d'analyse, les organes de condensation, les plateaux de distillation continue et les portions d'appareils à rectifier.

Les dispositions relatives aux obligations imposées aux producteurs à l'occasion de la mise en usage d'un appareil ne s'appliquent plus à tous les bouilleurs de cru. Elles constituent une atteinte au privilège dont l'article 9 de la loi consacrait le principe dans son paragraphe 3. Pour deux catégories de bouilleurs de cru, en effet, l'article 10 soumet leur fabrication à la surveillance du service et sous réserve d'une allocation pour consommation de famille accordée à certains d'entre eux, il les rend comptables des quantités d'alcool fabriquées.

1. — Il ressort de la loi du 29 décembre 1900 et de la réglementation édictée par le décret du 23 août 1901 que, sont soumis au régime des bouilleurs de profession, les bouilleurs de cru qui, dans le rayon déterminé par l'article 20 du décret du 17 mars 1852, c'est à-dire, dans le même canton ou les communes limitrophes de ce canton, exercent par eux-mêmes ou par l'intermédiaire d'associés, la profession de débitant ou de marchands en gros de boissons.

On a considéré, en effet, que les débitants ou marchands en gros, dont la brulerie se trouve dans

le voisinage de leur établissement commercial, ont
de grandes facilités tant pour ajouter des boissons
d'achats aux produits de leur récolte que pour
écouler frauduleusement les eaux-de-vie provenant
de leur fabrication. Pour ce motif, il a paru que leur
situation ne comportait pas l'application d'un régime
différent de celui des bouilleurs de profession proprement dits. Ils sont donc, comme ces derniers,
astreints aux obligations déterminées par le décret
du 15 avril 1881.

Les prescriptions du décret de 1881 sont aussi
applicables aux bouilleurs de cru convaincus d'avoir
enlevé ou laissé enlever de chez eux des spiritueux
sans expédition ou avec une expédition inapplicable
et qui, aux termes du quatrième paragraphe de l'article 10 de la loi du 29 décembre 1900, perdent leur
privilège pour toute la durée de la campagne en
cours et de la campagne suivante. On a jugé que la
raison même de leur assujettissement laissait pla-
ner sur la régularité de leurs opérations ultérieures
une suspicion qui ne permettait pas de les distinguer des bouilleurs de profession.

II. Les bouilleurs de cru qui emploient certaines
espèces d'appareils expressément désignés par la
loi (art. 10) sont assimilés en principe aux bouilleurs de profession. Mais, comme la distillation
s'opère chez eux dans des conditions qui, à plusieurs
points de vue, diffèrent de celles que l'on rencontre
chez les distillateurs et bouilleurs de profession, on
a jugé avec raison qu'il ne convenait pas de leur
appliquer intégralement les dispositions du règlement B du 15 avril 1881. C'est la réglementation qui
fait l'objet du décret du 23 août 1901 qui leur est
applicable.

L'usage de trois sortes d'appareils visés par l'article 10 de la loi du 29 décembre fait perdre la qualité de bouilleurs de cru. Ce sont :

1° Les appareils à marche continue, pouvant distiller par vingt-quatre heures plus de 200 litres de liquide fermenté. Ces appareils sont caractérisés par la possibilité soit d'une alimentation constante de liquide ou des matières à distiller, soit d'un écoulement ininterrompu du produit distillé, sans qu'il y ait lieu de distinguer s'il s'agit d'appareils à colonne ou d'appareils composés d'autres organes ayant pour effet de permettre l'alimentation constante ou la production ininterrompue.

2° Les appareils de tous modèles et de toutes dimensions, lorsqu'ils sont chauffés à la vapeur. L'appareil chauffé à la vapeur est celui dont le chauffage est effectué par de la vapeur d'eau, provenant d'un organe distinct, servant de générateur sans qu'il y ait lieu de distinguer entre ceux où le chauffage est produit par l'introduction directe de la vapeur dans le récipient renfermant les matières à distiller et ceux où le chauffage est obtenu au moyen d'un serpentin ou d'un double fond.

3° Les alambics ordinaires, c'est-à-dire tous les alambics à charges intermittentes, à simple ou multiples chaudières, pouvant être chauffés à feu nu ou au bain-marie, en un mot tous ceux ne rentrant pas dans l'une des deux catégories ci-dessus définies, mais seulement dans le cas où la contenance totale des chaudières est supérieure à 5 hectolitres.

À l'égard de ces appareils, il a été déclaré par le ministre des finances, M. Caillaux, lors de la discussion de la loi, que la chaudière proprement dite, ou cucurbite, doit être seule envisagée pour la détermination de la contenance.

Celle du chapiteau ne serait comprise dans le calcul que s'il avait été donné à cet organe des proportions exagérées, dans le but d'accroître la capacité utilisable de l'appareil. On devra, dit la circulaire du 23 août 1901, considérer comme exagérée la contenance du chapiteau lorsqu'elle excédera le quart de la contenance de la cucurbite.

Pour les récoltants qui possèdent soit plusieurs appareils à marche continue, soit plusieurs alambics ordinaires, c'est la force productive de l'ensemble des appareils qu'il faut considérer pour déterminer si leur emploi entraîne ou non l'assujettissement au régime des bouilleurs de profession. Mais la simple détention d'appareils à distiller, quelles que soient leur nature ou leur capacité, ne suffit pas pour faire perdre aux récoltants le bénéfice de leurs immunités; tant qu'il n'y a pas usage de ces appareils, le détenteur n'est tenu qu'à faire la déclaration de possession prescrite par le paragraphe 1er de l'article 12, déclaration qui permet au service de diriger sa surveillance extérieure.

Ainsi les obligations résultant de la détention d'un appareil sont bien distinctes et indépendantes de celles qu'entraîne la mise en usage de cet appareil.

Les propriétaires récoltants auxquels l'emploi de l'une des trois espèces d'appareils visés à l'article 10 de la loi fait perdre le privilège de bouilleurs de cru jouissent d'une allocation en franchise de 20 litres d'alcool pur, par producteur et par an, pour consommation de famille, allocation qui leur est décomptée lors du règlement de fin de campagne.

Sont exclus du bénéfice de cette disposition, les bouilleurs qui sont en même temps débitants ou marchands en gros dans le canton ou les communes limitrophes du canton où ils font la récolte des produits distillés par eux.

II

DISPOSITIONS RELATIVES AUX LOUEURS D'ALAMBICS

La loi du 29 novembre 1900, laisse subsister les obligations imposées aux loueurs d'alambics ambulants par le règlement du 15 avril 1881. Le distillateur ambulant qui exerce son industrie au domicile d'autrui est tenu de déclarer la mise en circulation de l'alambic et de se munir d'un permis indiquant la capacité de l'appareil, le jour où commencera et celui où finira la mise en circulation de l'appareil ainsi que les communes dans lesquelles il doit être conduit (art. 33 et 34 du décret du 16 avril 1881).

L'article 11 de la nouvelle loi l'oblige en outre à consigner sur le cahier-journal, dont la remise lui sera faite par la régie, le jour, le lieu et l'heure où commence et s'achève chacune de ses distillations, les quantités et espèces de matières mises en œuvre par lui et leurs produits à la fin de chaque journée. Ce carnet doit être présenté à toute réquisition des employés. En cas de non accomplissement de ces prescriptions le permis de circulation cessera de produire ses effets et le loueur n'en pourra obtenir un nouveau avant un délai de six mois, et d'un an en cas de récidive.

Ces mesures ont pour but de permettre à la Régie

de s'assurer d'une part que les personnes qui ont utilisé des alambics ambulants réunissent bien toutes les conditions pour bénéficier du privilége des bouilleurs de cru, d'autre part qu'elles n'ont pas fabriqué des quantités d'alcool disproportionnées avec leur récolte.

Comme complément de garantie et pour faciliter au service la surveillance qu'organise la nouvelle loi à l'égard des bouilleurs de cru, l'article 12, § 3 dispose que tout fabricant ou marchand d'appareils propres à la distillation d'eaux-de-vie ou d'esprits, est tenu d'inscrire à un registre spécial, dont la présentation pourra être exigée par les employés des Contributions indirectes, les nom et demeure des personnes auxquelles il aura livré à quelque titre que ce soit des appareils ou portions d'appareils. Il devra, de plus, dans les quinze jours de la vente, faire connaître à la Régie, au bureau de sa résidence, le nom et le domicile des personnes à qui ces livraisons ont été faites. Cette dernière disposition est applicable aux cessions faites accidentellement par des particuliers non commerçants.

Un très grand nombre de bouilleurs de cru ne sont pas propriétaires d'appareils à distiller et ont recours pour la fabrication de leur eau-de-vie à un loueur d'alambic ambulant.

Pour les appareils à vapeur, et les appareils à marche continue aucune distinction ne doit être faite entre les appareils à demeure et les appareils ambulants. Dans les deux cas les obligations des producteurs sont les mêmes : celles des bouilleurs de profession. En ce qui concerne les alambics ordinaires, au contraire, la limitation de capacité à 5 hectolitres n'est pas applicable aux alambics conduits et dirigés par des loueurs (Art. 10, §3). Ces alambics peuvent avoir une contenance supérieure à 5 hectolitres sans que les producteurs qui en font usage perdent les immunités attachées à la situation de bouilleurs de cru. La question n'a pas été sans soulever de graves difficultés. Il s'agissait de savoir si la disposition qui fait l'objet du § 3 de l'art. 10 (¹) a pour effet d'exonérer de toute obligation le bouilleur de cru qui a recours à un alambic ambulant, quelle que soit la nature ou la force productive de l'appareil, ou bien si la dérogation qu'elle admet ne concerne que les alambics ordinaires, c'est-à-dire ceux qui ne sont ni chauffés à la vapeur, ni susceptibles d'un fonctionnement ininterrompu. Les prétentions des bouilleurs, portées devant les tribunaux ne tendaient à rien moins que rendre complètement illusoire la réglementation nouvelle, non seulement en raison du grand nombre de ceux qui usaient déjà d'alambics ambulants, mais aussi étant donné ce fait que les possesseurs d'appareils à vapeur ou à marche continue pouvant distiller plus de 200 litres par vingt-quatre heures, se seraient empressés, pour ne pas perdre leur privilège de ne plus faire usage que d'alambics ambulants, si la dérogation du paragraphe leur eût été applicable quelle que fût leur nature ou leur capacité.

La Cour de cassation par son arrêt de février 1902 est venue anéantir les espérances des bouilleurs désireux de tourner la loi, et elle a confirmé l'interprétation que donnait au § 3 l'administration des

(¹) L'article 10 paragraphe 3 est ainsi conçu : « Par dérogation au paragraphe précédent, les alambics ambulants peuvent avoir une contenance de plus de 5 hectolitres sans que les producteurs qui en font usage perdent le privilège des bouilleurs de cru. »

Contributions indirectes. Il n'était pas possible en effet d'appliquer la dérogation du § 3 à d'autres alambics que ceux auxquels s'applique la règle, c'est-à-dire l'interdiction basée exclusivement sur la considération de la contenance des appareils. Or cette considération exclusive ne porte ni sur les appareils à marche continue, ni sur les appareils à vapeur, mais seulement sur les appareils ordinaires, c'est-à-dire ceux qui ne rentrent dans aucune des deux classes précédentes.

Ainsi les récoltants auxquels leur privilège est intégralement conservé sont uniquement ceux qui se servent d'un appareil à marche continue ne pouvant distiller plus de 500 litres de liquide fermenté par vingt-quatre heures, ou d'un alambic ordinaire à demeure et d'une contenance ne dépassant pas 5 hectolitres, ou d'un alambic ordinaire ambulant quelle qu'en soit la contenance. L'usage de tous autres appareils entraîne la perte du privilège. Les récoltants sont alors soumis à la réglementation qui a pour objet essentiel d'assurer la constatation de l'intégralité de leur production.

III

Telle est la réglementation nouvelle à laquelle la loi du 29 décembre 1900 et le décret du 23 août 1901 soumettent les bouilleurs de cru. En réalité, elle les divise en deux catégories. Les uns vis-à-vis desquels la Régie exerce la même surveillance qu'à l'égard des bouilleurs de profession et dont elle est à même de constater et prendre en charge toute la production : ce sont ceux qui, dans le même canton ou dans les communes limitrophes, exercent par eux-mêmes ou par l'intermédiaire d'associés la profession de débitants et de marchands en gros de boissons, et ceux qui emploient certaines espèces d'appareils. Il a paru, sur la présomption basée sur la nature ou la capacité des appareils, que la production de ces derniers dépassait ce qui était nécessaire à la consommation familiale, et que le surplus était destiné à la vente.

Les autres, conservant le privilége, à raison du peu d'importance qu'on attribue à leur production, laquelle n'est pas estimée devoir s'élever au delà des besoins de la consommation de famille, ne sont soumis que par des procédés détournés à la surveillance de la Régie, dont les moyens d'action ne peuvent, par suite, qu'avoir beaucoup moins d'efficacité. Parmi ceux-là, la législation nouvelle crée encore deux catégories : ceux qui possesseurs d'un alambic ne sont astreints qu'à la déclaration de détention et n'ont à supporter aucun contrôle quant à leur production et ceux qui, faisant appel à des loueurs ambulants, verront par le cahier-journal du loueur, s'il est régulièrement tenu, leurs quantités d'alcool connues de la Régie.

Si l'administration peut ainsi se renseigner sur l'importance des quantités fabriquées, savoir si elles ne sont pas disproportionnées avec les récoltes du bouilleur de cru, il n'y a pas de raisons pour qu'elle se prive de renseignements fort utiles. Mais le privilége constituait déjà une violation du principe d'égalité au profit des bouilleurs de cru à l'encontre des autres citoyens, et par ces dispositions il en constitue une nouvelle à l'encontre de certains bouilleurs.

Tant que cette inégalité n'existait qu'à leur profit exclusif les bouilleurs prétendaient n'y voir que la suite nécessaire du droit de propriété. Depuis que la loi de 1900 modifie la situation, bon nombre d'entre eux protestent et se trouvant touchés eux-mêmes dénoncent enfin l'injustice de cet état de choses. Le Conseil municipal de Condom s'exprime ainsi : « La loi du 29 décembre 1900 en distinguant dans son article 10, suivant la capacité distillatoire des alambics et la nature de leur distillation, a supprimé en fait le privilège des bouilleurs de cru dans certaines régions comme l'Armagnac, où tous les alambics sont de nature telle qu'ils font perdre par leur emploi le privilège, et elle l'a maintenu dans d'autres. — Considérant qu'il résulte de là que le principe d'égalité devant la loi se trouve violé de la manière la plus grave; — Qu'il est inadmissible et qu'il est contraire à tous les principes de notre droit public que, dans certaines régions, les propriétaires soient soumis obligatoirement à la surveillance de la Régie et qu'ils en soient dispensés dans les autres ; — Qu'il résulte de là l'atteinte la plus grave au principe d'unité et d'indivisibilité du territoire, principe qui exclut toute différence fiscale entre la condition des différentes régions qui la constituent..... »

C'est la vérité même que tout cela. Mais il a fallu qu'ils en soient privés eux-mêmes pour que certains bouilleurs de cru finissent par avouer quelle inégalité le privilège consacre. Ils auraient eu plus de mérite à le reconnaître plus tôt mais leur plainte n'est pas moins fondée.

Sans compter que parmi ceux que la loi range dans ce qu'on peut appeler les petits bouilleurs, dont la production n'a pour but apparent que de subvenir à la consommation familiale, les uns, les plus petits, d'entre ces petits, ceux qui n'ont pas d'alambics à eux, se trouvent surveillés; ceux qui sont encore d'assez gros producteurs pour avoir chez eux un alambic sont précisément ceux qui sont à l'abri de tout contrôle, de toute surveillance à la production.

En outre, il est facile de montrer ce que présente d'inconvénients une distinction qui range dans les petits producteurs non surveillés, ceux dont l'alambic n'a pas une contenance de plus de 5 hectolitres, ou ne peut distiller, s'il est à marche continue, plus de 200 litres par jour, et parmi les gros producteurs étroitement exercés ceux dont les appareils sont à vapeur ou d'une contenance supérieure. Il est évident que la nature ou la capacité des appareils ne peut pas suffire à indiquer l'importance de la production. Avec un appareil de 500 litres, en le rechargeant trois fois par vingt-quatre heures, ce qui n'a rien que de normal, on peut fabriquer des quantités d'alcool considérables, beaucoup plus qu'avec un appareil à marche continue d'une contenance de 3 ou 4 hectolitres. Le facteur temps est aussi singulièrement important puisqu'il va de soi qu'un bouilleur de cru distillant pendant trois mois consécutifs avec une chaudière de 4 hectolitres fera beaucoup plus d'eau-de-vie qu'un vigneron distillant pendant six jours avec un appareil de capacité double.

La différence de richesse des matières mises en œuvre peut faire varier également l'importance de la production pour un même appareil fonctionnant pendant le même laps de temps. Enfin il est trop facile aux récoltants d'éluder la loi en changeant la nature de leurs appareils en faisant réduire la contenance des chaudières ou en recourant aux alambics ambulants pour lesquels il n'existe pas de limite de capacité.

La fraude même est loin de se trouver suffisamment entravée par la réglementation nouvelle. Ceux dont les appareils sont très généralement d'une contenance supérieure à 5 hectolitres, et sont par suite étroitement surveillés sont particulièrement les bouilleurs des Charentes, qui par suite des conditions de leur production distillent avec de grands appareils et pendant une assez longue période. La fraude chez eux, et précisément par suite des stocks considérables qu'ils ont à écouler, est difficile et n'est guère qu'une exception. Là où elle est pour ainsi dire la règle, c'est surtout chez ces bouilleurs de cidres, de fruits et de marcs, employant de petits appareils, sous le manteau de la cheminée. Ce sont ceux-là qui ne sont l'objet d'aucune surveillance à la production. « On supprime le privilège dans la région où la fraude est presque nulle, tandis que la loi respecte précieusement les innombrables bouilleurs de cru des pays de consommation dont la production presque entière se vend sans jamais acquitter les droits. En outre qu'il y a là une injustice flagrante, on ne pourrait trouver un meilleur moyen de favoriser la fraude[1]. » Cette conséquence n'avait échappé à aucun esprit clairvoyant. M. Boudenoot disait à la Chambre, le 4 décembre 1900 : « N'est-ce pas une véritable contradiction que de déclarer d'une part que l'alcool est une boisson absolument anti-hygiénique, et d'autre part, que

---

[1] Laporte-Bisquit. — Sénat, 21 décembre 1900.

d'en favoriser la production chez les bouilleurs de cru. « Notre projet, dit M. le rapporteur, laisse aux » petits bouilleurs de cru une liberté complète pour » leurs opérations de distillation et ne les soumet à » aucune déclaration. Nous frappons seulement de » pénalités sévères les bouilleurs de cru qui ont mis » à profit les facilités exceptionnelles dont ils dis-» posent pour faire des opérations de fraude ». Ce n'est pas moi, c'est M. le rapporteur qui vous signale les facilités exceptionnelles dont ils disposent pour faire des opérations de fraude. » Comme le projet dont parlait le rapporteur est devenu le texte de la loi, on voit combien étaient justifiées les réflexions de M. Boudenoot.

Tout cela montre combien il importe, non pas de s'attacher à une simple présomption fatalement trompeuse basée sur la capacité ou la nature des appareils, mais de compléter la réglementation édictée en faisant porter pour tous les bouilleurs de cru, sur la production même, toute la surveillance du service.

Il y aurait un avantage considérable à procéder de la sorte non seulement dans l'intérêt de nos finances mais dans l'intérêt supérieur de la santé publique puisqu'en entravant ainsi la fraude des bouilleurs de cru et en assurant toute son efficacité à l'impôt sur l'alcool on risque de mettre un frein à leurs opérations clandestines de production et par conséquent de restreindre l'alcoolisation de nos campagnes.

QUATRIÈME PARTIE

Sommaire. — § 1. Exposé des conclusions que comporte actuellement en France l'examen des différentes questions examinées jusqu'ici. § 2. La suppression du privilège : — 1° Suppression partielle avec allocation annuelle, en franchise, pour chaque bouilleur d'une quantité déterminée d'alcool à titre de consommation familiale. Cette solution est défectueuse parce qu'elle est contraire à la santé publique et qu'elle ne peut servir qu'incomplètement les intérêts du Trésor. — 2° Suppression totale consistant dans l'abolition complète et absolue du privilège. Cette solution s'impose car seule elle fait cesser l'inégalité devant l'impôt, seule elle satisfait l'hygiène, seule elle tarit la fraude à sa source. De quelle manière pratiquer cette suppression du privilège ? Exposé du système que nous proposons pour atteindre ce but.

Le principe fondamental d'une démocratie est assurément celui de l'égalité de tous les citoyens devant l'impôt ; la France a lutté pendant des siècles, elle a fait une Révolution pour instituer ce principe à la base même de sa législation fiscale, il ne souffre plus à l'heure actuelle d'autre grande exception que celle du régime des bouilleurs de cru. Une exception de cette nature ne pourrait se comprendre que si elle était destinée à servir les intérêts généraux de la nation ; or, elle ne satisfait en réalité qu'une classe de privilégiés au détriment tout à la fois de la santé publique, du Trésor et des intérêts économiques du pays.

Le régime actuel des bouilleurs de cru constitue pour eux un régime privilégié, et ils ne sauraient en aucune façon le réclamer comme un droit, quel que soit le temps durant lequel ils en aient joui. Le droit de propriété ne comporte pas, en effet, pour le propriétaire, la faculté de faire tout ce qu'il lui plaît à l'encontre de la société. Il est subordonné, quant à son mode de jouissance, aux nécessités imposées par l'intérêt général, et la législation en matière fiscale, comme en d'autres matières, en restreint le libre exercice, dans de nombreux cas. D'une manière générale, la fabrication de l'alcool est réglementée et surveillée, elle pourrait l'être chez les bouilleurs de cru sans que ce soit les priver de leur droit de disposer des produits de leur récolte que de les obliger à le faire sous certaines conditions de contrôle; si elle ne l'est pas, c'est pour eux une situation privilégiée.

Cette situation n'a pas d'ailleurs le caractère de généralité, puisque certains producteurs distillant les produits de leur récolte, tels que grains, betteraves, pommes de terre, maïs, n'en jouissent pas; que certains bouilleurs de cru sont eux-mêmes assimilés par la loi du 29 décembre 1900 (article 10), aux bouilleurs de profession à raison de la nature ou de la capacité de leurs appareils; et qu'en outre le régime des bouilleurs de cru ne s'applique pas à ceux qui, n'ayant pas récolté les matières premières mises en œuvre, mais les ayant achetées, en sont cependant, en droit, propriétaires au même titre que les récoltants. Ces circonstances, comme les textes mêmes relatifs à la matière, montrent bien que le régime des bouilleurs de cru est une dérogation à la règle, qu'il est non un droit mais un privilège.

L'impôt sur l'alcool est d'ailleurs un impôt de consommation, et c'est un principe fiscal que les taxes de consommation doivent être universelles, c'est-à-dire doivent atteindre tous ceux qui consomment le produit taxé. Quel que soit le droit du propriétaire sur sa récolte, il doit donc, en principe, payer l'impôt sur son alcool et se soumettre à la surveillance, à la fabrication et à la prise en charge des quantités produites puisque ces formalités n'ont d'autre but que d'assurer à la fois la perception des droits sur les quantités consommées par le producteur et de garantir le paiement de l'impôt sur les quantités qu'il destine à la consommation des autres et que par suite il livre à la circulation. Le fait d'avoir acquitté l'impôt foncier ne peut dispenser le producteur d'alcool de payer le droit de consommation sur son produit. À ce compte, les fabricants d'alcool mettant en œuvre les grains, les betteraves ou les pommes de terre provenant de leur récolte, en seraient exempts. C'est comme consommateur que le bouilleur devrait être astreint au paiement de l'impôt et c'est comme fabricant un produit destiné à la consommation et soumis à ce titre à des droits élevés qu'il devrait être soumis au contrôle et à la prise en charge comme les autres fabricants. Les conditions dans lesquelles sont actuellement placés les bouilleurs de cru, quant à la production et la consommation des eaux-de-vie constituent donc bien pour eux un véritable privilège.

.·.

Considérée dans ses rapports avec l'hygiène, la question des bouilleurs de cru ne peut être résolue que dans le sens de la suppression absolue de leur privilège. En accordant en effet aux bouilleurs, un régime privilégié, l'État commet au point de vue moral, une faute doublement grave, puisque, d'une part, il engage toute une catégorie de citoyens à faire usage d'eau-de-vie, donnant ainsi une estampille officielle au préjugé populaire de l'innocuité et même de l'utilité des alcools ; et que d'autre part, il autorise chez le bouilleur « l'empoisonnement en famille », sous forme d'une consommation familiale, qui par son mécanisme même, contribue dans une très large mesure à propager le goût des boissons spiritueuses et à développer ainsi l'alcoolisme. La conséquence est que près d'un million de familles françaises veulent « jouir du privilège » et risquent de devenir inconsciemment autant de centres d'alcoolisation, autant de foyers de contagion alcoolique ! Le maintien du privilège engendre encore d'autres abus. En premier lieu il laisse les bouilleurs libres de pratiquer une distillation défectueuse ; et en deuxième lieu, il leur permet de produire des quantités considérables d'alcools naturels, quantités qui augmentent, en fraude et dans une mesure importante, le taux de la circulation et de la consommation alcoolique. Pour l'hygiéniste un autre danger du privilège c'est qu'il accrédite la légende de l'innocuité des eaux-de-vie *naturelles* que nombre de gens croient pouvoir ainsi consommer impunément à faible et même à fortes doses pourvu qu'ils évitent l'ivresse : ce préjugé si répandu est l'origine habituelle de ce que Legrain a dénommé « l'alcoolisme sans le savoir. »

La vérité, c'est que les produits distillés par les bouilleurs de cru, loin d'être inoffensifs, possèdent toujours un pouvoir toxique et qui plus est un pouvoir toxique considérable, puisqu'ils atteignent en général un titre alcoolique élevé et renferment d'ordinaire de nombreuses impuretés. Bien plus, les eaux-de-vie des bouilleurs, dites naturelles, contiennent d'habitude davantage d'impuretés et dans une assez forte proportion que les eaux-de-vie d'industrie, dites artificielles, et l'on sait depuis les travaux de Riche, Joffroy et Serveaux, Daremberg, etc., que, considérées sous le rapport de leur coefficient de toxicité les premières sont plus dangereuses pour l'organisme que les secondes.

S'ensuit-il qu'on doive, innocenter les alcools industriels des méfaits de l'alcoolisme pour attribuer les susdits méfaits aux seuls alcools naturels ? Non, car on méconnaîtrait ainsi deux points essentiels : l'un c'est qu'on consomme infiniment plus en France d'alcool industriel que d'alcool naturel ; l'autre c'est que les boissons spiritueuses doivent la plus grande partie de leur toxicité à l'alcool lui-même qu'elles contiennent, alcool qui est sans contredit bien moins toxique que les impuretés habituelles des eaux-de-vie mais qui est tellement plus abondant que c'est lui qui joue le rôle principal comme poison vis-à-vis de l'organisme.

Mais, si l'alcool éthylique des eaux-de-vie peut être plus incriminé que leurs impuretés dans la genèse de l'alcoolisme, il en résulte que les produits distillés par les bouilleurs de cru méritent d'autant moins de bénéficier d'un privilège qu'ils sont presque toujours plus riches en teneur alcoolique que les eaux-de-vie de provenance industrielle : en effet, le titre alcoolique moyen de ces dernières est de 40° lors de leur mise en consommation, tandis que le titre alcoolique des eaux-de-vie de bouilleur de cru, eaux-de-vie que l'on boit telles qu'elles sont distillées, atteint d'ordinaire 50° et dépasse souvent ce chiffre.

Comment ne pas convenir après cela que le privilège constitue une prime à l'alcoolisme ?

À ce titre, sa suppression s'impose complète et définitive, car on ne saurait trop le répéter en favorisant la production clandestine, la circulation et la consommation en fraude d'eaux-de-vie qui ne sont défendables sous aucun rapport (pas plus du reste qu'aucune autre boisson spiritueuse au point de vue hygiénique), le privilège doit être considéré comme le grand responsable de l'alcoolisation si intense des pays de bouilleurs de cru où progressent chaque jour les méfaits de l'alcoolisme.

..

Le privilège n'est pas plus recommandable au point vue fiscal qu'au point de vue hygiénique. Il crée entre les bouilleurs de cru et les autres citoyens une situation dont l'inégalité est d'autant plus choquante qu'est plus élevé le montant des droits qui pèsent sur l'alcool imposé.

Il ne peut être admissible que le fait d'être propriétaire récoltant des substances dont on tire l'alcool, constitue un titre à l'exemption des taxes qui grèvent ce produit, quand ceux-là doivent les acquitter qui sont obligés de l'acheter parce qu'ils ne sont pas en situation de le fabriquer eux-mêmes.

La conséquence fiscale la plus importante du privilège des bouilleurs de cru est de faciliter la fraude et d'en favoriser l'extension. L'élévation même de l'impôt sur l'alcool est une prime qui ne fait qu'augmenter la fraude en augmentant la marge des bénéfices qu'il est aisé d'en tirer. La fraude se pratique sur tout le territoire, mais avec le plus d'intensité surtout dans les régions où la consommation est voisine de la production. Elle use des procédés les plus variés.

Elle est, pour les bouilleurs de cru, la principale raison de leur attachement au privilège, par le gain qu'ils trouvent à s'y livrer, et ils l'avouent eux-mêmes implicitement en repoussant comme préjudiciable à ce qu'ils appellent leurs intérêts, toute réglementation susceptible d'y mettre fin. D'ailleurs, la corrélation de la baisse des cours de l'alcool, et des moins values budgétaires avec l'abondance des récoltes qui favorise l'augmentation de la production des bouilleurs de cru, sont autant de preuves de la fraude, alors surtout que c'est dans les régions à bouilleurs de cru que se manifeste la diminution de l'impôt. Par contre, l'augmentation de la production de l'impôt pendant la période de suppression du privilège de 1873 à 1875 établit à son tour la réalité du préjudice que la fraude cause au Trésor. Ce préjudice, difficile à chiffrer exactement, peut cependant s'évaluer de façon à être suffisamment apprécié, en tenant compte à la fois de la production ostensible et de la production clandestine des bouilleurs de cru, et ne paraît pas être inférieur à 60 millions de francs. Les nécessités financières imposent l'obligation de saisir toute la production des bouilleurs pour taxer à la fois les quantités qu'ils consomment et celles qu'ils vendent clandestinement. Ce serait là le meilleur moyen de mettre fin à une situation qui constitue une prime à la fraude et une inégalité devant l'impôt.

.·.

Des mesures tendant à la réalisation de ce but seraient d'autant plus urgentes que le privilège des bouilleurs de cru, si préjudiciable au point de vue fiscal, est aussi injustifiable au point de vue économique.

Le privilège, en effet, sert à couvrir une augmentation, par le sucrage et le vinage, de la quantité des vins ; augmentation qui, à moins qu'elle ne fournisse matière à la distillation d'eaux-de-vie écoulées en fraude, ne peut que provoquer une baisse des cours sur le marché déjà si encombré des vins.

La distillation des vins ne peut, d'ailleurs, être le salut pour la viticulture, dont les souffrances sont causées par la surproduction. Les systèmes qui tendent à la pousser dans cette voie de la distillation à outrance, comme les projets de prime à la distillation des vins ou de droit différentiel en faveur des eaux-de-vie naturelles, présentent de graves dangers et ne sont pas de nature à remédier efficacement au mal qui se manifeste par la mévente des vins.

D'ailleurs, en augmentant la production des alcools au delà des besoins de la consommation, on déchaîne sur le marché des alcools une crise analogue à celle qui éprouve celui des vins.

Si l'on prétend remplacer dans la consommation, par mesures législatives, les alcools d'industrie par les eaux-de-vie naturelles, on condamne à la ruine la distillerie industrielle et en même temps les régions agricoles dont la prospérité est liée à la sienne, car les emplois industriels ne peuvent offrir un débouché suffisant pour absorber la totalité de la production d'alcool d'industrie : ils ne semblent pas pouvoir arriver en France, tout au moins durant de longues années encore, à en consommer plus du tiers ou de la moitié au maximum, la situation n'étant pas à ce point de vue encore comparable dans notre pays à ce qu'elle est en Allemagne.

En présentant la distillation comme le débouché de la production vinicole, on ne fait qu'encourager l'indéfinie surproduction des vins.

Or, c'est là précisément la cause de la crise. La surproduction a son origine dans le mauvais choix des cépages, dans l'extension de la culture de la vigne à des terrains qui, à raison de la nature de leur sol, devraient être réservés à d'autres emplois, dans l'usage exagéré des engrais, en un mot dans le mode d'exploitation qui a pour but de rechercher dans les récoltes la quantité qui n'est obtenue qu'au détriment de la qualité.

De là ces récoltes extrêmement abondantes, en certaines régions, composées pour une trop large part de vins défectueux, sans tenue, de conservation difficile, dont on a hâte de se défaire et qui, augmentant inconsidérément les stocks, alourdissent le marché et avilissent les cours. C'est dans une voie tout opposée qu'est le salut pour la viticulture : dans une sorte de concentration naturelle des vendanges par des modes rationnels de culture qui substituent dans la récolte la qualité à la quantité, assurant ainsi aux producteurs des vins ayant toujours leur prix.

Le privilège ne peut en rien contribuer à ces

résultats ; les avantages qu'il prétend procurer à la viticulture ne sont qu'illusoires, puisqu'ils n'aboutissent qu'à augmenter la quantité des vins à écouler. En réalité, cette façon de servir la viticulture, en lui procurant davantage encore de produits qu'elle ne peut déjà pas écouler, et qu'elle écoulerait alors avec d'autant plus de peine, ne peut que lui nuire.

Le privilège n'est pas moins étranger aux intérêts agricoles, puisqu'on voit progresser le nombre des bouilleurs de cru et leur production s'accroître sans que l'agriculture en tire aucun profit.

C'est que la fabrication, pas plus des gros que des petits bouilleurs n'est utile à l'agriculture, tandis qu'au contraire ce qui est de nature à lui procurer de grands avantages, c'est la fabrication des alcools de grains, de mélasses, de betteraves, de pommes de terre, de maïs, puisqu'en effet elle met en œuvre des substances qui ont le double caractère d'être au premier chef des produits agricoles et des produits du sol national et qu'elle fournit à la culture des résidus précieux pour l'alimentation du bétail et pour la fumure des terres.

Quant au commerce, le privilège des bouilleurs de cru lui cause le plus sérieux préjudice, contre lequel il ne cesse de protester.

La concurrence des bouilleurs de cru est aussi funeste au commerce de gros qu'au commerce de détail. Alimentée par un alcool mis en vente en fraude des droits, elle est absolument déloyale et, par répercussion, elle atteint la production des eaux-de-vie de marque comme les produits des Charentes qui font l'objet d'un commerce régulier et non d'un trafic basé sur la fraude.

II

Pour mettre fin à tout ce que la situation actuelle créée par le privilège a d'inquiétant pour la santé publique, de choquant pour les intérêts économiques et de préjudiciable au Trésor il ne saurait être question dans la pratique d'apporter d'autre remède qu'une réglementation qui enlève aux bouilleurs de cru leur régime exceptionnel.

Pour beaucoup d'hygiénistes et de moralistes la considération exclusive du but à atteindre a pu les amener à concevoir comme solution radicale, l'interdiction absolue de bouillir. C'est une conception théorique qui semble avoir pour elle le mérite d'être inspirée par la logique la plus rigoureuse. *sublata causa, tollitur effectus.*

Bien que séduisante comme moyen de prophylaxie contre l'alcoolisme, cette solution qui serait la négation même du droit de propriété présente l'inconvénient d'être irréalisable parce qu'elle méconnaît l'ensemble des conditions économiques dans lesquelles s'opère en France la fabrication de l'alcool.

L'alcool provient, en effet, de la fermentation du sucre qui se trouve dans tous les fruits que presque toutes les régions du territoire français produisent abondamment par suite du climat et de la fertilité du sol. La culture de la vigne et des arbres fruitiers, qui prend de jour en jour à présent plus d'extension, met donc à la portée de tous la matière première de la distillation. Lorsque la production d'alcool met en œuvre des substances amylacées ou féculentes, l'opération est compliquée parce qu'il faut d'abord transformer en glucose, l'amidon ou la fécule. Lorsqu'il s'agit de betteraves ou de mélasses l'opération devient déjà plus simple puisque le sucre est tout formé dans les substances employées. Elle est en quelque sorte élémentaire pour le bouilleur qui distille les marcs, les fruits qu'il met fermenter dans un tonneau, les vins et les cidres qu'il a à sa disposition. Si l'on peut dénier au bouilleur le droit de distiller sa récolte en dehors de toute réglementation et de tout contrôle, on ne peut lui interdire d'en tirer parti de cette façon du moment qu'il se conforme aux prescriptions qu'il appartient au législateur de lui imposer. Pour empêcher de bouillir il faudrait interdire en France la culture de la vigne et des arbres fruitiers, comme on interdit la culture du tabac. Il n'est pas besoin d'insister pour montrer combien pareille mesure est irréalisable.

Dès lors que le bouilleur trouve à sa portée les substances dont il peut extraire l'alcool, on ne peut lui interdire de distiller si on laisse à sa disposition les matières premières de la distillation. Comme il est pratiquement impossible de songer à les lui enlever, c'est donc une utopie que de vouloir supprimer le bouilleur en lui interdisant de bouillir.

Par contre, il est assurément rationnel et utile de mettre un terme à la situation qui permet aux bouilleurs de distiller sans déclaration ni contrôle. C'est uniquement à supprimer le privilège qu'il convient donc de s'attacher.

Comment effectuer cette suppression et parmi les solutions qu'il est possible éventuellement de réaliser, doit-on s'arrêter à la suppression partielle ou aller jusqu'à la suppression complète?

La suppression partielle du privilège des bouilleurs de cru consiste tout en soumettant leur production à une réglementation sérieuse, à exonérer des droits une quantité d'alcool qui leur est allouée annuellement à titre de consommation familiale. C'est une mesure de ce genre qu'édictait la loi du 2 août 1872 lorsqu'en plaçant les bouilleurs de cru sous le régime des bouilleurs de profession, elle leur accordait l'exemption des droits sur 40 litres d'alcool pur, par an, et par bouilleur, allocation réduite ensuite à 20 litres. On ne saurait contester toute utilité à une solution de ce genre, au point de vue fiscal, puisque la seule suppression partielle du privilège, de 1873 à 1875, a rapporté au Trésor plus de 45 millions. Mais elle n'est cependant qu'une atténuation du préjudice que le privilège cause au Trésor. Toute demi-mesure a d'abord ce résultat fâcheux de constituer un atermoiement et par suite de retarder l'avènement de la solution vraiment efficace à laquelle on doit finir par se rallier.

Dans l'espèce, l'allocation familiale en franchise laisse subsister l'inégalité, puisque les autres citoyens doivent payer l'impôt sur toutes les quantités qu'ils consomment. Elle laisse, en outre, à la fraude, la porte grande ouverte, et l'on sait si les bouilleurs de cru se font scrupule d'y passer.

Ils en ont d'abord trop l'habitude pour y renoncer d'eux-mêmes si on ne les en empêche en la leur fermant complètement. Elle aboutit fatalement à ce résultat que l'immense majorité des bouilleurs déclare ne pas produire au delà des quantités allouées en franchise, et reste alors en dehors de la réglementation édictée. On l'a bien vu en 1872, où sur 278 000 bouilleurs, 240 000 échappèrent à toute surveillance sous prétexte qu'ils ne produisaient pas plus de 40 litres par an, et lorsqu'en présence de la continuation de la fraude on réduisit l'allocation à 20 litres, 220 000 bouilleurs purent encore se soustraire au contrôle de la production. Pour tarir la fraude à sa source il n'y a pas d'autre moyen que de supprimer toute allocation familiale.

La morale et l'hygiène s'opposent bien plus encore que les intérêts fiscaux et économiques de ce pays à cette allocation d'une quantité déterminée d'alcool en faveur de chaque bouilleur.

Il y a là une question de principe qu'aucun compromis ne peut entamer aujourd'hui où il est définitivement acquis à la science qu'il n'y a rien d'hygiénique dans l'alcool et où tout esprit avisé est à même de mesurer l'étendue des dangers pouvant résulter non seulement de l'abus mais de l'usage des boissons spiritueuses. Quand on sait que la suppression partielle du privilège entraînerait pour le bouilleur le droit de consommer en famille chaque année une quantité d'alcool à 100° d'au moins 10 litres, ce qui représente environ 25 litres d'eau-de-vie, on ne peut s'empêcher de jeter un cri d'alarme et de protester contre une mesure éventuelle qui aurait pour effet de continuer à développer en France comme par le passé le goût des boissons alcooliques ! Nous n'insisterons pas davantage sur les dangers d'une allocation familiale qui, en résumé, est susceptible des mêmes critiques au point de vue sanitaire que le maintien intégral du privilège des bouilleurs : estampille officielle au préjugé de l'utilité et de l'innocuité des eaux-de-vie, empoisonnement en famille, contagion de l'alcoolisme, alcoolisation à l'aide d'eaux-de-vie naturelles riches en impureté et d'un degré de concentration alcoolique élevé. C'en est assez de tout cela pour démontrer, une fois de plus, qu'au point de vue des intérêts bien compris du Trésor, et des exigences de l'hygiène sociale c'est l'abolition absolue du privilège qu'il faut réclamer du parlement.

⁂

La réglementation dont le principe se trouve dans la loi du 29 décembre 1900 et dont les détails d'application sont réglés par le décret du 23 août 1901 équivaut à une sorte de suppression partielle du privilège. Elle fait passer en effet, sous un régime analogue, en ses grandes lignes, à celui des bouilleurs de profession, à raison de la contenance ou de la nature de leurs appareils, un certain nombre de bouilleurs de cru qui jusqu'alors jouissaient du privilège dans son intégralité et elle leur alloue en franchise 20 litres d'alcool pur, par producteur et par an, à titre de consommation familiale. Nous avons eu déjà à l'apprécier, après avoir exposé toutes les dispositions dont elle se compose. Nous avons vu alors combien était critiquable la distinction faite entre bouilleurs. Cette réglementation est en outre insuffisante et la meilleure preuve que l'on en puisse donner, c'est que M. Caillaux, alors ministre des finances n'évaluait pas à plus de 3 millions le produit que le trésor pouvait tirer de son application. On ne saurait mieux montrer dans quelle large mesure elle laisse subsister la fraude avec toutes ses conséquences.

Mais les obligations imposées aux gros bouilleurs par cette réglementation, excellentes dans leur principe, n'appellent la critique que par ce qu'elles ne s'étendent qu'à une partie des producteurs. Il ne reste donc qu'à faire un pas de plus dans la voie dans laquelle on s'est engagé. Non pas certes qu'il convienne d'étendre ces obligations telles qu'elles sont à tous les bouilleurs de cru qui jouissent encore d'un privilège injustifié. Ceux d'entre eux qui sont propriétaires d'un alambic devraient seuls recevoir l'application des dispositions édictées pour les bouilleurs que vise le § 2 de l'article 10 de la loi du 29 décembre 1900.

Il n'y aurait plus ainsi aucune distinction basée sur la nature ou la capacité des appareils. La réglementation se trouverait être uniforme pour tous les bouilleurs de cru propriétaires d'appareils à distiller : ce serait celle qu'établit le décret du 23 août 1901.

Quant aux bouilleurs de cru qui n'ont pas d'appareils distillatoires et ont habituellement recours à un loueur d'alambic ambulant, il conviendrait d'assurer autrement à leur égard le contrôle effectif de leur fabrication. Ceux des bouilleurs qui n'auraient qu'une production insuffisante, encore qu'ils fussent détenteurs d'un alambic pourraient être placés dans la même situation et leur appareil mis sous scellés, si en raison du peu d'importance de leur fabrication ils jugeaient préférable de n'avoir pas à subir chez eux le contrôle à la production.

La nécessité de décréter à l'égard de cette seconde catégorie de bouilleurs de cru, non propriétaires d'appareils, une réglementation différente vient particulièrement de leur nombre. Sur 4 à 500 000 bouilleurs qui distillent dans les bonnes années, celles de récolte abondante, 50 à 60 000 seulement ont des alambics. Ce sont ceux-là qui seraient tous astreints aux obligations prescrites par le décret du 23 août 1901. Quant à la multitude des autres, il est en effet pratiquement impossible de les soumettre à la même surveillance.

La solution naît précisément des habitudes prises par eux de recourir à l'alambic ambulant; elle réside dans le groupement de ces bouilleurs, dans la concentration de leurs opérations sur des points déterminés. Ce qu'il importe de réaliser, c'est donc la généralisation d'un système que recommandait la commission extra-parlementaire de 1887, que préconisait avec toute l'autorité qu'il donnait à ses opinions un économiste et un financier de la valeur de Léon Say, et dont le décret du 23 août 1901 a posé les premières assises dans son article 47. Ce système consiste dans l'établissement d'un local public de distillation dans lequel les petits récoltants viendraient faire distiller leurs produits. Qu'il soit ouvert par les communes, des associations syndicales ou des particuliers, peu importe. C'est à ce local et non au domicile des récoltants que s'opérerait le contrôle à la production. Le régime de la distillerie, quant aux jours et aux heures de travail, les mesures de surveillance des opérations et de contrôle des quantités fabriquées seraient déterminées par l'administration. L'alcool serait conservé dans un dépôt commun. Pour éviter la multiplicité des comptes à tenir par l'administration des contributions indirectes, l'alambic ne fonctionnerait pas pour une quantité moindre de 2 hectolitres à la fois d'alcool pur. Les propriétaires qui voudraient, et ne pourraient obtenir que des quantités inférieures n'auraient qu'à se réunir pour parfaire le quantum exigé. Le service prendrait ainsi en charge, non pas le compte particulier de chaque bouilleur, mais le compte total de ce syndicat de bouilleurs. Il est évident que le dépôt à l'entrepôt public pourrait au gré du récoltant s'effectuer dans des bonbonnes différentes, afin que chaque propriétaire puisse profiter de la qualité particulière de ses eaux-de-vie. Les récoltants qui feraient ainsi distiller leur vins, cidres, poirés, marcs et lies, cerises ou prunes dans cet établissement de distillation pourrait être affranchis de toute déclaration. Ils jouiraient sur les eaux-de-vie ramenées à leur domicile, s'ils le désiraient, du crédit des droits, pourvu qu'ils se munissent d'un acquit à caution et se soumettent dans le local où sont déposées les eaux-de-vie, aux obligations imposées aux marchands en gros, le payement de la licence excepté.

L'impôt étant ainsi acquitté ou garanti à l'enlèvement du local public, l'action du service cesserait au moment même où l'alcool aurait été introduit au domicile du récoltant. Ce serait là, à n'en pas douter, la solution la plus simple et la plus rationnelle du délicat problème des bouilleurs de cru, et il faudrait en vérité qu'ils aient bien peur de ne plus pouvoir frauder pour la repousser [1])

Les mécomptes dans le rendement de l'impôt ont

---

[1]) La solution que nous proposons se résume en ceci : distinction des bouilleurs de cru selon qu'ils ont un alambic pour leur distillation ou qu'ils recourent à un alambic ambulant. Pour les premiers assujettissement à la réglementation édictée par le décret du 23 août 1901. Pour les seconds, distillation dans un local public, dans lequel, et non au domicile du bouilleur, s'exerce la surveillance à la production.

A cela s'ajoute naturellement la faculté par les bouilleurs possesseurs d'alambics et ne produisant réellement que de petites quantités, de mettre mis en évidence les lacunes de la législation nouvelle en ce qui concerne la production des bouilleurs de cru et ne font qu'accroître la nécessité de compléter l'œuvre commencée en appliquant à tous les bouilleurs sans exception une réglementation sérieuse.

Les prévisions budgétaires fixaient, pour l'année 1901, à plus de 400 millions le rendement de l'impôt sur l'alcool. Le tarif, pour obtenir ce résultat, avait été relevé de 156 fr. 25 à 220 fr., soit 63 fr. 75 ou 41 p. 100 d'augmentation. On avait, dans les évaluations, prévu que ce rehaussement considérable pourrait amener une diminution de la consommation qui ne fut pas estimée à moins de 90,000 hectolitres. C'était sans doute insuffisant pour éviter dans les recouvrements la moins-value qui s'est effectivement produite et qui, l'impôt ayant donné 320 millions, a atteint plus de 80 millions [1]. Mais si

leur alambic sous scellés pour se ranger dans la seconde catégorie et distiller dans le local public.

Une autre solution, en ce qui concerne la situation à faire à ces bouilleurs de cru, petits producteurs, mais usant pour produire d'un alambic à eux, une autre solution a été proposée qui leur permet de distiller avec leur appareil. Elle consiste à distinguer aussi d'abord les bouilleurs possesseurs d'un alambic de ceux qui n'en n'ont pas. Puis à faire parmi les premiers une sous-distinction : les gros bouilleurs, assimilés aux bouilleurs de profession, et les petits bouilleurs soumis à une surveillance moins étroite dont les grandes lignes sont : la déclaration des quantités à distiller et de leur degré alcoolique avant le commencement des opérations, — la prise en charge, à la cessation des opérations et la mise sous scellés des appareils, — un récollement annuel avant la récolte de l'année suivante, afin de constater s'il y a lieu les manquants et de leur appliquer l'impôt, si la récolte n'a pas été vendue, ou de faire une nouvelle prise en charge s'il y a des excédents. La pierre d'achoppement de ce système, c'est le critérium à adopter pour distinguer les gros bouilleurs et les petits. Nous avons vu (troisième partie) combien est critiquable celui qui se fonde sur la nature et la capacité des appareils, et l'on n'en conçoit guère d'autre. Cette solution offre dans la pratique des difficultés que ne présente pas celle que nous proposons.

[1] Exactement 83 487 100 francs.

le produit de l'impôt sur l'alcool a diminué cela est dû moins à la surtaxe qu'à d'autres causes. Dès le commencement de l'année le phénomène de moins-value a commencé de se produire. On ne s'étonnait pas alors. La seule annonce de la loi ayant poussé les intéressés à faire des approvisionnements, il fallait donner à ceux-ci le temps de s'écouler. Au début, l'explication était plausible, mais elle devenait de plus en plus insuffisante à mesure qu'on avançait d'un mois à l'autre et que le déficit s'accentuait. On a alors invoqué l'abaissement du degré des alcools qui permet que, pour un même nombre de petits verres débités, la quantité d'alcool pur se trouve sensiblement réduite. Mais, outre que cet abaissement est moins sensible dans les campagnes que dans les grandes villes, c'est un procédé auquel on ne peut recourir longtemps, ni sans grands ménagements, car le consommateur s'aperçoit vite qu'il n'a pas son compte et le degré des spiritueux finit par regagner son ancien niveau. On s'est en outre demandé s'il ne conviendrait pas de voir dans le fléchissement de la consommation un résultat de la campagne anti-alcoolique. Plût au ciel qu'il en fût ainsi, mais il reste encore de bonnes raisons de croire qu'elle n'a pu produire encore assez d'effets pour arriver à un résultat aussi important que celui que marque la diminution des rentrées du Trésor sur l'alcool.

La véritable cause a fini par s'imposer à tous les esprits. C'est l'exceptionnelle récolte de vins et de cidres des deux dernières années. Il y a, en effet, une proportion inverse entre la quantité de vins et de cidres récoltée et la quantité d'alcool consommée. La dépression de la consommation de l'alcool en ces circonstances se manifeste de deux façons : d'une part, augmentation de la quantité de vins et de cidres consommée (et la diminution des prix provenant à la fois de l'abondance de la récolte et du dégrèvement fiscal ne pouvait qu'y contribuer), augmentation qui fait que le verre de vin ou le pichet de cidre tend à remplacer les spiritueux dans la consommation de cabaret; d'autre part, substitution des eaux-de-vie de cru produites et consommées en franchise, sous le couvert du privilège, aux alcools imposables.

C'est là un fait caractéristique, attesté maintes fois par l'expérience. Nous avons vu qu'il s'était produit, en 1894, comparativement à 1892, après l'abondante récolte de 1893. La diminution dans le rendement du droit sur l'alcool fut alors surtout accusée dans les départements où les opérations des bouilleurs de cru ont le plus d'importance : elle atteignit 19,87 p. 100 dans l'Eure, 13,51 dans l'Hérault, 24,90 dans la Manche, 30,08 dans l'Yonne, 31,26 dans la Sarthe, et 48,26 dans l'Orne.

Elle apparaît encore en 1901, stimulée davantage par l'augmentation de prime qu'offre à la fraude l'élévation du tarif. Pour les trois premiers mois de 1901, quand la récolte de 1900 faisait seule sentir son influence, la diminution du rendement atteint 24,80 p. 100 dans l'Hérault, 20,29 dans l'Eure, 23,04 dans la Manche, 26 dans l'Yonne, 32,74 dans la Sarthe et 42,87 dans l'Orne. La récolte de 1901 est venue à son tour abaisser la consommation d'alcool imposable dans le dernier trimestre de l'année. Le relevé du montant des quantités imposées par départements, en 1899 et en 1901, est édifiant à cet égard, et l'on y voit nettement l'influence néfaste

que fait peser sur les recettes du Trésor le privilège
des bouilleurs de cru.

		1899 hectolitres	1900 hectolitres
	Hérault	16 032	10 570
	Eure	38 922	28 730
Quantités	Manche	40 408	30 691
imposées	Yonne	6 066	4 500
	Sarthe	24 343	14 609
	Orne	21 602	14 900

Au total, l'année 1901 présente sur l'année 1899 une
diminution de 407 962 hectolitres pour les quantités
imposées dans laquelle les départements à bouilleurs de cru (bouilleurs de cidres, de marcs, de vins,
de fruits) interviennent pour 60 p. 100, tandis que
les autres départements n'y entrent qu'à concurrence
de 40 p. 100 ; c'est absolument concluant.

De toutes les causes qui peuvent influer sur le
fléchissement des quantités imposées, c'est là la plus
importante : développement de la consommation des
quantités produites en franchise et clandestinement
par les bouilleurs de cru.

Si cette cause est moins certaine que les autres
quant à l'époque où elle se fait sentir, puisque comme
le développement de la consommation des boissons
hygiéniques, elle exige comme condition première
l'abondance des récoltes, elle se reproduit avec une
régularité remarquable chaque fois que les circonstances qui l'engendrent viennent à nouveau à se ren-
contrer. Des deux phénomènes par lesquels se manifeste, au détriment du Trésor, l'abondance des
récoltes en vins et en cidres, chacun mérite une
appréciation différente, encore que le résultat final
soit le même : la moins-value budgétaire. Le déplacement de consommation qui fait qu'on boit plus de

cidre et de vin et moins d'alcool, s'il est préjudiciable à l'exacte réalisation des prévisions de recettes, est au moins favorable à la santé publique. Mais quant à la substitution, dans la consommation, des alcools produits sous le couvert du privilège aux alcools imposables, elle est déplorable à tous les points de vue, puisque l'hygiène et le budget en pâtissent tous deux ensemble. Elle favorise le développement de l'alcoolisme; par elle, en outre, la fraude s'étend et entre dans les habitudes des récoltants. Si elle se pratique avec plus d'intensité les années où les bouilleurs ont de plus grandes quantités d'alcool à écouler, elle n'en existe pas moins à toute époque; la fissure ouverte existe toujours, elle s'élargit plus ou moins, mais il est évident que l'alcool qui est ainsi distillé pour la consommation familiale trouve toujours dans le taux élevé de l'impôt une prime trop forte pour qu'il ne vienne pas s'efforcer d'en profiter en s'introduisant dans ce qui devrait rester le domaine de la consommation imposable. Le privilège des bouilleurs de cru est donc une menace perpétuelle de moins-value dans la rentrée des impôts.

Le budget de la France a trop de charges à supporter pour que les immunités injustifiées dont jouissent certains contribuables viennent ainsi peser de tout leur poids dans le plateau du déficit. Il faut que tous payent l'impôt de consommation établi sur l'alcool; il faut pour cela qu'aucune quantité produite n'échappe à la prise en charge de la régie; il faut « boucher toutes les fissures par lesquelles s'échappe une si grande partie des revenus de l'État. »(¹)

(¹) M. Rouvier, ministre des finances. — Déclaration à la commission des crédits de la Chambre des députés, 1ᵉʳ juillet 1902.

Au moment où les recettes budgétaires sur l'alcool accusent une moins-value qui pour l'année 1901 atteignait **83** millions de francs, n'est-il pas intéressant de constater que c'est précisément à cette somme que pourrait en moyenne, s'élever annuellement le produit de l'application de l'impôt à la suite de la suppression totale du privilège ! Il ressort, en effet, des évaluations que nous avons faites, lors de l'examen des bouilleurs de cru, au point de vue fiscal, que la taxation de toutes les quantités absorbées par la consommation familiale procurerait au Trésor, environ **25** millions, et la taxation de toutes les quantités écoulées en fraude de **55** à **60** millions, soit une recette globale qui atteindrait au bas mot **80** millions de francs. Il y a là une ressource fiscale de bon aloi, à laquelle l'hygiène et l'intérêt bien compris de la grande majorité des contribuables invitent à recourir à bref délai.

ANNEXES

LÉGISLATION

ANNEXES

I. — LÉGISLATION

Loi du 28 avril 1816.

Art. 69. — La vente en détail des boissons ne pourra être faite par les bouilleurs ou distillateurs pendant le temps que durera leur fabrication. Cette vente pourra toutefois être autorisée, si le lieu du débit est totalement séparé de l'atelier de distillation.

Art. 90. — . . . .
Les bouilleurs de cru qui feront transporter les produits de leur distillation dans des caves ou magasins séparés de la brûlerie n'auront droit à la même exemption (celle du droit de consommation) qu'en soumettant ces caves ou magasins aux exercices des préposés de la régie.

Art. 97. — Les négociants, les marchands en gros, courtiers, facteurs, commissionnaires, commissionnaires de roulage, dépositaires, distillateurs, bouilleurs de profession et autres, qui voudront faire le commerce des boissons en gros (qu'ils soient ou non entrepositaires, s'ils habitent un lieu sujet aux entrées), seront tenus de déclarer les quantités, espèces et qualités des boissons qu'ils possèdent, tant dans le lieu de leur domicile qu'ailleurs.

Art. 100. — Les dénommés en l'article 97 pourront transvaser, mélanger et couper leurs boissons hors la présence des employés : les pièces ne seront pas marquées à l'arrivée ; seulement, il sera tenu, pour les boissons en leur possession, un compte d'entrée et de sortie dont les charges seront établies d'après les congés, acquits-à-caution ou passavants qu'ils seront tenus de représenter, sous peine de saisie, et les décharges d'après les quittances du droit de circulation.

. . . .

ART. 138. — Les distillateurs et bouilleurs de profession seront tenus de faire, par écrit, avant de commencer à distiller, toutes les déclarations nécessaires pour que les employés puissent surveiller leur fabrication, en constater les résultats et les prendre en charge sur leurs portatifs.

Il leur sera délivré des ampliations de leurs déclarations, qu'ils devront représenter à toute réquisition des employés pendant la durée de la fabrication.

ART. 142. — Les directeurs de la Régie sont autorisés à convenir, de gré à gré, avec les bouilleurs de profession, d'une base d'évaluation pour la conversion des vins, cidres, poirés, lies, marcs ou fruits en eaux-de-vie ou esprits.

ART. 236. — Les visites et vérifications que les employés sont autorisés à faire pendant le jour seulement, ne pourront avoir lieu que dans les intervalles de temps déterminés par l'article 26 de la présente loi [1].

---

[1] ART. 26. — Les boissons ne pourront être introduites dans un lieu sujet aux droits d'entrée que dans les intervalles de temps ci-après déterminés, savoir :

1° Pendant les mois de janvier, février, novembre et décembre, depuis sept heures du matin jusqu'à sept heures du soir ;

2° Pendant le mois de mars, avril, septembre et octobre, depuis six heures du matin jusqu'à six heures du soir.

3° Pendant les mois de mai, juin, juillet et août, depuis cinq heures du matin jusqu'à huit heures du soir.

Loi du 20 juillet 1837.

Art. 7. — Tout manquant extraordinaire qui sera reconnu chez les marchands en gros ou entrepositaires de boissons, en sus du déchet légal accordé pour l'année entière, sur les quantités emmagasinées, sera immédiatement soumis au droit.

Art. 8. - - Seront seuls considérés comme bouilleurs de cru, et continueront à être exemptés, à ce titre, du payement de la licence ainsi que des obligations imposées par le chapitre 6 de la loi du 28 avril 1816, les propriétaires ou fermiers qui distilleront exclusivement les vins, cidres ou poirés, marcs et lies provenant de leur récolte.

. . . .

Art. 10. - - La déclaration à laquelle sont tenus les bouilleurs de profession, en vertu de l'article 141 de la loi du 28 avril 1816, énoncera la force alcoolique du liquide mis en distillation, laquelle sera vérifiée par les employés de la Régie et déterminera le minimum de la prise en charge des produits de la fabrication.

En cas de contestation, la force alcoolique sera constatée par des expériences faites contradictoirement.

. . . .

Loi du 10 août 1839.

. . . .

Art. 15. — A partir de la promulgation de la présente loi, les propriétaires qui distillent exclusivement les cerises et prunes provenant de leur récolte seront ajoutés à la nomenclature des bouilleurs de cru de l'article 8 de la loi du 20 juillet 1837 et, comme tels, dispensés de la licence et de l'exercice.

Loi du 28 février 1872.

ARTICLE PREMIER. — Les déclarations exigées, avant l'enlèvement des boissons, par l'article 10 de la loi du 28 avril 1816, contiendront, outre les énonciations prescrites par ledit article, l'indication des principaux lieux de passage que devra traverser le chargement et celle des divers modes de transport qui seront successivement employés, soit pour toute la route à parcourir, soit pour une partie seulement, à charge, dans ce dernier cas de compléter la déclaration en cours de transport.

Les contraventions aux dispositions du présent article seront punies de la confiscation des boissons saisies et d'une amende de 500 à 5.000 francs.

Loi du 2 août 1872.

. . . .

ART. 6. — La disposition de la loi du 21 avril 1832, qui oblige les distillateurs et les marchands en gros établis dans les villes à présenter une caution solvable qui s'engage solidairement avec eux à payer les droits constatés à leur charge, est rendue applicable, pour les taxes générales et locales, à tous les distillateurs de profession et à tous les marchands en gros indistinctement.

. . . .

ART. 7. — Les contraventions à la présente loi et toutes autres contraventions qui, se rapportant à la distillation ainsi qu'au commerce en gros ou en détail des spiritueux, donnent lieu maintenant à l'application des articles 95, 96, 106 et 143 de la loi du 28 avril 1816, seront frappées des peines édictées par l'article 1er de la loi du 28 février 1872.

Décret du 4 décembre 1872.

ARTICLE PREMIER. — Les déductions à allouer annuellement aux marchands en gros et autres entrepositaires pour ouillage, coulage, soutirage, affaiblissement de degré et pour tous autres déchets sur les alcools et liqueurs, tant en cercles qu'en bouteilles, seront uniformément calculées dans toute la France à raison de 7 p. 100.

(Modifié par l'article 10 de la loi du 16 décembre 1897.)

Loi du 21 juin 1873.

ART. 6. — Tout transport de spiritueux, sans expédition ou avec une expédition inapplicable, donnera lieu aux pénalités édictées par l'article 1er de la loi du 28 février 1872.

Les déclarations d'enlèvement d'alcools et spiritueux devront porter la contenance de chaque fût et le degré avec un numéro correspondant à celui placé sur le fût.

ART. 7. —

Une tolérance de 1 p. 100, soit sur la contenance, soit sur le degré, est accordée aux expéditeurs sur leurs déclarations d'alcools, spiritueux, vins, cidres, poirés et hydromels ; mais les quantités reconnues en excédent seront prises en charge au compte du destinataire.

ART. 9. — Toute personne convaincue d'avoir sciemment recélé dans des caves, celliers, magasins ou autres locaux dont elle a la jouissance, des boissons qui auront été reconnues appartenir à un débitant, à un marchand en gros, à un distillateur ou à un bouilleur, sera punie des peines portées par l'article 7 de la présente loi ou par l'article 1er de la loi du 28 février 1872, suivant le cas, sans préjudice des peines encourues par l'auteur de la fraude.

Loi du 21 mars 1874.

. . . .

ART. 3. — Un règlement d'administration publique déterminera les mesures nécessaires pour assurer la perception de l'impôt dans les distilleries.....

Les contraventions aux dispositions de ce règlement seront passibles des peines édictées par l'article 1er de la loi du 28 février 1872.

Lois des 14-17 décembre 1875.

ARTICLE UNIQUE. — Les propriétaires qui distillent les vins, marcs, cidres (1), prunes et cerises provenant exclusivement de leurs récoltes, sont dispensés de toute déclaration préalable et sont affranchis de l'exercice.

(1) Cette déclaration s'étend aux poirés. (Déclaration du Ministre des finances, séance de l'Assemblée nationale du 14 décembre 1875).

Décret du 15 avril 1881.

portant règlement d'administration publique : 1° sur les distilleries de vins, cidres, poirés, lies, marcs et fruits ; 2° sur les distilleries qui, mettant en œuvre d'autres matières, ne sont pas régies par les règlements des 18 et 19 septembre 1879 ; 3° sur les distilleries ambulantes.

RÈGLEMENT B

(Inséré au *Journal Officiel* du 26 juin 1881).

LE PRÉSIDENT DE LA RÉPUBLIQUE FRANÇAISE,

Sur le rapport du Ministre des finances ;

Vu l'article 3 de la loi du 21 mars 1874, ainsi conçu :

« Un règlement d'administration publique déterminera les « mesures nécessaires pour assurer la perception de l'impôt « dans les distilleries.

« Les contraventions aux dispositions de ce règlement sont « passibles des peines édictées par l'article 1er de la loi du « 28 février 1872. »

Vu la loi du 28 avril 1816, notamment les articles 97, 100 117, 118, 138, 139, 140, 141, 142, 235 et 236 ;

Vu les lois des 23 avril 1836 et 20 juillet 1837 ;

Vu la loi du 28 février 1872 ;

Vu l'article 7 de la loi du 2 août de la même année ;

Vu le décret du 4 décembre 1872 ;

Vu la loi du 21 juin 1873 ;

Vu les décrets des 18 et 20 juillet 1878 ;

Le Conseil d'État entendu,

Décrète :

Article premier. — Le présent règlement est applicable :

1° Aux distilleries de vins, cidres, poirés, lies, marcs et fruits qui ne se trouvent pas dans les conditions prévues par la loi des 14-17 décembre 1875 ;

2° Aux distilleries qui, mettant en œuvre d'autres matières, ou recevant des esprits du dehors, obtiennent, par de simples distillations, ou par des opérations de rectification, des produits propres à être livrés directement à la consommation, et dans lesquelles l'Administration ne juge pas utile d'établir un service de surveillance permanente, conformément aux prescriptions du règlement A du 18 septembre 1879 ;

3° Aux distilleries ambulantes.

Art. 2. — Les employés de la Régie des Contributions indirectes sont autorisés à pénétrer à toute heure du jour dans les distilleries auxquelles s'applique le présent règlement et à y exercer une surveillance permanente. Ils peuvent également s'y introduire de nuit pour y exercer leur surveillance, lorsqu'il résulte des déclarations faites par les distillateurs que les usines sont en activité.

Les distillateurs qui procèdent à des opérations de distillation ou de rectification en dehors des heures de travail indiquées dans leurs déclarations sont passibles des peines édictées par l'article 1er de la loi du 28 février 1872.

Art. 3. — L'Administration peut exiger que deux chaises et une table avec tiroir fermant à clef soient mises à la disposition des employés dans l'intérieur de la distillerie.

Le prix de location de ces meubles est fixé de gré à gré et, à défaut de fixation amiable, réglé par le Préfet.

Art. 4. — Toute communication intérieure entre les locaux affectés à des opérations de distillation ou de rectification et les bâtiments voisins non occupés par les fabricants est interdite et doit être supprimée.

Est également interdite et doit être supprimée toute communication entre ces locaux et ceux dans lesquels les distillateurs et les rectificateurs fabriquent ou emmagasinent des liqueurs ou des fruits à l'eau-de-vie.

Si des vins destinés à être vendus en nature sont emmagasinés dans des locaux en communication intérieure avec la distillerie, l'agencement des appareils de distillation, des conduits et des récipients, doit être établi de telle sorte que les alcools arrivent en vases clos et que, dans le trajet, aucune quantité ne puisse être soustraite à la prise en charge. Les récipients dans lesquels seront reçus les alcools ne pourront être, dans ce cas, ouverts qu'en présence des agents des Contributions indirectes. Ils seront scellés du plomb de la Régie.

Le distillateur est tenu, dans le délai d'un mois à partir du jour où il en est requis par l'Administration, d'intercepter, par une construction en maçonnerie, les communications interdites.

Art. 5. — Les numéros et l'indication de la contenance des chaudières, alambics et autres vaisseaux déclarés en exécution des articles 117 et 118 de la loi du 28 avril 1816, doivent être peints à l'huile, en caractères ayant au moins cinq centimètres de hauteur, par les soins et aux frais du déclarant.

Art. 6. — Pour le pesage et le mesurage des produits de toute nature, lors des exercices, des recensements, des inventaires et de la vérification des chargements, au départ ou à l'arrivée, les distillateurs sont tenus de fournir les ouvriers, ainsi que les ustensiles nécessaires.

Art. 7. — L'Administration a la faculté de faire installer à ses frais, et dans les conditions qu'elle déterminera, des compteurs destinés à mesurer les vins, les cidres ou poirés introduits dans les alambics, et les quantités de liquide alcoolique qui coulent de chaque appareil à distiller ou à rectifier.

Art. 8. — Tout récipient destiné à contenir de l'alcool, sauf les futailles employées pour l'emmagasinement et le transport, doit être muni d'un indicateur avec un tube en verre disposé de manière à présenter extérieurement le niveau du liquide. Ces indicateurs, dont l'échelle doit être graduée par centimètres, peuvent être remplacés par une jauge métallique également graduée par centimètres. Deux ouvertures dans chaque récipient sont ménagées aux points indiqués par les employés pour l'entrée de la jauge.

Art. 9. — Les distillateurs dont la production moyenne est au moins de six hectolitres d'alcool par jour doivent être pourvus à leurs frais d'un dépotoir ou d'un hectolitre, et ceux dont la production est inférieure à six hectolitres, d'un hectolitre ou d'un décalitre.

Chacun de ces instruments de mesurage, dûment contrôlé par le vérificateur des poids et mesures, doit être muni, savoir :

Le dépotoir, d'une échelle graduée par litres pour une contenance d'un hectolitre au moins ;

L'hectolitre et le décalitre, d'une jauge métallique graduée par litres.

Art. 10. — Les déclarations prescrites par la loi du 28 avril 1816, relativement à la profession de distillateur et à la contenance des chaudières, cuves et bacs dont il doit être fait usage dans les distilleries, doivent être déposées à la recette buraliste quinze jours au moins avant le commencement des premiers travaux de distillation. Les déclarations sont valables tant que les industriels continuent d'exercer la profession de distillateur et qu'ils n'ont pas apporté à la contenance des vaisseaux les modifications prévues par l'article 118 de la loi précitée.

Sont également reçues à la recette buraliste les déclarations que les détenteurs d'appareils propres à la distillation d'eaux-de-vie ou d'esprits sont tenus de faire en exécution de l'article 1er de la loi du 2 août 1872, modifiée par la loi des 14-17 décembre 1875.

Art. 11. — Les distillateurs qui mettent en œuvre des vins, des cidres ou des poirés, doivent constater, sur un registre que l'Administration leur remet à cet effet, dans les conditions ci-après déterminées, le détail et les résultats de toutes les fabrications de vins, cidres ou poirés effectuées dans les dépendances de leur distillerie.

S'il s'agit d'une fabrication ordinaire, le distillateur doit inscrire, tant à la souche qu'au bulletin :

Le numéro des cuves, la date et l'heure du commencement de l'opération.

S'il s'agit d'une fabrication au moyen de raisins secs ou de marcs, il doit y inscrire de plus :

Le poids des raisins secs ou le volume des marcs mis en œuvre.

Dans l'un et l'autre cas, le distillateur inscrit en outre à la souche et au bulletin dudit registre :

Avant le soutirage du produit fabriqué ;

La date et l'heure du commencement de l'opération ;

Dès que le soutirage est terminé ;

L'heure à laquelle l'entonnement est terminé ;

La quantité de vin, cidre ou poiré qui a été entonnée.

Le distillateur doit alors détacher le bulletin et le déposer immédiatement dans une boîte dûment scellée par les employés.

ART. 12. — Les boissons autres que les spiritueux introduites sous acquit-à-caution ou fabriqués dans les distilleries sont prises en charge comme matières premières.

Ce compte est déchargé des quantités successivement soumises à la distillation et des quantités expédiées avec des titres de mouvement réguliers.

ART. 13. — Les employés sont autorisés à arrêter, à toute époque, la situation des boissons dont le compte est tenu en vertu de l'article précédent.

Les excédents sont saisis conformément à la législation sur les boissons. Si la vérification fait ressortir des manquants non couverts par la déduction réglementaire, les droits sont payés sur une quantité d'alcool égale à celle que représentent les boissons formant le manquant net. Dans ce cas, la quantité d'alcool imposable est calculée d'après le rendement des boissons distillées depuis le commencement de la campagne.

ART. 14. — Toute introduction de mélasses doit être justifiée par la représentation d'un acquit-à-caution.

Les quantités introduites sont prises en charge à un compte spécial.

Ce compte est successivement déchargé des quantités mises en fermentation ou expédiées en nature sous acquit-à-caution.

Les employés peuvent arrêter la situation des restes et opé-

rer la balance du compte aussi souvent qu'ils le jugent nécessaire.

Les excédents que fait ressortir cette balance sont ajoutés
aux charges. Les manquants qu'elle fait apparaître sont portés
en sortie.

Si le distillateur justifie que les manquants proviennent
d'évaporation ou de perte matérielle, l'Administration affran-
chit des droits dont ils sont passibles les sucres que représentent ces manquants.

Art. 15. — Le distillateur est tenu de faire à la recette buraliste, au début de chaque campagne, une déclaration générale
du nombre de jours de travail et du rendement d'alcool au
minimum par hectolitre de boisson ou de matière qui sera soumis à la distillation, ainsi que de l'heure à laquelle commencera
et cessera, chaque jour, le chauffage des appareils à distiller
quand le travail ne devra pas être continu.

Les déclarations modificatives du minimum de rendement
et du temps pendant lequel la distillerie fonctionne chaque
jour sont également faites, quand il y a lieu, à la recette buraliste.

Art. 16. — Les déclarations imposées aux distillateurs qui
mettent en œuvre des matières autres que des vins, cidres,
poirés, lies, marcs et fruits, en ce qui concerne : 1° l'heure du
chargement des cuves de fermentation; 2° la quantité de
liquide ou de matière qui doit être mise en fermentation
(art. 139 de la loi du 28 avril 1816, 9 et 10 de la loi du 20 juillet 1837), doivent présenter, par journée, le détail des opérations.

Ces déclarations sont faites, au choix du distillateur, soit à
la recette buraliste, pour une période qu'il fixe lui-même, soit
sur un registre à souche qui lui est remis à cet effet.

Le distillateur doit inscrire sur ce registre, tant à la souche
que sur le bulletin :

1° A l'instant même où le jus et les matière commencent à
être versés dans la cuve;

Le numéro de cette cuve;

La date et l'heure du commencement de l'opération;

2° A la fin du chargement de chaque cuve;

L'heure à laquelle le chargement est terminé;

Le poids des farines et celui des mélasses;

Le volume des jus et des matières macérées;

3° A mesure que le contenu de chaque cuve est mis en distillation ou placé dans le réservoir d'attente;

La date et l'heure auxquelles on commence à extraire le liquide fermenté;

L'heure à laquelle l'extraction a cessé, et, le cas échéant, la quantité de liquide réservée pour un nouveau chargement.

Le bulletin est déposé dans une boîte dûment scellée par les employés.

ART. 17. — Les déclarations que les bouilleurs de profession sont tenus de faire relativement aux quantités de vins, cidres, poirés, lies, marcs et fruits qui sont soumises à la distillation (art. 141 de la loi du 28 avril 1816 et 10 de la loi du 20 juillet 1837) doivent être inscrites sur le registre spécifié à l'article suivant.

ART. 18. — Le registre de mise en distillation est disposé comme il est dit au deuxième paragraphe de l'article 11.

Le distillateur doit inscrire sur ce registre, tant à la souche qu'au bulletin :

1° Au moment même où commence chaque chargement d'alambic;

Le numéro de l'alambic;

La date et l'heure du commencement de l'opération;

2° Dès que le chargement est terminé;

L'heure à laquelle l'opération est terminée;

La quantité de vins, cidres, poirés, lies, marcs, fruits et autres matières fermentées introduites dans l'alambic.

Le bulletin est déposé dans une boîte conformément aux prescriptions du dernier paragraphe de l'article 11 précité.

Dans les usines où chaque chargement d'alambic comprend une quantité uniforme de liquide ou de matières, cette quantité est constatée au début de la campagne, dans un acte libellé en tête du registre de distillation ou du portatif et dûment signé par le distillateur; en pareil cas, l'industriel est dispensé d'inscrire, pour chaque chargement, la quantité de liquide ou de matière introduite dans l'appareil à distiller. Il y inscrit seulement l'heure de chaque chargement.

Art. 19. — Dans les usines où le chargement des alambics est continu, une seule inscription est faite, par le distillateur, à la fin de chaque journée, ou à chaque interruption de travaux, s'il s'en produit accidentellement dans le courant de la journée, sur le registre mentionné à l'article précédent. Chaque inscription comprend l'ensemble des quantités de vins, cidres, poirés, lies, marcs ou fruits, qui ont été soumises à la distillation depuis la précédente déclaration.

Art. 20. — Les distillateurs qui veulent profiter des dispositions de l'article 142 de la loi du 28 avril 1816 sont tenus d'en faire la demande par écrit au chef de service de la circonscription.

Art. 21. — La base de conversion adoptée d'un commun accord est constatée au portatif par un acte signé du distillateur.

Art. 22. — Les employés de la Régie sont autorisés à procéder aux vérifications qu'ils jugent nécessaires pour s'assurer de l'exactitude des déclarations relatives au minimum de rendement des liquides et des matières à distiller.

S'il y a contestation, la force alcoolique des boissons et des matières dont le rendement minimum n'est pas déterminé par la loi est définitivement fixée à la suite des expériences contradictoires prescrites par l'article 10 de la loi du 20 juillet 1837.

Les employés peuvent exiger que ces expériences soient faites, sous leur direction, au moyen des appareils du distillateur et avec son concours ou celui de son représentant.

Le minimum de rendement à déclarer par le distillateur ne peut être inférieur à la quotité que représente, sous la déduction de 10 p. 100, la quantité d'alcool obtenue par la distillation opérée contradictoirement.

Art. 23. — Les quantités d'alcool que représentent, d'après le rendement minimum déclaré ou fixé en exécution des articles 15, 21 et 22, les quantités de boissons ou d'autres matières mises en distillation (art. 16, 18 et 19), sont prises en charge, au compte de fabrication du distillateur, à la fin de chaque journée ou à chaque visite des employés.

Art. 24. — Dans toutes les usines, les distillateurs doivent inscrire, à la fin de chaque journée de travail, sur un registre analogue à celui qui est spécifié à l'article 11, la quantité d'alcool pur contenue dans les spiritueux achevés provenant de la distillation ou de la rectification quotidienne. Ce registre est tenu dans les conditions déterminées par le dernier paragraphe de l'article 11.

Les quantités d'alcool successivement inscrites sur le registre sont prises en charge, au compte de magasin, à chaque visite des employés.

Art. 25. — Les spiritueux quelconques provenant du dehors doivent être soumis à la vérification des agents de surveillance. A cet effet, ils doivent être conservés intacts dans les vaisseaux qui ont servi à leur transport, pour être vérifiés à la première visite des employés. Toutefois, trois jours après que la déclaration d'arrivée a été faite à la recette buraliste, le distillateur peut disposer de ses produits si les employés ne se sont pas présentés dans ce délai.

Les quantités d'alcool introduites dans l'usine sont prises en charge : 1° au compte de fabrication; 2° au compte de magasin.

Art. 26. — Dans les distilleries où les flegmes ou brouillis provenant d'une première distillation opérée sur place sont soumis à un repassage, l'opération de ce repassage ou bonne chauffe doit être constatée par le distillateur sur un registre *ad hoc*, dans les conditions déterminées par l'article 18.

Dans les usines qui rectifient des produits venant du dehors (art. 25), la remise en fabrication de ces produits doit être déclarée par le distillateur sur le registre mentionné au paragraphe précédent. Les quantités d'alcool contenues dans ces produits sont portées en décharge au compte de magasin.

Art. 27. — L'Administration accorde décharge des mélasses et des boissons prises en charge comme matières premières ou des spiritueux dont la perte a été régulièrement constatée par les employés de la Régie.

Art. 28. — Les employés peuvent arrêter à toute époque la situation du compte de magasin tenu en exécution des articles 24, 25 et 26.

Si la vérification fait ressortir un excédent, cet excédent est ajouté aux charges. Toutefois, si aucun travail de distillation ou de rectification n'a été effectué depuis la dernière prise en charge au compte de magasin, l'excédent est saisi conformément à l'article 100 de la loi du 28 avril 1816.

Si la vérification fait ressortir des manquants, ces manquants ne sont admis en décharge que jusqu'à concurrence de la déduction annuelle fixée en exécution de l'article 6 de la loi du 20 juillet 1837. Le compte de cette déduction est suivi par une campagne annuelle commençant le 1er octobre et finissant le 30 septembre suivant.

Art. 29. — Un inventaire général des produits de la distillation et de la rectification est opéré toutes les fois que les employés le jugent nécessaire. Cet inventaire est fait, autant que possible, lorsque les appareils sont au repos.

Art. 30. — Dans les distilleries qui ne mettent en œuvre que des spiritueux venant du dehors, les quantités d'alcool qui, à la suite de chaque inventaire, constituent un excédent sur la prise en charge effectuée au compte de fabrication, en exécution de l'article 25 sont saisies conformément à l'article 100 de la loi du 28 avril 1816.

Les manquants que fait apparaître la balance de ce compte, après allocation de la déduction acquise au compte du magasin, sont immédiatement imposables.

Toutefois, l'Administration accorde décharge des manquants, lorsqu'il est établi qu'ils proviennent de déchets de rectification, et qu'ils ne dépassent pas 5 p. 100 des prises en charge.

Lorsque les distillateurs réclament contre la décision de l'Administration, ou lorsque les déchets dépassent 5 p. 100, le Ministre statue après avoir pris l'avis de la section des finances du Conseil d'État.

Art. 31. — Dans les distilleries autres que celles auxquelles s'applique l'article précédent, si la balance du compte de fabrication tenu en exécution des articles 23 et 25 fait ressortir un excédent, cet excédent est ajouté aux charges à titre de boni de rendement.

Si l'inventaire fait ressortir un manquant, ce manquant est soumis à l'impôt, ou admis en décharge comme provenant de déficit de rendement ou de déchet de rectification, dans les conditions déterminées par les trois derniers paragraphes de l'article précédent.

ART. 32. — Les registres que les distillateurs doivent tenir en exécution des articles 11, 16, 18, 19, 24 et 26 leur sont fournis gratuitement par l'Administration, ainsi que les boîtes aux bulletins. Ces registres et ces boîtes doivent être représentés à toute réquisition des employés. Les distillateurs sont tenus de remplir les registres sans interruption ni lacune, et sans rature ni surcharge.

ART. 33. — Aucun alambic mobile ne peut être mis en circulation, ni stationner sur la voie publique, dans une cour non fermée ou dans un emplacement non clos n'appartenant pas au propriétaire de l'appareil, sans que la déclaration en ait été faite à la recette buraliste quarante-huit heures d'avance, et sans que le conducteur soit muni d'un permis de circulation détaché d'un registre à souche et revêtu du timbre de la Régie, conformément aux dispositions de l'article 243 de la loi du 28 avril 1816.

La déclaration et le permis de circulation doivent indiquer la capacité de l'alambic, le jour où commencera et celui où finira la mise en circulation de l'appareil et les communes dans lesquelles il doit être conduit.

ART. 34. — Le permis de circulation n'est valable que pour un mois au plus et pour les communes comprises dans la circonscription de la recette buraliste d'où il émane.

En cas de passage dans une autre circonscription de recette buraliste, il peut être échangé, sans condition de délai, contre un nouveau permis.

Le permis doit être représenté à toute réquisition des employés.

Les déclarations de distillation qui sont faites par les distillateurs ambulants ne sont reçues que sur la représentation du permis de circulation.

ART. 35. — Le distillateur ambulant qui exerce son industrie au domicile d'autrui est tenu seulement de remplir les formalités prescrites par l'article 33 et par les trois premiers paragraphes de l'article 34.

Le propriétaire ou le locataire des locaux dans lesquels s'opèrent les travaux de distillation doit se conformer à toutes les dispositions du présent règlement, à moins qu'il ne puisse réclamer le bénéfice de la loi des 14-17 décembre 1875 relative aux bouilleurs de cru.

ART. 36. — A partir du 1er juillet 1881, le présent règlement sera mis en vigueur et les règlements des 18 et 20 juillet 1878 cesseront d'être exécutoires.

ART. 37. — Le Ministre des finances est chargé de l'exécution du présent décret, qui sera publié au *Journal officiel* et inséré au *Bulletin des lois*.

Loi du 16 décembre 1897.

. . . .

ART. 7. — Les expéditeurs d'alcool, lorsqu'il s'agit de chargements supérieurs à un hectolitre d'alcool pur, sont tenus d'ajouter à leurs déclarations la désignation de la tare et du poids brut de chaque fût déclaré avec le numéro du fût en regard, ainsi que la température à laquelle le degré alcoolique aura été constaté.

La pièce de régie qui accompagne la marchandise devra reproduire ces indications.

ART. 8. — Lorsque le chargement dépassera un hectolitre en alcool pur pour les spiritueux, la Régie exigera que l'acquit-à-caution délivré pour accompagner le chargement soit visé en cours de transport à un ou plusieurs bureaux des Contributions indirectes, des douanes ou de l'octroi. Le défaut d'accomplissement de cette obligation entraînera la non-décharge de l'acquit-à-caution.

La déclaration d'enlèvement devra être faite au moins deux heures à l'avance et le service pourra apposer une vignette ou un scellement qui, sous les peines portées à l'article 1er de la loi du 28 février 1872, devra être présenté intact à l'arrivée.

Seront punies des mêmes peines toute déclaration d'enlèvement faite sous un nom supposé ou sous le nom d'un tiers sans son consentement, toute déclaration ayant pour but de simuler un enlèvement non effectivement réalisé.

. . . .

ART. 10. — En ce qui concerne les alcools logés dans des récipients autres que les fûts en bois, la déduction allouée par l'article 1er du décret du 4 décembre 1872 est fixée à trois pour cent.

. . . .

Un règlement d'administration publique déterminera les conditions d'application du présent article et des articles 7, 8 et 9.

Art. 11. — Toute revivification ou tentative de revivification d'alcools dénaturés,

. . . .

Les autres contraventions aux dispositions de la présente loi ou du décret rendu pour son exécution sont punies d'une amende de cinq cents à cinq mille francs.

Le tout sans préjudice du remboursement des droits fraudés et de la confiscation des appareils et liquides saisis.

En cas de récidive, l'amende sera doublée.

Les mêmes peines seront applicables à toute personne convaincue d'avoir facilité la fraude ou procuré sciemment les moyens de la commettre.

Les pénalités édictées par les articles 11 et 12 de la loi du 21 juin 1873, soit contre les auteurs principaux, soit contre les complices, sont applicables aux fraudes commises dans les distilleries à l'aide de souterrains ou tout autre moyen d'adduction ou de transport dissimulé de l'alcool.

Décret du 29 novembre 1898.

ARTICLE PREMIER. — Le numéro des fûts dont la déclaration est prescrite par l'article 7 de la loi du 16 décembre 1897 est peint sur les vaisseaux en caractères apparents, ou bien marqué au feu ou à la rouanne.

Les indications à mentionner dans les déclarations doivent être présentées dans l'ordre suivant.

Poids brut; tare; poids net; degré marqué par l'alcoomètre; température à laquelle ce degré a été constaté; degré rectifié d'après la table des richesses de Gay-Lussac.

ART. 2. — Pour l'application du premier paragraphe de l'article 8 de la loi du 16 décembre 1897, il est dressé, dans chaque bureau de déclaration, un tableau des parcours jusqu'à une distance déterminée par le Directeur suivant les localités et les habitudes commerciales.

Le Directeur fixe les points de ces parcours auxquels les chargements doivent être représentés et les acquits visés, sans que l'obligation du visa puisse détourner le chargement de sa route normale.

Le service local peut, si les circonstances lui paraissent le commander, indiquer d'autres points.

A l'égard des chargements qui empruntent la voie ferrée, le timbre des gares apposé sur les acquits tient lieu de visa pour la partie du trajet effectué par cette voie.

Si le parcours se continue par terre sur une longueur de plus de 10 kilomètres, l'acquit-à-caution peut, en outre, mentionner l'obligation du visa à un bureau des contributions indirectes, des douanes ou de l'octroi, s'il en existe sur la route normale à suivre pour cette partie du trajet.

Le visa doit être réclamé à l'instant même où le chargement parvient au point désigné.

Art. 3. — Pendant le délai de deux heures exigé par le deuxième paragraphe de l'article 8 de la loi du 16 décembre 1897, le service peut, lorsqu'il le juge utile, intervenir à l'effet d'apposer aux principales ouvertures des fûts ou autres récipients une ou plusieurs vignettes reproduisant le numéro et la date du titre de mouvement.

Il peut également sceller au plomb ou à la cire, aux marques de l'Administration, les vaisseaux qui se prêteraient à cette opération.

Les expéditeurs doivent garantir les vignettes, de même que les cachets en cire, lorsque la précaution est jugée utile, au moyen d'une plaque métallique clouée sur les marques.

Les plombs fournis par l'Administration sont payés au même taux qu'en matière de sucres.

L'acquit-à-caution mentionne l'espèce et le nombre des vignettes ou scellements et en donne la description.

Art. 5. — Pour l'application du double taux de déduction chez les entrepositaires d'alcool qui utilisent à la fois des fûts en bois et des récipients autres que les fûts en bois, il est fait, lors de chaque recensement, une distinction entre les quantités logées dans les fûts en bois et celles qui sont renfermées dans les autres récipients.

Les manquants ne sont réglés qu'au moment des arrêtés de fin d'année ou de clôture des comptes.

Toutefois, si, en dehors des époques ainsi déterminées, les manquants constatés dépassaient la déduction calculée d'après le taux le plus favorable aux entrepositaires (7 p. 100), le surplus de ces manquants deviendrait immédiatement et définitivement imposable comme sous le régime de la déduction unique.

En fin d'année ou au moment de la clôture des comptes, les nombres résultant des calculs préparatoires établis depuis la reprise annuelle ou l'ouverture des comptes sur les registres de l'Administration et qui doivent servir de base au décompte de la déduction sont partagés proportionnellement aux totaux des restes reconnus, lors de chaque recensement, dans l'une et l'autre catégorie de récipients. À chacun des chiffres ainsi obtenus, il est fait application du taux de la déduction qu'il comporte (7 p. 100 pour les fûts en bois, 3 p. 100 pour les récipients autres que les fûts en bois).

Loi du 30 mai 1899.

. . . .

ART. 8. — Les brasseurs et les distillateurs de profession sont soumis, tant de jour que de nuit, même en cas d'inactivité de leurs établissements, aux visites et vérifications des employés de la régie et de l'octroi et tenus de leur ouvrir à toute réquisition leurs maisons, brasseries, ateliers, magasins, caves et celliers.

Toutefois, quand les usines ne sont pas en activité, les employés ne peuvent pénétrer pendant la nuit chez les brasseurs ou distillateurs de profession qui ont fait apposer des scellés sur leurs appareils, ni chez les distillateurs qui auront adopté un système de distillation en vase clos agréé par l'Administration ou qui, pendant le travail, muniront leur appareil de distillation d'un compteur agréé et vérifié par l'Administration.

Les appareils ne peuvent être descellés qu'en présence des employés de la Régie et qu'après que l'industriel a fait une déclaration de fabrication.

Les scellés peuvent cependant être enlevés par l'industriel, en l'absence des employés, dans des conditions que déterminera le décret prévu par l'article 14.

. . . .

ART. 14. — . . . .
Un décret déterminera . . . . . les mesures d'exécution de l'article 8 en ce qui concerne les distillateurs et bouilleurs de profession.

. . . .

ART. 16. — L'emploi d'appareils clandestins, soit pour la saccharification, soit pour la cuisson des moûts, ...

Les autres infractions aux dispositions des articles 7 à 13 de la présente loi, et du décret qui sera rendu pour son exécution, sont punies d'une amende de mille francs, sans préjudice du payement des droits fraudés.

. . . .

Décret du 10 août 1899.

Article premier. — Le distillateur qui veut bénéficier des dispositions du deuxième paragraphe de l'article 8 de la loi du 30 mai 1899 doit, par une déclaration à la recette buraliste de la résidence des employés, faire connaître lequel des trois modes prévus par ledit paragraphe (scellement des appareils, travail en vase clos, apposition de compteurs) il désire appliquer dans son usine.

Art. 2. — Chez les distillateurs qui se seront placés sous le régime du scellement des appareils pendant les périodes d'inactivité de leurs usines, la mise hors d'usage desdits appareils sera obtenue :

a) Si le chauffage est à feu nu, en disposant la porte du foyer placé sous chacun d'eux de façon qu'elle puisse être maintenue fermée par un plomb ;

b) Si le chauffage se fait à la vapeur, en scellant les robinets d'adduction de la vapeur agencés à cet effet.

L'agencement des portes ou des robinets pour l'apposition des scellés devra être agréé par le service des Contributions indirectes.

Les employés pourront en outre apposer sur telles parties desdits appareils qu'ils jugeront convenable des scellés susceptibles d'être détruits ou altérés par le fait de la mise en activité de ces appareils.

Les scellés devront être représentés intacts à toute réquisition.

Art. 3. — L'apposition des scellés sera réclamée dans la déclaration de cessation ou d'interruption de travail faite à la recette buraliste de la résidence des employés qui exercent l'usine.

Le distillateur dont l'installation aura été agréé par l'Administration et qui aura fait régulièrement la déclaration ci-dessus n'aura plus à souffrir les visites de nuit à partir du jour qui suivra celui où sa déclaration aura été déposée, alors même que les scellés n'auraient pas encore été apposés par le service.

Le distillateur ne pourra desceller ses appareils.

Toutefois, si, une heure après celle fixée pour la reprise du travail dans la déclaration de fabrication, faite vingt-quatre heures à l'avance à la recette buraliste de la résidence des employés, ceux-ci ne sont pas intervenus pour rompre les scellés, le distillateur pourra les briser sauf à remettre les plombs aux employés au cours de leur plus prochaine visite.

ART. 4. — Seront considérés comme travaillant en vases clos les distillateurs dont les installations répondront aux conditions suivantes :

1° L'éprouvette sera placée sous un globe en verre scellé s'opposant à tout prélèvement d'alcool ;

2° La partie inférieure de la tige des robinets de direction apposée sur les tuyaux mettant les éprouvettes en communication avec les appareils et les bacs sera traversée par une goupille scellée ;

3° Lesdits robinets de direction seront agencés de telle sorte qu'ils ne puissent jamais interrompre complètement la circulation du liquide et le faire refluer à l'éprouvette ;

4° Les raccords et joints des tuyaux reliant les bacs et les appareils de distillation aux éprouvettes seront placés à l'abri de toute atteinte à l'intérieur de manchons fixés par des plombs ;

5° Les robinets de vidange adaptés aux appareils à distiller, aux tuyaux affectés à la circulation de l'alcool et aux bacs reliés directement aux éprouvettes seront maintenus fermés par un scellé ;

6° Les trous de jauge des bacs qui reçoivent le produit de la distillation seront fermés par des opercules scellés et les couvercles des trous d'homme seront fixés par un plomb ;

7° L'extrémité supérieure des tubes indicateurs de niveau

adaptés auxdits bacs sera pourvu d'un ajutage métallique mettant ces tubes en communication avec l'intérieur des récipients et interrompant toute communication avec l'extérieur ;

8° Les robinets de vidange seront tenus à l'abri de toute atteinte à l'intérieur d'une boîte fermée par un plomb.

Si l'organisation du vase clos comporte l'usage de boulons, ceux-ci devront être rivés.

Les distillateurs ne cesseront d'être soumis aux visites de nuit qu'après que les installations auront été agréées par l'Administration.

ART. 5. — Les compteurs devront fournir les indications nécessaires pour déterminer, avec une approximation de 0.5 p. 100, la quantité d'alcool pur représentée par les produits de la distillation ou de la rectification.

Ils ne seront agréés qu'après avoir été expérimentés pendant deux mois au moins en présence et avec la participation du service de la Régie.

Celui-ci aura la faculté de faire procéder, toutes les fois qu'il le jugera convenable, à de nouvelles expériences.

Le distillateur devra fournir les matières, les ustensiles et les ouvriers nécessaires pour la vérification du fonctionnement des compteurs.

Dans le cas où la quantité d'alcool représentée serait inférieure de plus de 0,5 p. 100 à la quantité accusée par le compteur dans l'intervalle de deux vérifications, la prise en charge serait établie d'après les indications de cet appareil.

ART. 6. — Il est interdit :

1° D'apporter à l'agencement des installations de distillation en vase clos aucun changement qui n'aurait pas été préalablement accepté par le service de la Régie ;

2° De faire subir aux compteurs aucune modification de niveau ou autre susceptible d'en fausser les indications.

Loi du 29 décembre 1900.

(Réforme de l'impôt des boissons.)

ARTICLE PREMIER. — Les droits de détail, d'entrée et de taxe unique, actuellement perçus sur les vins, cidres, poirés et hydromels, sont supprimés.

Le droit de fabrication sur les bières est abaissé à vingt-cinq centimes (o fr. 25) par degré-hectolitre.

Les vins, cidres, poirés et hydromels restent, quelle que soit la quantité, soumis au droit général de circulation, dont le taux, décimes compris, est fixé uniformément à un franc cinquante centimes (1 fr. 50) par hectolitre pour les vins, et à quatre-vingt centimes (o fr. 80) par hectolitre pour les cidres, poirés et hydromels. Ce droit s'étend aux quantités expédiées aux débitants.

Les vendanges fraîches circulant hors de l'arrondissement de récolte et des cantons limitrophes, en quantités supérieures à dix (10) hectolitres, sont soumises aux mêmes formalités à la circulation que les vins, et passibles du même droit à raison de deux (2) hectolitres de vin par trois (3) hectolitres de vendange.

Le droit de consommation sur les eaux-de-vie, esprits, liqueurs, fruits à l'eau-de-vie, absinthes et autres liquides alcooliques non dénommés, est fixé à deux cents vingt (220) francs par hectolitre d'alcool pur, décimes compris.

Les licences des débitants et marchands en gros de boissons, des brasseurs, des bouilleurs et distillateurs sont réglées conformément au tarif ci-après.

Le commerçant de boissons qui, exerçant plusieurs professions dans son établissement, est assujetti au droit fixe de

CATÉGORIES D'ASSUJETTIS		DROIT DE LICENCE, PAR TRIMESTRE, EXIGIBLE DANS LES COMMUNES DE								
		toutes caté-gories.	500 habi-tants et au-dessous.	501 à 1 000 habi-tants.	1 001 à 4 000 habi-tants.	4 001 à 10 000 habi-tants.	10 001 à 20 000 habi-tants.	20 001 à 50 000 habi-tants.	50 001 à 100 000 habi-tants.	100 001 habi-tants et au-dessus.
		fr. c.	fr. c.	fr. c.	fr. c.	fr. c.	fr. c.	fr. c.	fr. c.	fr. c.
1° Débitants lorsqu'ils sont rangés pour l'application des droits de patente.	7e et 8e classes.	»	5,00	6,00	7,50	11,25	15,00	18,75	21,25	25,00
	6e classe.	»	5,50	7,00	8,75	12,50	17,50	21,25	26,25	31,25
	5e classe.	»	6,25	8,00	10,00	15,00	20,00	25,00	30,00	37,50
	4e classe.	»	11,25	15,00	17,50	26,25	35,00	43,75	52,50	65,00
	1re, 2e et 3e classes.	»	18,75	25,00	30,00	45,00	60,00	75,00	90,00	112,50
	dans un autre tableau	112,50								
2° Marchands en gros		50,00	Lorsqu'ils ne vendent pas annuellement plus de 100 hect. d'alcool, ou plus de 1 000 hect. de vin, ou plus de 2 000 hect. de cidre ou poiré.							
		75,00	Lorsqu'ils vendent annuellement de 101 à 250 hect. d'alcool, ou de 1 001 à 2 500 hect. de vin, ou de 2 001 à 5 000 hect. de cidre ou poiré.							
		125,00	Lorsqu'ils vendent annuellement plus de 250 hect. d'alcool, ou plus de 2 500 hect. de vin, ou plus de 5 000 hect. de cidre ou poiré.							
3° Brasseurs		37,50	Lorsqu'ils ne brassent pas plus de 12 fois par an.							
		62,50	Lorsqu'ils ne brassent pas plus de 50 fois par an.							
		125,00	Lorsqu'ils brassent plus de 50 fois par an.							
4° Bouilleurs et distillateurs		10,00	Lorsqu'ils ne fabriquent pas plus de 50 hect. par an.							
		15,00	Lorsqu'ils fabriquent de 51 à 150 hect. par an.							
		30,00	Lorsqu'ils fabriquent plus de 150 hect. par an.							

patente pour une profession qui ne comporte pas la vente de boissons, doit la licence de la classe qui correspond à la patente dont il sera redevable pour son commerce de boissons, s'il n'exerçait que cette seule profession.

Les propriétaires vendant exclusivement les boissons de leur cru, et les autres commerçants de boissons qui ne seraient pas passibles de la patente sont, pour l'application de la licence, classés par assimilation d'après la nature de leurs opérations.

Dans les cas prévus aux deux paragraphes qui précèdent, les réclamations auxquelles donnerait lieu le classement de la profession soumise à la licence seront présentées, instruites et jugées comme en matière de Contributions directes.

Dans les communes de plus de 4 000 habitants, les débitants établis hors de l'agglomération seront imposés au tarif applicable à la population non agglomérée.

Les débitants extraordinaires ou forains payeront le droit applicable aux communes de 500 habitants et au-dessous.

A Paris, à défaut de déclaration par le contribuable, l'Administration, sans être tenue de recourir aux poursuites correctionnelles prévues par l'article 171 de la loi du 28 avril 1816, aura la faculté d'imposer d'office la licence à toute personne inscrite au rôle des patentes pour une profession impliquant le commerce des boissons. Dans ce cas, l'imposition aura lieu au moyen de l'émission d'un rôle rendu exécutoire par le préfet, et les contestations seront présentées, instruites et jugées comme en matière de contributions directes ; elles seront recevables pendant trois mois à partir du jour du payement du premier terme de la licence de l'année.

Les maxima des licences municipales instituées par la loi du 29 décembre 1897 et le décret du 16 juin 1898 continueront d'être calculés d'après les tarifs en vigueur avant la promulgation de la présente loi.

ART. 2. — Les vins, cidres, poirés et hydromels continuent à circuler sous acquit lorsqu'ils sont à destination de personnes jouissant du crédit des droits et, en outre, dans les agglomérations de moins de 4 000 habitants quand ils sont à destination des débitants ; les droits garantis par les acquis en cas de non-décharge sont réduits au double de la taxe de circulation.

Pour les transports de vins, cidres, poirés, effectués de leur pressoir ou d'un pressoir public à leurs caves ou celliers, ou de l'une à l'autre de leurs caves, dans le canton de récolte et les communes limitrophes de ce canton, les récoltants sont admis à détacher eux-mêmes d'un registre à souche, mis à leur disposition, et contrôlé par les agents de la régie, des laissez-passer dont le coût est fixé à dix centimes (o fr. 10); les petites quantités transportées à bras ou à dos d'homme circuleront librement.

En dehors des cas prévus aux paragraphes précédents, les vins, cidres, poirés et hydromels ne pourront circuler qu'accompagnés d'un congé constatant le payement du droit.

Art. 3. — Pour les spiritueux, l'obligation de l'acquit-à-caution est étendue à tous les transports à destination des villes d'une population agglomérée de 4 000 habitants et au-dessus, et des localités où il existe des taxes d'octroi sur l'alcool.

Les acquits-à-caution accompagnant des spiritueux pourront être recommandés moyennant le payement d'un droit supplémentaire de cinquante centimes (o fr. 5o) par expédition. Dans ce cas la responsabilité du soumissionnaire ne demeurera engagée que pendant un délai de quarante jours après l'expiration du délai fixé pour le transport.

Art. 4. — Les droits de circulation et de consommation sur les boissons expédiées sous acquit aux débitants, et le droit de consommation sur les spiritueux expédiés aux consommateurs dans les conditions prévues à l'article précédent, doivent être acquittés, savoir :

Dans les localités ayant une population agglomérée de 4 000 habitants et au-dessus ou pourvues d'un octroi, au moment de l'introduction ;

Partout ailleurs, dans les quinze jours qui suivront l'expiration du délai fixé pour le transport.

Pour les débitants qui vendent accidentellement des boissons les jours de fête ou de foire, les droits sont exigibles immédiatement.

Art. 5. — L'exercice des débits de boissons est supprimé.

Dans les communes où il n'existe pas de surveillance effective et permanente aux entrées, toute personne qui vend en détail des boissons reste seulement assujettie dans ses caves, magasins et autres locaux affectés au commerce, aux visites des employés de la régie qui pourront effectuer les vérifications et prélèvements nécessaires pour l'application des lois concernant les fraudes commerciales et les fraudes fiscales.

Art. 6. — Dans les mêmes communes il est tenu, pour les débitants, le même compte de spiritueux que pour les marchands en gros; les décharges sont établies d'après les enlèvements effectués en vertu d'expéditions et les manquants reconnus lors des vérifications; les excédents sont saisissables dans les mêmes conditions.

Art. 7. — Lors des recensements effectués chez les marchands en gros, les quantités de vins, cidres, poirés et hydromels reconnues manquantes en sus de la déduction légale seront frappées du droit de circulation et, s'il y a lieu, des taxes d'octroi.

Tout excédent de boissons et spiritueux, constaté à la balance finale du compte, donne lieu à un procès-verbal.

Art. 8. — Tout propriétaire récoltant qui désire vendre au détail les boissons provenant de sa récolte est tenu d'en faire préalablement la déclaration au bureau de la régie, d'acquitter la licence de débitant et les taxes générales et locales sur les boissons destinées à la vente, et de se soumettre à toutes les obligations des débitants.

Toute personne autre qu'un propriétaire récoltant qui, en vue de la vente en gros ou en détail, fabrique des vins, cidres, poirés ou hydromels, est tenue d'en faire préalablement la déclaration au bureau de la régie et d'acquitter la licence de marchand en gros ou de débitant. Elle doit, de plus, acquitter les droits immédiatement après chaque fabrication, si la boisson est destinée à la vente au détail.

Les vendanges expédiées en vue de ces fabrications pourront être reçues sous acquit-à-caution.

Art. 9. — Les boissons autres que les spiritueux introduites sous acquit-à-caution ou fabriquées dans les distilleries y seront prises en charge, comme matières premières, à la fois pour leur volume et pour la quantité d'alcool pur qu'elles renferment.

Nul ne peut, en vue de la distillation, préparer des macérations de grains, de matières farineuses ou amylacées, ou mettre en fermentation des matières sucrées, ni procéder à aucune opération chimique ayant pour conséquence directe ou indirecte une production d'alcool, sans en avoir préalablement fait la déclaration au bureau de la régie.

Des décrets en forme de règlements d'administration publique détermineront, suivant la nature des industries, le délai dans lequel cette déclaration devra être effectuée.

Les bouilleurs de cru qui distillent exclusivement les produits désignés par la loi du 14 décembre 1875 continuent à être affranchis de la déclaration de leur fabrication, sauf les exceptions prévues à l'article 10 ci-après.

ART. 10. — Sont soumis au régime des bouilleurs de profession les bouilleurs de cru, qui, dans le rayon déterminé par l'article 20 du décret du 17 mars 1852, exercent par eux-mêmes ou par l'intermédiaire d'associés la profession de débitant ou de marchand en gros de boissons.

Sont également soumis au régime des bouilleurs de profession les bouilleurs de cru qui font usage d'appareils à marche continue pouvant distiller par vingt-quatre heures plus de deux cents (200) litres de liquide fermenté, d'appareils chauffés à la vapeur ou d'alambics ordinaires d'une contenance totale supérieure à cinq (5) hectolitres. Il leur est toutefois accordé une allocation en franchise de vingt (20) litres d'alcool pur par producteur et par an pour consommation de famille.

Par dérogation au paragraphe précédent, les alambics ambulants peuvent avoir une contenance de plus de cinq (5) hectolitres sans que les producteurs qui en font usage perdent le privilège des bouilleurs de cru.

Les bouilleurs de cru, convaincus d'avoir enlevé ou laissé enlever de chez eux des spiritueux sans expédition ou avec une expédition inapplicable, indépendamment des peines principales dont ils sont passibles, perdront leur privilège et deviendront soumis au régime des bouilleurs de profession pour toute la durée de la campagne en cours et de la campagne suivante.

ART. 11. — Tout loueur d'alambic ambulant est tenu, indépendamment des obligations qui lui sont imposées par le règlement du 15 avril 1881, de consigner sur un cahier-journal, dont la remise lui sera faite par la Régie, le jour, l'heure et le lieu où commence et s'achève chacune de ses distillations, les quantités et espèces de matières mises en œuvre par lui et leurs produits à la fin de chaque journée. Ce carnet doit être présenté à toute réquisition des employés.

En cas de non-accomplissement des dispositions qui précèdent, le permis de circulation cessera de produire ses effets, et le loueur ne pourra en obtenir un nouveau avant un délai de six mois et d'un an en cas de récidive.

ART. 12. — Tout détenteur d'appareils ou de portions d'appareils propres à la distillation d'eaux-de-vie ou d'esprits est tenu, dans le mois qui suivra la promulgation de la présente loi, de faire au bureau de la régie une déclaration énonçant le nombre, la nature et la capacité de ces appareils ou portions d'appareils.

Seront dispensées de cette déclaration les personnes qui auront une licence de bouilleur ou distillateur.

Tout fabricant ou marchand d'appareils propres à la distillation d'eaux-de-vie ou d'esprits est tenu d'inscrire à un registre spécial, dont la présentation pourra être exigée par les employés des Contributions indirectes, les nom et demeure des personnes auxquelles il aura livré, à quelque titre que ce soit, des appareils ou portions d'appareils. Il devra, de plus, dans les quinze jours de la vente, faire connaître au bureau de la régie de sa résidence le nom et le domicile des personnes à qui ces livraisons ont été faites. Cette dernière disposition est applicable aux cessions faites accidentellement par des particuliers non commerçants.

Les appareils seront poinçonnés par les employés des Contributions indirectes, moyennant un droit de un (1) franc perçu immédiatement.

Art. 13. — Le Gouvernement interdira par décrets la fabrication, la circulation et la vente de toute essence reconnue dangereuse et déclarée telle par l'Académie de médecine.

Art. 14. — Les contraventions aux prescriptions des articles 5, 6, 7 et 8 de la présente loi sont punies des peines édictées par l'article 1er de la loi du 28 février 1872, lorsqu'elles ont pour objet des spiritueux, et par l'article 7 de la loi du 21 juin 1873 lorsqu'elles concernent des vins, cidres, poirés et hydromels.

Les contraventions aux articles 9, 10, 11 et 12 sont punies d'une amende de cinq cents (500) à cinq mille (5 000) francs, indépendamment de la confiscation des appareils et boissons saisis et du remboursement des droits fraudés.

En cas de récidive, l'amende sera doublée.

Les mêmes peines seront applicables à toute personne convaincue d'avoir facilité la fraude ou procuré sciemment les moyens de la commettre.

Les dispositions des articles 222, 223, 224 et 225 de la loi du 28 avril 1816, relatives à l'arrestation et à la détention des contrevenants, sont applicables à toute personne qui aura été surprise fabricant de l'alcool en fraude et à tout individu transportant de l'alcool sans expédition ou avec une expédition altérée ou obtenue frauduleusement.

Dans tous les cas, l'article 463 du Code pénal pourra être appliqué en faveur des délinquants dans les conditions prévues par l'article 19 de la loi du 29 mars 1897.

Art. 15. — La taxe de dénaturation de trois (3) francs par hectolitre d'alcool pur établie par la loi du 16 décembre 1897 est supprimée. Elle est remplacée par un droit de statistique de vingt-cinq centimes (0 fr. 25).

Art. 16. — Le bénéfice du droit réduit de vingt-quatre (24) francs par cent (100) kilogrammes, déterminé par la loi du 27 mai 1887, sera limité aux quantités de sucres bruts ou raffinés employés au sucrage des vins, cidres ou poirés nécessaires à la consommation familiale des producteurs, et jusqu'à concurrence d'un maximum de quarante (40) kilogramme par membre de la famille et domestique attaché à la personne.

Art. 17. — Dès la mise en vigueur de la présente loi, les commerçants et dépositaires d'alcool établis en tous lieux, Paris compris, seront tenus de déclarer au bureau de la régie les quantités d'alcool existant en leur possession.

Ces quantités seront ensuite reprises par voie d'inventaire ; les assujettis qui auront chez eux de l'alcool dont les droits ne seront pas acquittés pourront les régler sur la base des nouveaux tarifs au moyen d'obligations cautionnées d'un à trois mois de terme ; les non-entrepositaires pourront également être admis à présenter, pour l'acquittement des taxes complémentaires résultant de l'application des nouveaux tarifs, des obligations dûment cautionnées, lorsque la somme à payer, d'après chaque décompte, s'élèvera à 300 francs au moins. Les obligations seront souscrites dans les conditions déterminées par la loi du 15 février 1875.

Toute quantité qui n'aura pas été déclarée donnera lieu, en sus, au payement d'une amende égale au double des taxes exigibles.

En ce qui concerne les vins, cidres, poirés et hydromels, chez tous les débitants, les droits afférents aux quantités constatées en restes seront immédiatement exigibles, les abonnements étant pour les abonnés résiliés de plein droit à la date de la mise en vigueur de la loi.

Art. 18. — Sont maintenues, toutes les dispositions des lois en vigueur qui ne sont pas contraires à celles de la présente loi.

Décret du 23 août 1901,

modificatif du décret du 15 avril 1881 portant règlement d'administration publique (règlement B) sur les distilleries.

(Inséré au *Journal Officiel* du 27 août 1901.)

LE PRÉSIDENT DE LA RÉPUBLIQUE FRANÇAISE,

Sur le rapport du Ministre des Finances,

Vu la loi du 29 décembre 1900 concernant le régime des boissons, notamment l'article 10 ;

Vu le décret du 15 avril 1881 intervenu en exécution de l'article 3 de la loi du 21 mars 1874, ainsi conçu :

« Un règlement d'administration publique déterminera les mesures nécessaires pour assurer la perception de l'impôt dans les distilleries.

« Les contraventions aux dispositions de ce règlement sont passibles des peines édictées par l'article 1er de la loi du 28 février 1872. »

Le Conseil d'État entendu,

DÉCRÈTE :

ARTICLE PREMIER. — L'article 1er du décret du 15 avril 1881 est modifié ainsi qu'il suit :

« Les articles 2 à 36 du présent règlement sont applicables :

« 1° Aux distilleries de vins, cidres, poirés, lies, marcs et fruits qui ne se trouvent pas dans les conditions prévues par la loi des 14-17 décembre 1875 ;

« 2° Aux distilleries qui, mettant en œuvre d'autres matières ou recevant des esprits du dehors, obtiennent, par de simples distillations ou par des opérations de rectification, des produits propres à être livrés directement à la consommation et dans lesquelles l'Administration ne juge pas utile d'établir un service de surveillance permanente, conformément aux prescriptions du règlement A du 18 septembre 1879 ;

« 3° Aux distilleries ambulantes ;

« 4° Aux distilleries exploitées par les bouilleurs de cru visés aux paragraphes 1 et 4 de l'article 10 de la loi du 29 décembre 1900. »

Art. 2. — L'article 37 du décret du 15 avril 1881 est remplacé par la série des articles ci-après :

« Art. 37. — Les articles 38 à 47 du présent règlement sont applicables aux distilleries exploitées par les bouilleurs de cru visés au paragraphe 2 de l'article 10 de la loi du 29 décembre 1900.

« Art. 38. — Huit jours au moins avant le commencement des premiers travaux de chaque campagne s'ouvrant le 1er octobre et finissant le 30 septembre, le bouilleur fait, par écrit, à la recette buraliste, une déclaration désignant les chaudières et alambics dont il compte faire usage et indiquant :

« La contenance de ces récipients ;

« L'espèce de matières premières qui doivent être distillées, leur volume et, en outre, s'il s'agit de marcs, le poids de ces marcs ;

« Le rendement minimum en alcool par hectolitre pour chaque espèce de matières, sans que ce rendement puisse être inférieur aux neuf dixièmes de la richesse alcoolique effective ;

« La date du commencement des travaux et leur durée, ainsi que les heures pendant lesquelles la brûlerie sera chaque jour en activité ;

« Les quantités d'alcool existant en la possession du bouilleur.

« Doivent également être déclarées à la recette buraliste vingt-quatre heures au moins à l'avance :

« 1° Les nouvelles quantités de matières que le bouilleur veut livrer à la distillation ;

« 2° Les modifications du minimum de rendement et du régime de la brûlerie en ce qui concerne les jours et heures d'activité.

« ART. 39. — Au fur et à mesure des opérations de mise en distillation, le bouilleur doit inscrire, sans interruption ni lacune et sans rature ni surcharge, sur un registre qui est mis à cet effet à sa disposition :

« 1° La date et l'heure de chaque chargement d'alambic et le numéro de l'appareil ;

« 2° La nature et la quantité des matières premières versées dans l'alambic.

« Dans les brûleries où chaque chargement d'alambic comprend une quantité uniforme de liquide ou de matières, cette quantité est constatée, au début de la campagne dans un acte libellé en tête du registre portatif des employés et dûment signé par le bouilleur. Dans ce cas, le bouilleur est dispensé d'inscrire, pour chaque chargement, la quantité de liquide ou de matières introduites dans l'appareil à distiller. Il y inscrit seulement la date et l'heure de chaque chargement et le numéro de l'appareil.

« Lorsque le chargement des alambics est continu, une seule inscription est faite par le bouilleur à la fin de chaque journée ou à chaque interruption de travaux s'il s'en produit accidentellement dans le courant de la journée. Chaque inscription comprend l'ensemble des quantités de matières premières qui ont été soumises à la distillation dans la journée.

« Le registre dont l'emploi est prescrit par le présent article est fourni gratuitement par l'Administration et doit être représenté à toute réquisition du service. Il est remis au service immédiatement après l'achèvement des travaux.

« ART. 40. — Les bouilleurs qui veulent profiter des dispositions de l'article 142 de la loi du 28 avril 1816 sont tenus d'en faire la demande, par écrit, au chef de service de la circonscription.

« La base de conversion adoptée d'un commun accord est constatée sur le registre portatif des employés par un acte signé du bouilleur.

« Dans ce cas, le bouilleur est dispensé de déclarer à la recette buraliste le rendement minimum des matières destinées à la distillation.

« ART. 41. — Les bouilleurs qui déclarent pour la distillation la totalité des liquides ou matières en leur possession, sauf les quantités de boissons et de fruits réservées à la consommation de famille et déposées dans un local spécial, sont affranchis des obligations déterminées par l'article 39 du présent décret.

« Peuvent également être affranchis des mêmes obligations les bouilleurs qui ont muni leurs appareils à distiller de compteurs agréés et vérifiés par l'Administration, et ceux qui ont adopté un système de distillation en vases clos agréé par l'Administration.

« Dans les cas prévus aux deux paragraphes précédents, les bouilleurs sont seulement tenus d'inscrire, à la fin de chaque journée, sur un registre qui est mis à leur disposition dans les conditions indiquées par le dernier paragraphe de l'article 39, la nature et la quantité des matières premières qu'ils ont soumises à la distillation dans la journée.

« Les bouilleurs visés au premier paragraphe du présent article doivent, en outre, inscrire à une partie du même registre réservée à cet effet, au fur et à mesure de l'entonnement, les fabrications de matières premières.

« ART. 42. — Les employés de l'Administration ont toujours la faculté de vérifier sur place, chez le bouilleur, l'exactitude des déclarations prévues par les articles précédents.

« La contenance des chaudières et alambics est vérifiée par le jaugeage métrique. En cas de contestation, elle est constatée par empotement ; le bouilleur est tenu de fournir, par lui-même ou par ses préposés, l'eau et la main-d'œuvre nécessaires pour cette opération, qui est dirigée en sa présence par les employés, et dont il est dressé procès-verbal.

« Le bouilleur doit également fournir aux employés un décalitre dûment contrôlé par le vérificateur des poids et mesures et muni d'une jauge métallique graduée par litres.

« Chaque chaudière ou alambic reçoit un numéro d'ordre et

l'indication de sa contenance en hectolitres et en litres. Ces inscriptions sont faites en caractères apparents et durables, par les soins et aux frais du bouilleur.

« S'il y a contestation sur le minimum de rendement des produits à distiller, la force alcoolique des boissons et autres matières premières est définitivement fixée à la suite des expériences contradictoires prescrites par l'article 10 de la loi du 20 juillet 1837. Les employés peuvent exiger que ces expériences soient faites sous leur direction, au moyen des appareils du bouilleur et avec son concours ou celui de son représentant.

« ART. 43. — Les matières premières déclarées pour la distillation doivent être tenues séparément dans la brûlerie et les magasins.

« Elles sont reconnues par les employés et prises en charge, distinctement par espèce, pour leur volume et, en outre, pour la quantité d'alcool pur qu'elles renferment, s'il s'agit de boissons, et pour leur poids, s'il s'agit de marcs.

« Le compte est déchargé des quantités mises en distillation d'après les déclarations du bouilleur.

« Les employés sont autorisés à arrêter à toute époque la situation du compte des matières premières.

« Les excédents que les vérifications font apparaître sont saisis et ajoutés aux charges.

« Les manquants d'alcool constatés sur les boissons et non couverts par la déduction légale sont soumis aux droits.

« Les manquants constatés sur les autres matières sont admis en décharge par l'Administration lorsqu'il est établi qu'ils proviennent de déperditions naturelles. Dans le cas contraire, ils donnent lieu au payement des droits sur la quantité d'alcool qu'ils représentent, d'après le rendement moyen des produits de même nature distillés depuis le commencement de la campagne.

« ART. 44. — Il est ouvert un compte d'alcool aux bouilleurs qui n'acquittent pas immédiatement l'impôt.

« Aux charges figurent :

« 1° Les quantités d'alcool déclarées et reconnues avant

le commencement des premiers travaux de chaque campagne ;

« 2° Celles que représentent, d'après le rendement minimum qui leur a été assigné, les matières premières mises en œuvre.

« Aux décharges sont inscrites les quantités d'alcool sorties en vertu d'expéditions régulières.

« Les employés peuvent arrêter à toute époque la situation de ce compte.

« Si la vérification fait ressortir un excédent, cet excédent est ajouté aux charges à titre de boni de rendement. Il est saisi s'il dépasse le neuvième de la quantité d'alcool que représentent d'après le rendement qui leur a été assigné, les matières premières mises en œuvre depuis le précédent recensement ou si, postérieurement à cette opération, aucun travail de distillation n'a été déclaré.

« Si la vérification fait ressortir un manquant, ce manquant, après allocation de la déduction légale, calculée par campagne, et de la quantité concédée pour consommation de famille, est immédiatement imposable.

« Art. 45. — L'Administration peut accorder décharge des boissons ou autres matières premières et des spiritueux dont la perte a été régulièrement constatée par les employés.

« Elle peut également accorder décharge des manquants reconnus au compte d'alcool, lorsqu'il est établi qu'ils proviennent de déficit de rendement et qu'ils ne dépassent pas 5 p. 100 des prises en charge. Lorsque les bouilleurs réclament contre la décision de l'Administration, le Ministre statue après avoir pris l'avis de la section des finances du Conseil d'État.

« Art. 46. — Les bouilleurs de cru qui ont recours à un alambic ambulant ne sont soumis aux dispositions des articles 38 à 45 du présent décret que sous réserve des modifications suivantes :

« Ces producteurs ne sont tenus de faire la déclaration prescrite par le premier paragraphe de l'article 38 que cinq jours avant le commencement des travaux.

« Lorsque le loueur d'alambic a indiqué dans la déclaration

qui lui est imposée par l'article 33 la date de son arrivée dans la commune, le délai fixé par le deuxième paragraphe du présent article ne s'applique qu'au premier bouilleur de cru pour le compte duquel il est fait usage de son appareil. Ce délai est réduit à deux heures pour les autres bouilleurs de la même commune chez lesquels l'alambic est successivement utilisé.

« Le bouilleur de cru est, en outre, admis à faire effectuer par le loueur d'alambic la déclaration à laquelle il est tenu en exécution de l'article 38. Il lui donne pouvoir, à cet effet, sur carnet que l'Administration met gratuitement à la disposition du loueur et dont celui-ci dépose l'ampliation à la recette buraliste, suivant le cas, cinq jours ou deux heures au moins avant le commencement de la distillation.

« Si la durée du travail n'excède pas vingt-quatre heures, le bouilleur de cru qui emploie un alambic ambulant est affranchi des obligations déterminées par l'article 39 du présent décret. Il doit, dans ce cas, à la fin de la distillation, contresigner le résultat de l'opération sur le registre dont la tenue est prescrite au loueur d'alambic par l'article 11 de la loi du 29 décembre 1900. Une ampliation de l'inscription faite à ce registre, dûment signée par le bouilleur de cru et par le loueur, est remise par celui-ci au service ; il en est également délivré une au bouilleur de cru.

« Art. 47. — Peuvent être affranchis des obligations imposées par les articles précédents des producteurs qui font distiller les liquides ou matières provenant de leur récolte dans un local public agréé par l'Administration.

« Le régime de la distillerie quant aux jours et heures de travail, les mesures concernant la surveillance, les opérations et le contrôle des quantités fabriquées sont déterminés par l'Administration.

« Les producteurs peuvent obtenir le crédit des droits sur les eaux-de-vie provenant de la distillation de leurs produits et ramenées de la brûlerie à leur domicile, pourvu qu'ils se munissent d'un acquit-à-caution et se soumettent, dans le local où sont déposées les eaux-de-vie, aux obligations imposées aux marchands en gros, le paiement de la licence excepté, sans préjudice de l'allocation pour consommation de famille.

ART. 3. — Le Ministre des Finances est chargé de l'exécution du présent décret, qui sera publié au *Journal officiel* et inséré au *Bulletin des Lois*.

Fait à Paris, le 23 août 1901.

Signé : EMILE LOUBET.

Par le Président de la République :
Le Ministre des Finances,
Signé : J. CAILLAUX.

Pour copie conforme :
Le Conseiller d'Etat,
Directeur général des Contributions indirectes.
Signé : COURTIN.

ANNEXES

STATISTIQUE

II. — STATISTIQUES

Diagramme de la production des vins et des cidres
de 1884 à 1901.

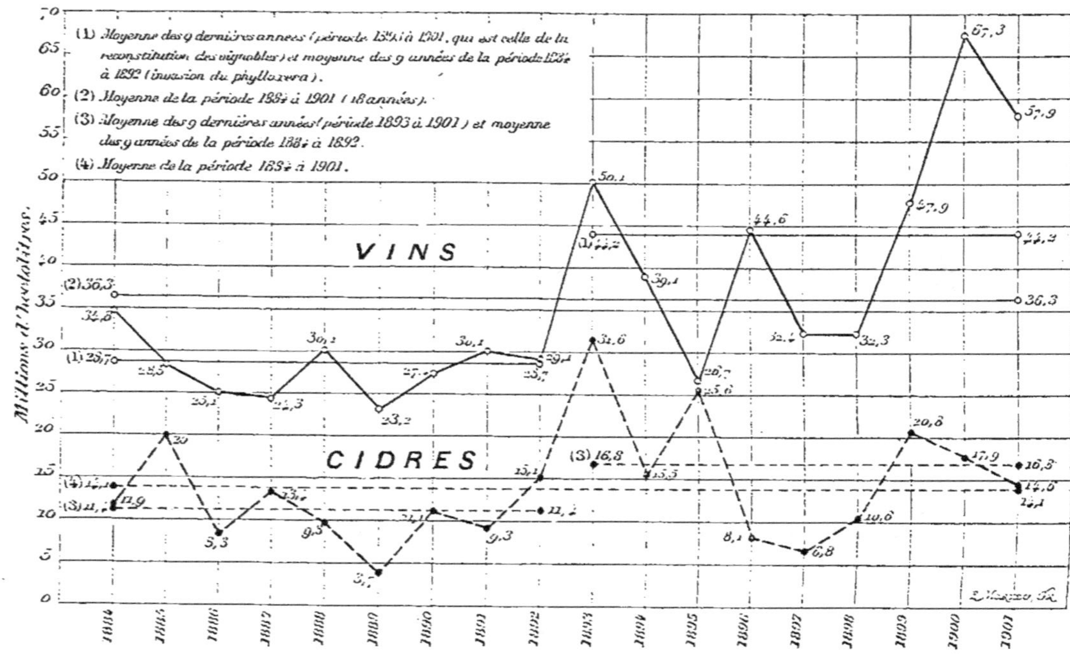

TABLEAU II

Production, prix et consommation des alcools depuis 1850 (Alcool pur).

ANNÉES	QUANTITÉS FABRIQUÉES		TOTAL de la fabrication.	PRIX moyen par hectolitre d'alcool pur.	QUANTITÉS imposées.	QUOTITÉ moyenne par habitant.	Pour mémoire. PRODUCTION	
	chez les distillateurs et bouilleurs de profession.	chez les bouilleurs de cru. (Évaluation).					des vins.	des cidres.
	Hectolitres.	Hectolitres.	Hectolitres.	Francs.	Hectolitres.	Litres.	Hectolitres.	Hectolitres.
1850	670 000	270 000	930 000	36	583 200	1.46	43 266 000	16 181 000
1851	866 000	220 000	1 086 000	53	622 803	1.74	30 429 000	3 522 000
1852	433 000	262 000	697 000	119	648 510	3.82	28 636 000	18 428 000
1853	616 000	110 000	726 000	128	644 332	1.80	22 612 000	8 444 000
1854	891 000	23 000	914 000	314	602 600	1.68	10 824 000	8 625 000
1855	690 000	12 000	702 000	145	714 813	2	15 175 000	2 046 000
1856	686 000	18 000	704 000	111	768 304	2.13	21 204 000	3 782 000
1857	829 000	24 000	853 000	109	823 380	2.20	33 410 000	3 617 000
1858	605 000	262 000	938 000	70	842 601	2.34	33 010 000	4 207 000
1859	772 000	260 000	1 032 000	60	823 000	2.28	20 801 000	11 613 000
1860	763 000	110 000	873 000	32	851 823	2.27	30 338 000	14 303 000
1861	760 000	262 000	1 031 000	100	832 026	2.23	20 738 000	8 850 000
1862	908 000	110 000	1 018 000	74	857 302	2.20	37 110 000	7 037 000
1863	1 007 000	220 000	1 227 000	67	870 264	2.33	51 372 000	9 010 000
1864	1 126 000	227 000	1 353 000	82	870 223	2.33	30 633 000	11 644 000
1865	1 177 000	364 000	1 541 000	62	873 007	2.34	68 043 000	2 781 000
1866	1 235 000	136 000	1 391 000	44	961 223	2.33	63 858 000	13 671 000
1867	813 000	273 000	1 088 000	50	939 363	2.47	30 128 000	11 647 000
1868	1 031 000	261 000	1 292 000	63	971 317	2.53	32 098 000	11 696 000
1869	1 151 000	260 000	1 411 000	73	1 008 730	2.63	70 000 000	4 280 000
1870	902 000	333 000	1 235 000	57	882 790	2.32	55 333 000	19 191 000
1871	1 229 000	422 000	1 601 000	75	1 023 216	2.84	36 001 000	2 128 000
1872	1 439 000	452 000	1 891 000	54	733 461	2.09	50 133 000	1 303 000
1873	1 249 000	173 000	1 424 000	57	933 420	2.59	33 476 000	11 633 000
1874	1 338 000	184 000	1 539 000	74	970 390	2.69	63 136 000	13 312 000
1875	1 472 000	377 000	1 849 000	54	1 019 052	2.83	83 836 000	18 237 000
1876	1 408 000	301 000	1 709 000	43	1 009 182	2.71	41 847 000	7 036 000
1877	1 172 000	237 000	1 399 000	68	1 029 683	2.79	36 303 000	13 343 000
1878	1 260 000	137 000	1 417 000	58	1 100 312	2.68	48 420 000	11 936 000
1879	1 303 000	85 000	1 388 000	63	1 161 630	3.22	23 770 000	7 738 000
1880	1 336 000	25 000	1 381 000	68	1 313 823	3.63	29 677 000	4 363 000
1881	1 791 000	31 000	1 822 000	67	1 111 030	3.01	34 136 000	11 122 000
1882	1 733 000	34 000	1 767 000	56	1 190 331	3.85	30 886 000	8 921 000
1883	1 971 000	40 000	2 011 000	50	1 384 020	3.05	36 020 000	23 402 000
1884	1 873 000	62 000	1 935 000	44	1 388 687	3.98	34 784 000	11 007 000
1885	1 793 000	69 000	1 864 000	47	1 444 332	3.86	38 536 000	10 033 000
1886	1 980 000	73 000	2 053 000	50	1 419 601	3.53	25 063 000	8 300 000
1887	1 933 000	53 000	2 003 000	49	1 416 027	4.00	33 224 000	3 701 000
1888	2 105 000	37 000	2 216 000	43	1 468 446	4.00	30 101 000	9 767 000
1889	2 186 000	60 000	2 236 000	49	1 476 927	4.00	23 224 000	3 701 000
1890	2 171 000	43 000	2 214 000	54	1 662 801	4.35	27 416 000	11 005 000
1891	2 137 000	31 000	2 208 000	49	1 660 184	4.37	30 139 000	9 280 000
1892	2 196 000	67 000	2 263 000	46	1 733 365	4.36	29 082 000	31 500 000
1893	2 317 000	139 000	2 456 000	41	1 642 366	4.32	50 070 000	8 041 000
1894	2 115 000	211 000	2 326 000	36	1 530 305	4.01	39 033 000	13 341 000
1895	2 037 000	129 000	2 166 000	31	1 349 043	4.07	25 688 000	23 387 000
1896	1 888 000	134 000	2 022 000	36	1 500 802	4.19	44 536 000	8 074 000
1897	2 101 000	107 000	2 208 000	42	1 533 958	4.28	32 351 000	6 780 000
1898	2 336 000	76 000	2 412 000	35	1 790 663	4.50	32 282 000	10 637 000
1899	2 509 000	91 000	2 600 000	41	1 734 868	4.50	47 008 000	20 836 000
1900	2 452 000	204 000	2 656 000	33	1 782 891	4.66	67 333 000	29 409 000

TABLEAU III. — *Production annuelle des alcools par nature de substances mises en œuvre depuis 1840* [1] *(Alcool pur).*

ANNÉES	ALCOOL PROVENANT DE LA DISTILLATION DES								TOTAL
	Sub-stances farineuses.	Mélasses.	Betteraves.	Vins.	Cidres.	Mûres, lies, etc.	Fruits.	Sub-stances diverses.	
	Hectolitres.	Hectolitres.	Hectolitres.	Hectolitres.	Hectolitres.	Hectolitres.	Hectolitres.	Hectolitres.	Hectolitres.
1840-1850 . . .	36 000	40 000	500	. . . . . .	815 000	. . . . . .	. . . . . .	"	891 500
1853-1857 . . .	69 000	137 000	300 000	. . . . . .	165 000	. . . . . .	. . . . . .	"	671 000
1865-1869 . . .	84 018	346 630	300 439	. . . . . .	533 383	. . . . . .	. . . . . .	60 124	1 344 514
1870-1875 . . .	108 483	382 443	713 777	. . . . . .	539 762	. . . . . .	. . . . . .	46 611	1 791 070
1876	101 402	710 670	243 337	545 994	22 388	76 227	7 228	7 929	1 709 175
1877	163 204	642 709	277 883	157 370	9 460	56 291	1 060	5 796	1 308 881
1878	180 469	646 713	331 719	192 932	9 822	51 070	978	3 496	1 417 227
1879	247 171	733 631	364 714	102 631	7 263	86 831	438	5 278	1 487 879
1880	312 583	685 433	429 878	27 200	3 317	17 373	623	4 638	1 081 568
1881	396 273	685 646	363 240	34 324	2 291	24 521	603	4 289	1 821 287
1882	417 066	703 989	556 056	21 952	9 829	22 893	713	4 638	1 766 566
1883	561 932	730 637	629 998	22 710	8 688	28 918	1 308	7 323	2 011 076
1884	483 001	778 714	569 237	35 931	15 567	43 766	2 799	4 609	1 934 464
1885	567 768	798 523	463 451	23 210	20 908	43 853	7 680	7 091	1 864 371
1886	789 963	471 781	682 985	19 513	28 600	49 311	4 424	4 673	2 032 250
1887	763 030	451 826	672 339	32 738	13 591	47 872	2 386	23 796	2 003 633
1888	794 326	582 432	654 700	41 776	12 933	11 092	4 016	28 188	2 152 483
1889	751 266	339 911	824 090	42 140	13 298	43 881	3 829	6 537	2 215 953
1890	645 255	582 573	800 985	38 799	4 803	34 371	1 150	6 381	2 214 327
1891	592 537	838 643	866 406	52 133	7 759	37 748	3 878	8 013	2 208 119
1892	366 335	902 446	854 320	69 619	13 589	46 210	4 348	6 187	2 263 079
1893	457 877	896 572	861 090	100 829	44 761	71 773	28 222	12 253	2 475 387
1894	415 795	817 325	753 508	151 660	71 135	77 274	30 011	2 703	2 329 113
1895	386 604	846 403	744 323	61 202	45 717	62 392	14 698	3 907	2 165 448
1896	416 530	863 423	511 087	38 632	53 739	78 429	6 051	1 203	2 022 134
1897	484 637	734 819	798 484	83 719	26 579	72 009	6 311	982	2 208 120
1898	683 566	708 270	897 542	45 975	9 352	53 207	4 781	7 757	2 412 460
1899	714 774	667 493	1 047 320	77 006	19 760	58 768	2 893	1 544	2 599 558
1900	562 455	796 675	973 225	149 407	47 043	93 460	33 147	836	2 676 268

[1] De 1840 à 1875, ce sont les moyennes qu'on a indiquées.

TABLEAU IV

Production des alcools dits naturels par nature de substances mises en œuvre.

(Chiffres fournis par l'administration des Contributions indirectes.)

PÉRIODE décennale — Années.	PRODUCTION des bouilleurs de profession (hectolitres).					PRODUCTION OSTENSIBLE des bouilleurs de cru (hectolitres).					PRODUCTION TOTALE (hectolitres).				
Années.	Vins.	Cidres et poirés.	Marcs et lies.	Fruits.	Total.	Vins.	Cidres et poirés.	Marcs et lies.	Fruits.	Total.	Vins.	Cidres et poirés.	Marcs et lies.	Fruits.	Total général.
1891	42 308	801	7 832	685	51 626	9 825	6 958	29 916	5 193	51 892	52 133	7 759	37 748	5 878	103 518
1892	53 789	1 064	10 620	1 014	66 487	15 850	12 525	35 590	3 334	67 299	69 639	13 589	46 210	4 348	133 786
1893	71 987	4 236	11 638	1 525	89 386	28 842	40 525	63 135	26 697	159 199	100 829	44 761	74 773	28 222	248 585
1894	104 432	10 650	15 644	986	131 712	57 228	60 485	61 630	29 025	208 368	161 660	71 135	77 274	30 011	340 080
1895	43 721	2 812	8 136	623	55 292	17 481	42 905	54 456	14 075	128 917	61 202	45 717	62 592	14 698	184 209
1896	49 251	2 271	11 132	544	63 198	9 401	51 488	67 297	5 507	133 693	58 652	53 759	78 429	6 051	196 891
1897	64 451	1 094	16 425	437	82 407	19 268	25 485	56 484	5 874	107 111	83 719	26 579	72 909	6 311	189 518
1898	28 386	917	9 013	579	38 895	17 589	8 435	46 194	4 202	76 420	45 975	9 352	55 207	4 781	115 315
1899	61 689	2 420	13 192	150	77 451	16 317	16 340	55 576	2 743	90 976	78 006	18 760	68 768	2 893	168 427
1900	97 353	4 229	14 895	2 217	118 694	52 054	42 814	78 565	30 930	204 363	149 407	47 043	93 460	33 147	323 057

TABLEAU V
Emploi de l'alcool en 1900 et 1899. (Alcool pur.)

	1900	1899
RESSOURCES		
Renseignements extraits des registres administratifs.	hectol.	hectol.
Fabrication indigène (bouilleurs de profession) — Substances farineuses	562 455	714 774
Mélasses	796 675	667 493
Betteraves	973 235	1 047 320
Vins	97 353	61 689
Cidres et poirés	4 229	2 420
Mares et lies	14 895	13 107
Fruits	2 217	235
Substances diverses	856	1 544
Importation (liqueurs comptées à 50 p. 100 d'alcool pur en moyenne)	112 150	115 835
Renseignements établis par évaluation et au sujet desquels l'Administration décline toute responsabilité.		
Fabrication indigène (bouilleurs de cru) — Vins	52 054	15 317
Cidres et poirés	42 814	17 340
Mares et lies	78 565	25 576
Fruits	30 930	2 743
Total des ressources	2 768 418	2 715 393
EMPLOIS		
Renseignements extraits des registres administratifs.		
Quantités soumises au droit général de consommation	1 782 891	1 754 868
» soumises à la dénaturation	221 214	216 015
» converties en vinaigre	54 514	50 718
» représentant les manquants couverts par la déduction chez les marchands en gros	84 799	96 042
» employées au vinage	44 401	21 304
» exportées (liqueurs comptées à 50 p. 100 d'alcool pur en moyenne)	345 743	288 818
Décharges pour creux de route	3 359	3 666
» pour pertes, accidents, avaries, etc.	1 890	1 756
» à titre de déficits de rendement en déchets de rectification	5 066	5 386
Quantités en cours de transport, en transit, etc. à la fin de l'année	31 327	35 489
Renseignements établis par évaluation et au sujet desquels l'Administration décline toute responsabilité.		
Quantités consommées en franchise chez les bouilleurs de cru	80 432	80 629
Total des emplois	2 655 636	2 554 691
Différence entre les ressources et les emplois	112 782	160 702

Cette différence peut s'expliquer par les variations qui se produisent dans l'importance des stocks au commencement et à la fin de l'année.

TABLEAU VI
Subdivision des quantités d'alcool soumises au droit général de consommation en 1900. (Alcool pur.)

I. — RÉPARTITION PAR CATÉGORIE DE CONSOMMATEURS

	Hectol.	Dont :
Débitants de boissons en tous lieux.	1 362 945	835 825 hectol. dans les campagnes et villes de moins de 4 000 âmes. 141 638 hectol. dans les villes de 4 000 à 10 000 âmes. 385 482 hect. dans les villes de 10 000 âmes et au-dessus.
Simples consommateurs en tous lieux.	219 401 (¹)	131 289 hectol. dans les campagnes et villes de moins de 4 000 âmes. 23 865 hectol. dans les villes de 4 000 à 10 000 âmes. 64 247 hect. dans les villes de 10 000 âmes et au-dessus.
Débitants et simples consommateurs à Paris.	200 545	
Total.	1 782 891	

II. — RÉPARTITION PAR NATURE DE LIQUIDE

		1900 Hectolitres.	1899 Hectolitres.
Esprits.	en cercles	52 629	49 401
	en bouteilles	7 048	6 931
Eaux-de-vie.	en cercles	1 022 554	1 046 400
	en bouteilles	85 474	82 663
Kirsch, rhum, etc.	en cercles	115 063	107 160
	en bouteilles	41 876	39 489
Bitter sucré.	en cercles	7 447	7 570
	en bouteilles	5 658	6 646
Bitter non sucré.	en cercles	16 980	15 189
	en bouteilles	11 739	11 462
Absinthes.	en cercles	150 127	131 781
	en bouteilles	58 804	54 970
Similaires d'absinthes.	en cercles	19 366	16 089
	en bouteilles	10 170	7 760
Genièvre.		78 726	75 347
Liqueurs en cercle et en bouteilless		83 329	81 787
Fruits à l'eau-de-vie.		10 018	9 304
Eaux de senteur, parfumeries diverses (²)		5 883	5 029
Total.		1 782 891	1 754 868

(¹) Le chiffre de 219 401 hectolitres représente la consommation des simples particuliers qui s'approvisionnent directement en gros. La consommation des simples particuliers qui achètent à la bouteille (ventes à emporter) figure dans la consommation faite chez les débitants, et il n'est pas possible de la connaître distinctement.

(²) Le chiffre de 5 883 hectolitres représente les quantités d'alcool employées à la fabrication des eaux de senteur par les fabricants entrepositaires, c'est-à-dire par les fabricants qui ont un compte avec la Régie. L'Administration n'a pas les moyens de connaître les quantités d'alcool mises en œuvre par les fabricants libres opérant avec des spiritueux libérés d'impôt.

Subdivision des quantités d'alcool (alcool pur) soumises au droit de dénaturation depuis 1890.

DÉSIGNATION DES PRODUITS	QUANTITÉS TOTALES SOUMISES A LA DÉNATURATION pendant les années										
	1890.	1891.	1892.	1893.	1894.	1895.	1896.	1897.	1898.	1899.	1900.
	hectol.	hectol.	hectol.	hectol.	hectol.	hectol.	hectol.	hectol.	hectol.	hectol.	hectol.
1° Alcools de chauffage et d'éclairage	41 430	51 773	57 022	58 692	67 224	70 370	73 370	80 411	93 006	109 767	125 648
2° Vernis	12 470	11 781	10 876	11 740	11 205	11 845	12 488	13 133	15 657	17 396	14 762
3° Alcools d'éclaircissage (ébénisterie)	2 510	4 214	1 145	1 715	1 253	938	1 627	1 713	2 506	7 287	2 730
4° Matières plastiques (celluloïd, phibrolithoïd, etc.)	1 820	3 363	1 316	1 603	1 276	2 200	2 806	3 508	9 635	9 430	7 198
5° Chapellerie	635	502	523	801	575	555	600	570	384	304	413
6° Teintures et couleurs	432	210	377	430	268	184	216	176	185	188	136
7° Présure liquide	98	115	82	108	102	113	99	115	182	146	123
8° Collodion	210	198	177	199	262	141	167	96	115	128	186
9° Chloroforme	196	280	215	304	286	239	128	120	250	296	52
10° Chloral	152	167	125	129	121	167	150	126	137	210	308
11° Tannins	109	130	118	140	153	149	150	154	163	105	406
12° Produits chimiques, produits pharmaceutiques et produits divers. (Extraits, alcaloïdes, insecticides, savons transparents, etc.)	676	640	598	623	605	530	616	984	1 435	1 918	3 853
13° Usages scientifiques	231	255	280	237	333	327	361	383	559	492	386
14° Ethers, fulminate de mercure, explosifs, etc.	48 873	37 064	32 095	30 198	37 136	46 273	45 764	45 031	48 184	74 263	64 873
Totaux	109 842	105 782	104 947	106 939	120 798	134 240	138 560	146 529	173 298	216 015	221 214

TABLEAU VIII. — *Production des alcools en 1900. (Alcool pur.)*

1° BOUILLEURS ET DISTILLATEURS DE PROFESSION

Quantités d'alcool provenant de la distillation des (hectol.) — et quantités totales fabriquées.

DÉPARTEMENTS	Nombre effectif des fabricants qui ont travaillé en 1900	Substances farineuses autres que les pommes de terre	Pommes de terre	Mélasses indigènes	Mélasses étrangères ou des colonies	Jus de betteraves	Betteraves coupées ou matérées	Glucoses et autres produits saccharifères	Vins	Cidres et poirés	Marcs, lies, etc.	Substances diverses	Quantités totales 1900	Quantités totales 1899	Production moyenne des dix années antérieures (1890 à 1899)
Ain	11	»	»	»	»	»	»	»	»	3	24	1	25	27	85
Aisne	19	3 724	»	299799	»	28 252	»	»	3	»	»	»	331 781	302 851	247 933
Allier	1	»	»	»	»	»	»	»	11	»	»	»	11	14	311
Alpes (Basses)	2	»	»	»	»	»	»	»	»	»	»	»	1	1	2
Alpes (Hautes)	2	»	»	»	»	»	»	»	»	»	»	»	»	1	90
Alpes-Maritimes	156	»	»	»	»	»	»	»	3	»	46	»	113	98	105
Ardèche	6	13 919	»	»	»	»	»	»	3	»	3	»	14 198	10 441	10 518
Ardennes	31	376	»	»	»	3 684	»	»	1	»	1	»	4 065	3 925	2 757
Ariège	»	»	»	»	»	»	»	»	»	»	»	»	»	1	3
Aube	8	»	»	»	»	»	798	»	»	»	95	»	822	756	838
Aude	13	»	»	»	»	»	»	»	1 216	»	1 620	»	2 836	1 736	1 967
Aveyron	»	»	»	»	»	»	»	»	»	»	»	»	»	»	»
Bouches-du-Rhône	9	733	»	2 021	4 194	»	»	»	10	»	3-	»	9 994	12 927	10 945
Calvados	602	»	»	»	»	2 433	»	»	4	1 368	276	»	4 081	2 138	715
Cantal	5	»	»	»	»	»	»	»	»	»	»	»	»	»	1
Charente	199	»	»	»	»	»	»	»	29 858	»	501	»	30 360	24 047	17 565
Charente-Inférieure	182	»	»	»	»	30 200	»	»	43 103	»	»	»	53 403	63 392	45 161
Cher	12	»	»	»	»	»	»	»	1	»	1	»	»	3	1
Corrèze	»	»	»	»	»	»	»	»	»	»	»	18	»	»	»
Côte-d'Or	91	30	»	5 248	»	27 643	»	»	8	»	308	18	33 264	32 340	18 758
Côtes-du-Nord	42	»	»	»	»	»	»	»	1	57	7	»	65	29	45
Creuse	»	»	»	»	»	»	»	»	»	»	»	»	»	»	4
Dordogne	2	»	»	»	»	»	»	»	»	»	2	18	2	5	11
Doubs	282	249	»	»	»	»	»	»	1	»	28	18	813	33 442	22 082
Drôme	75	»	»	»	»	»	»	»	2	»	83	»	85	94	33
Eure	694	»	»	»	»	»	»	»	13	699	58	»	9 497	9 504	9 454
Eure-et-Loir	214	»	»	»	»	8 727	»	»	3	91	3	»	4 066	3 500	2 914
Finistère	13	»	»	»	»	3 370	590	»	1	19	22	»	42	16	14
Gard	»	»	»	»	»	»	»	»	808	»	»	»	868	41	730
Garonne (Haute)	1	»	»	»	»	»	»	»	4	»	»	»	4	8	512
Gers	32	»	»	»	»	»	»	»	1 429	»	»	»	1 429	1 658	2 127
Gironde	18	42 674	»	»	»	»	»	»	1 328	»	272	»	44 274	46 640	47 395
Hérault	68	»	»	»	»	»	»	»	15 367	»	8 398	»	23 761	11 814	15 406
Ille-et-Vilaine	212	»	»	»	»	»	»	»	1	73	22	317	96	68	71
Indre	13	»	»	»	»	»	»	»	1	»	14	295	1 684	1 999	2 601
Indre-et-Loire	6	»	»	»	»	1 242	»	»	»	1	61	»	2 244	2 477	3 034
Isère	11	»	»	»	»	»	1 887	»	»	»	3	»	6 782	8 062	1 568
Jura	292	»	»	»	»	6 779	»	»	»	»	25	12	2 257	448	601
Landes	3	»	»	»	»	2 240	»	»	3-	»	»	»	37	106	260
Loir-et-Cher	13	»	»	»	»	»	»	»	3	»	3	»	520	496	515
Loire	108	13	»	»	»	514	»	»	26	»	19	»	53	53	1 056
Loire (Haute)	7	»	»	»	2	»	»	»	»	»	65	»	65	29	51
Loire-Inférieure	75	»	»	»	»	»	»	»	836	35	12	»	883	363	748
Loiret	13	»	»	»	»	»	»	»	1	»	219	»	310	192	3 354
Lot	»	»	»	»	»	»	»	»	»	»	»	»	»	»	»
Lot-et-Garonne	»	»	»	»	»	»	»	»	64	»	»	»	66	105	617

2° BOUILLEURS DE CRU

Nombre de bouilleurs de cru (Évaluation), alcools provenant de la distillation des (hectol.), et quantités totales fabriquées.

DÉPARTEMENTS	Bouilleurs de cru qui ont travaillé en 1900	Bouilleurs qui distillent incidemment ou habituellement	Vins	Cidres et poirés	Marcs, lies, etc.	Fruits	Quantités totales 1900	Quantités totales 1899	Production moyenne des dix années antérieures (1890 à 1899)
Ain	13 704	20 962	»	»	2 635	106	2 740	2 284	1 638
Aisne	3 812	15 731	»	74	754	270	1 098	494	711
Allier	6 674	6 075	78	1	1 686	251	2 015	461	438
Alpes (Basses)	1 569	1 569	1	»	279	73	353	185	77
Alpes (Hautes)	254	254	»	»	60	»	60	66	22
Alpes-Maritimes	305	11 240	»	»	90	»	90	64	103
Ardèche	9 875	11 830	170	12	1 756	350	2 297	1 468	1 300
Ardennes	3 721	7 924	»	103	269	392	764	379	685
Ariège	122	122	2	»	»	9	11	20	9
Aube	24 031	24 031	»	»	1 945	467	2 412	2 140	2 729
Aude	1 514	1 514	8 892	»	152	»	9 043	3 078	2 683
Aveyron	1 050	1 050	6	»	49	122	177	93	292
Bouches-du-Rhône	1 788	2 517	1 198	»	1 618	»	2 816	1 512	1 243
Calvados	7 449	25 070	»	8 296	783	»	9 079	5 829	8 642
Cantal	107	107	»	»	5	»	5	»	»
Charente	1 969	1 969	429	39	»	292	760	57	136
Charente-Inférieure	298	4 145	1 070	»	»	»	1 070	320	752
Cher	4 370	21 392	10	»	551	223	780	302	469
Corrèze	744	1 471	4	13	9	138	164	3	42
Côte-d'Or	14 787	26 251	»	»	4 948	80	5 028	3 500	2 843
Côtes-du-Nord	159	159	»	150	4	»	154	8	26
Creuse	»	»	»	»	»	»	»	»	»
Dordogne	2 590	5 590	104	37	121	1 154	1 416	150	472
Doubs	10 714	12 660	»	293	827	»	1 120	471	382
Drôme	7 702	7 702	58	961	93	»	1 112	959	1 077
Eure	14 551	18 114	»	6 070	1 277	31	7 387	2 810	4 601
Eure-et-Loir	3 965	9 491	3	783	67	9	862	190	375
Finistère	57	182	»	»	17	»	17	1	6
Gard	2 665	5 282	6 606	»	756	2	7 364	2 622	2 819
Garonne (Haute)	»	»	»	»	»	»	»	4	»
Gers	1 560	5 730	5 730	»	»	»	5 730	1 799	3 825
Gironde	1 102	2 657	419	4	36	»	459	275	259
Hérault	5 183	7 196	17 330	»	2 737	»	20 067	5 633	5 146
Ille-et-Vilaine	2 213	7 481	»	1 084	80	»	1 164	271	566
Indre	2 579	6 862	88	235	519	886	1 721	395	478
Indre-et-Loire	16 641	15 971	102	30	6 602	229	6 963	3 581	1 768
Isère	18 467	23 945	40	7	4 776	7	4 830	3 577	3 073
Jura	10 167	12 588	»	»	1 098	137	1 235	660	655
Landes	260	260	3 342	»	»	»	3 342	2 446	2 257
Loir-et-Cher	11 408	11 408	104	16	1 280	29	1 429	1 124	519
Loire	6 791	15 720	»	»	1 539	9	1 548	1 106	1 014
Loire (Haute)	2 396	6 824	»	»	256	9	265	61	186
Loire-Inférieure	3 500	8 976	277	292	327	»	898	316	547
Loiret	8 247	7 808	10	165	1 024	396	1 595	249	308
Lot	2 237	2 237	24	1	53	508	586	109	175
Lot-et-Garonne	2 466	33 297	749	»	»	214	963	297	212

Tableau VIII (suite et fin). — *Production*

1° BOUILLEURS ET DISTILLATEURS DE PROFESSION

QUANTITÉS D'ALCOOL PROVENANT DE LA DISTILLATION DES

2° BOUILLEURS DE CRU

DÉPARTEMENTS	Nombre effectif de fabricants qui ont travaillé en 1900	Spiritueux fabriqués autres que les pommes de terre	Pommes de terre	Mélasses (Fabriqués)	Mélasses (Raffineries, sucreries)	Betteraves (Jus de betteraves)	Betteraves (pommes, marcs)	Vidanges, produits sucrés, combustions	Vins	Cidres et poirés	Fruits, etc.	Vins (Substances diverses)	Quantités totales fabriquées pendant les années 1900	1899	Proportion % des deux années 1900 à 1899	qui ont travaillé en 1900	qui ont cessé directement ou indirectement	Nombre de bouilleurs de cru (Évaluation)	Vins	Cidres et poirés	Marcs, lies, etc.	Fruits	Quantités totales fabriquées pendant les années 1900	1899	Proportion % des deux années 1900 à 1899
Lozère	»	»	»	»	»	»	»	»	»	»	»	»	6	756	552	11 498	17 567	191	264	1 052	197	1 693	278	1 403	
Maine-et-Loire	59	»	»	»	»	»	»	»	»	»	»	»	66	275	269	14 885	15 069	»	6 863	192	»	6 963	1 661	7 238	
Manche	403	»	»	»	»	»	»	»	»	»	»	»	8 216	10 146	80	4 609	11 915	1	5	4 745	458	5 207	2 198	3 431	
Marne	76	682	28	»	»	7 487	2	»	911	115	»	»	44	15	181	18 721	23 207	10	»	2 463	1 384	3 816	2 529	2 577	
Marne (Haute)	42	11	»	»	»	»	2	»	24	40	»	»	294	199	186	14 790	23 111	1	5 061	511	»	5 552	1 371	2 770	
Mayenne	522	»	»	»	»	»	1	»	8	195	»	»	4 818	4 733	3 103	14 459	9 111	»	1 109	1 269	2 328	1 223	2 961	
Meurthe-et-Moselle	23	3 645	23	»	»	138	»	»	1	195	96	15	1 358	131	1 311	16 203	22 146	»	2 956	3 950	6 926	2 336	2 972	
Meuse	189	1 237	4	»	»	»	»	»	76	46	»	»	553	263	411	60	147	28	39	»	67	161	101	
Morbihan	19	»	»	»	»	»	»	»	385	142	»	»	4	19	7 142	10 162	57	174	913	399	1 557	1 057	191	
Nièvre	15	»	»	»	»	»	»	»	385	5	»	4	730 686	718 680	796 699	»	»	»	»	»	»	»	36	
Nord	90	130 851	»	128 981	22 956	428 980	68	»	»	6	3	»	71 965	78 815	68 986	280	2 533	»	188	4	16	208	31	143	
Oise	31	4 294	»	209	»	6 418	»	»	16	3	»	»	600	261	348	14 600	41 451	»	2 880	416	»	8 278	3 142	5 399	
Orne	850	»	»	»	»	»	»	»	10	498	91	»	327 312	175 261	303 166	5 180	7 181	2	»	5 550	»	1 552	601	1 389	
Pas-de-Calais	490	91 275	116	45 967	»	187 929	»	»	»	537	»	»	9 599	8 666	13 375	196	61	95	»	»	105	56	51	
Puy-de-Dôme	58	»	»	9 763	»	»	»	»	1	»	»	»	11	199	800	63	8	»	10	»	4	50	
Pyrénées (Basses)	300	»	»	»	»	»	»	»	»	»	»	»	2 865	2 793	2 247	1 607	2 615	2 901	»	10	»	2 915	755	1 333	
Pyrénées (Hautes)	15	»	»	»	»	»	»	»	»	»	»	»	4	865	4 586	4 786	5	»	1 497	»	1 502	407	1 091	
Pyrénées-Orientales	183	413	»	»	»	2 448	»	105	»	»	»	459	469	910	2 635	3 545	617	
Rhin (Haut)	24	85	»	»	»	»	»	»	»	»	»	684	762	692	8 306	25 139	11	»	2 866	70	2 936	2 512	2 058	
Rhône	39	58 058	»	»	»	2 025	»	»	76	4	»	»	359	225	190	26 219	33 600	107	2 525	707	6	7 345	1 613	1 663	
Saône (Haute)	42	137	31	»	»	»	»	»	16	203	»	»	5	»	50	7 258	16 889	»	2 095	202	»	2 192	1 219	1 068	
Saône-et-Loire	608	16	»	»	»	»	»	»	4	215	23	»	»	6 596	10 221	»	»	1 765	17	1 386	708	899	
Sarthe	»	»	»	»	»	16	»	58 059	62 261	62 582	1 196	1 730	3	1	75	»	95	67	77	
Savoie	»	58 058	»	»	16	»	»	123 026	131 961	103 079	7 979	»	1 558	226	»	1 783	532	699	
Savoie (Haute)	559	120 193	»	»	»	»	1	5	»	68 725	50 913	64 992	8 619	9 521	12	119	542	705	1 377	676	911	
Seine	61	600	31	3 988	16	2 467	»	1	»	130 486	125 590	8 541	9 975	8	497	1 371	858	2 435	1 382	1 238	
Seine-Inférieure	87	48 680	»	64 646	»	64 686	»	»	1	173	»	164	16 865	18 572	19 908	1 860	2 538	61	232	32	171	516	176	258	
Seine-et-Marne	11	6 838	»	»	»	62 715	»	»	»	4	»	8	288 271	268 724	201 798	»	4	»	»	»	»	»	15	
Seine-et-Oise	11	31 780	»	2 20 571	»	9 799	»	»	248	4	»	»	88	197	113	2 556	1 087	42	»	510	185	786	350	78	
Sèvres (Deux-)	3	3	»	»	»	17 539	2 678	»	»	15	»	»	12	»	2	1 261	1 661	354	»	177	453	962	452	554	
Somme	10	»	»	»	»	»	»	»	»	»	»	»	266	227	189	14 400	17 531	299	2 175	»	2 453	2 093	839	
Tarn	93	»	»	»	»	»	»	»	»	»	»	»	97	36	616	3 112	983	15	469	»	745	531	316	
Tarn-et-Garonne	42	»	»	»	»	»	»	219	2	208	7	592	10 884	609	55	538	685	1 503	692	598	
Var	16	»	»	»	»	»	»	»	»	38	»	281	400	105	3 795	11 595	28	55	67	»	»	63	»	
Vaucluse	22	249	»	»	»	»	»	57	»	»	»	5	429	421	»	»	691	9 346	10 046	818	2 658	
Vendée	86	»	»	»	»	»	»	49	»	86	18	219	26 485	22 610	»	177	4 857	761	5 798	4 629	3 869	
Vienne	107	»	»	»	»	»	»	»	42	»	161	1 850	1 815	27 511	51 486	»	»	»	»	»	»	»	
Vienne (Haute)	50	»	»	»	»	»	»	»	4	»	»													
Vosges	»	»	»	»	»	1 639	»	»	»	2	»	»													
Yonne	»	»	»	»	»	»	»	»	5	»	856 451 905	2 182 687	552 537	925 910	50 054	78 565	30 930	90 976	107 211	
TOTAUX des années 1900	8 643	562 216	215	249 049	22 966	96 961	»	»	»	217	»	544	339 935	281 250	15 317	17 540	55 570	2 543	
1899	5 865	415 001	773	650 536	11 188	1 013 051	125	»	159 753	1 290	1 589	107 271	688	56 627	269 220	215 280	111 680	36 757	25 455	22 984	28 185	113 387	
AUGMENTATION	2 759	»	»	1 684	12 350	»	»	»	15 661	1 809	788	»	»	»	»	»	»	»	»	
DIMINUTION	»	151 791	598	»	»	24 883	»	»	»	»	»	»	»	»	»	»	»	»	

Consommation réelle imposée, consommation en franchise et consommation totale des vins, cidres, alcools et vins de liqueurs en 1904.

1re PARTIE — Consommation des vins, cidres, alcools et vins de liqueurs réellement imposés.

2e PARTIE — Évaluation approximative de la consommation totale des vins, cidres, alcools et vins de liqueurs.

Départements	Popula-tion	Quantités imposées — Vins	Cidres	Alcools	Vins de liqueurs	Quotité de la consommation imposée par habitant — Vins	Cidres	Alcools	Vins de liq.	Quantités consommées en franchise chez les récoltants et les bouilleurs de cru (Évaluation) — Vins	Cidres	Alcools	Vins de liqueurs	Total de la consommation (imposée ou en franchise) — Vins	Cidres	Alcools	Vins de liqueurs	Quotité par habitant de la consommation totale — Vins	Cidres	Alcools	Vins de liqueurs	Bières (Quantité imposée dans chaque département)
	habitants	hectolitres	hectolitres	hectolitres	hectol.	h. l.	h. l.	l. c.	l. c.	hectolitres	hectolitres	hectol.	hectol.	hectol.	hectol.	hectol.	hectol.	h. l.	h. l.	h. l.	h. l.	deg. hectol.
Ain	[illegible]	[illegible]	[illegible]	[illegible]	[illegible]	[illegible]	[illegible]	[illegible]	[illegible]	[illegible]	[illegible]	[illegible]	[illegible]	[illegible]	[illegible]	[illegible]	[illegible]	[illegible]	[illegible]	[illegible]	[illegible]	[illegible]
Aisne	[illegible]	[illegible]	[illegible]	[illegible]	[illegible]	[illegible]	[illegible]	[illegible]	[illegible]	[illegible]	[illegible]	[illegible]	[illegible]	[illegible]	[illegible]	[illegible]	[illegible]	[illegible]	[illegible]	[illegible]	[illegible]	[illegible]
Allier	[illegible]	[illegible]	[illegible]	[illegible]	[illegible]	[illegible]	[illegible]	[illegible]	[illegible]	[illegible]	[illegible]	[illegible]	[illegible]	[illegible]	[illegible]	[illegible]	[illegible]	[illegible]	[illegible]	[illegible]	[illegible]	[illegible]
Alpes (Basses-)	[illegible]	[illegible]	[illegible]	[illegible]	[illegible]	[illegible]	[illegible]	[illegible]	[illegible]	[illegible]	[illegible]	[illegible]	[illegible]	[illegible]	[illegible]	[illegible]	[illegible]	[illegible]	[illegible]	[illegible]	[illegible]	[illegible]
Alpes (Hautes-)	[illegible]	[illegible]	[illegible]	[illegible]	[illegible]	[illegible]	[illegible]	[illegible]	[illegible]	[illegible]	[illegible]	[illegible]	[illegible]	[illegible]	[illegible]	[illegible]	[illegible]	[illegible]	[illegible]	[illegible]	[illegible]	[illegible]
Alpes-Maritimes	[illegible]	[illegible]	[illegible]	[illegible]	[illegible]	[illegible]	[illegible]	[illegible]	[illegible]	[illegible]	[illegible]	[illegible]	[illegible]	[illegible]	[illegible]	[illegible]	[illegible]	[illegible]	[illegible]	[illegible]	[illegible]	[illegible]
Ardèche	[illegible]	[illegible]	[illegible]	[illegible]	[illegible]	[illegible]	[illegible]	[illegible]	[illegible]	[illegible]	[illegible]	[illegible]	[illegible]	[illegible]	[illegible]	[illegible]	[illegible]	[illegible]	[illegible]	[illegible]	[illegible]	[illegible]
Ardennes	[illegible]	[illegible]	[illegible]	[illegible]	[illegible]	[illegible]	[illegible]	[illegible]	[illegible]	[illegible]	[illegible]	[illegible]	[illegible]	[illegible]	[illegible]	[illegible]	[illegible]	[illegible]	[illegible]	[illegible]	[illegible]	[illegible]
Ariège	[illegible]	[illegible]	[illegible]	[illegible]	[illegible]	[illegible]	[illegible]	[illegible]	[illegible]	[illegible]	[illegible]	[illegible]	[illegible]	[illegible]	[illegible]	[illegible]	[illegible]	[illegible]	[illegible]	[illegible]	[illegible]	[illegible]
Aube	[illegible]	[illegible]	[illegible]	[illegible]	[illegible]	[illegible]	[illegible]	[illegible]	[illegible]	[illegible]	[illegible]	[illegible]	[illegible]	[illegible]	[illegible]	[illegible]	[illegible]	[illegible]	[illegible]	[illegible]	[illegible]	[illegible]
Aude	[illegible]	[illegible]	[illegible]	[illegible]	[illegible]	[illegible]	[illegible]	[illegible]	[illegible]	[illegible]	[illegible]	[illegible]	[illegible]	[illegible]	[illegible]	[illegible]	[illegible]	[illegible]	[illegible]	[illegible]	[illegible]	[illegible]
Aveyron	[illegible]	[illegible]	[illegible]	[illegible]	[illegible]	[illegible]	[illegible]	[illegible]	[illegible]	[illegible]	[illegible]	[illegible]	[illegible]	[illegible]	[illegible]	[illegible]	[illegible]	[illegible]	[illegible]	[illegible]	[illegible]	[illegible]
Bouches-du-Rhône	[illegible]	[illegible]	[illegible]	[illegible]	[illegible]	[illegible]	[illegible]	[illegible]	[illegible]	[illegible]	[illegible]	[illegible]	[illegible]	[illegible]	[illegible]	[illegible]	[illegible]	[illegible]	[illegible]	[illegible]	[illegible]	[illegible]
Calvados	[illegible]	[illegible]	[illegible]	[illegible]	[illegible]	[illegible]	[illegible]	[illegible]	[illegible]	[illegible]	[illegible]	[illegible]	[illegible]	[illegible]	[illegible]	[illegible]	[illegible]	[illegible]	[illegible]	[illegible]	[illegible]	[illegible]
Cantal	[illegible]	[illegible]	[illegible]	[illegible]	[illegible]	[illegible]	[illegible]	[illegible]	[illegible]	[illegible]	[illegible]	[illegible]	[illegible]	[illegible]	[illegible]	[illegible]	[illegible]	[illegible]	[illegible]	[illegible]	[illegible]	[illegible]
Charente	[illegible]	[illegible]	[illegible]	[illegible]	[illegible]	[illegible]	[illegible]	[illegible]	[illegible]	[illegible]	[illegible]	[illegible]	[illegible]	[illegible]	[illegible]	[illegible]	[illegible]	[illegible]	[illegible]	[illegible]	[illegible]	[illegible]
Charente-Inférieure	[illegible]	[illegible]	[illegible]	[illegible]	[illegible]	[illegible]	[illegible]	[illegible]	[illegible]	[illegible]	[illegible]	[illegible]	[illegible]	[illegible]	[illegible]	[illegible]	[illegible]	[illegible]	[illegible]	[illegible]	[illegible]	[illegible]
Cher	[illegible]	[illegible]	[illegible]	[illegible]	[illegible]	[illegible]	[illegible]	[illegible]	[illegible]	[illegible]	[illegible]	[illegible]	[illegible]	[illegible]	[illegible]	[illegible]	[illegible]	[illegible]	[illegible]	[illegible]	[illegible]	[illegible]
Corrèze	[illegible]	[illegible]	[illegible]	[illegible]	[illegible]	[illegible]	[illegible]	[illegible]	[illegible]	[illegible]	[illegible]	[illegible]	[illegible]	[illegible]	[illegible]	[illegible]	[illegible]	[illegible]	[illegible]	[illegible]	[illegible]	[illegible]
Côte-d'Or	[illegible]	[illegible]	[illegible]	[illegible]	[illegible]	[illegible]	[illegible]	[illegible]	[illegible]	[illegible]	[illegible]	[illegible]	[illegible]	[illegible]	[illegible]	[illegible]	[illegible]	[illegible]	[illegible]	[illegible]	[illegible]	[illegible]
Côtes-du-Nord	[illegible]	[illegible]	[illegible]	[illegible]	[illegible]	[illegible]	[illegible]	[illegible]	[illegible]	[illegible]	[illegible]	[illegible]	[illegible]	[illegible]	[illegible]	[illegible]	[illegible]	[illegible]	[illegible]	[illegible]	[illegible]	[illegible]
Creuse	[illegible]	[illegible]	[illegible]	[illegible]	[illegible]	[illegible]	[illegible]	[illegible]	[illegible]	[illegible]	[illegible]	[illegible]	[illegible]	[illegible]	[illegible]	[illegible]	[illegible]	[illegible]	[illegible]	[illegible]	[illegible]	[illegible]
Dordogne	[illegible]	[illegible]	[illegible]	[illegible]	[illegible]	[illegible]	[illegible]	[illegible]	[illegible]	[illegible]	[illegible]	[illegible]	[illegible]	[illegible]	[illegible]	[illegible]	[illegible]	[illegible]	[illegible]	[illegible]	[illegible]	[illegible]
Doubs	[illegible]	[illegible]	[illegible]	[illegible]	[illegible]	[illegible]	[illegible]	[illegible]	[illegible]	[illegible]	[illegible]	[illegible]	[illegible]	[illegible]	[illegible]	[illegible]	[illegible]	[illegible]	[illegible]	[illegible]	[illegible]	[illegible]
Drôme	[illegible]	[illegible]	[illegible]	[illegible]	[illegible]	[illegible]	[illegible]	[illegible]	[illegible]	[illegible]	[illegible]	[illegible]	[illegible]	[illegible]	[illegible]	[illegible]	[illegible]	[illegible]	[illegible]	[illegible]	[illegible]	[illegible]
Eure	[illegible]	[illegible]	[illegible]	[illegible]	[illegible]	[illegible]	[illegible]	[illegible]	[illegible]	[illegible]	[illegible]	[illegible]	[illegible]	[illegible]	[illegible]	[illegible]	[illegible]	[illegible]	[illegible]	[illegible]	[illegible]	[illegible]
Eure-et-Loir	[illegible]	[illegible]	[illegible]	[illegible]	[illegible]	[illegible]	[illegible]	[illegible]	[illegible]	[illegible]	[illegible]	[illegible]	[illegible]	[illegible]	[illegible]	[illegible]	[illegible]	[illegible]	[illegible]	[illegible]	[illegible]	[illegible]
Finistère	[illegible]	[illegible]	[illegible]	[illegible]	[illegible]	[illegible]	[illegible]	[illegible]	[illegible]	[illegible]	[illegible]	[illegible]	[illegible]	[illegible]	[illegible]	[illegible]	[illegible]	[illegible]	[illegible]	[illegible]	[illegible]	[illegible]
Gard	[illegible]	[illegible]	[illegible]	[illegible]	[illegible]	[illegible]	[illegible]	[illegible]	[illegible]	[illegible]	[illegible]	[illegible]	[illegible]	[illegible]	[illegible]	[illegible]	[illegible]	[illegible]	[illegible]	[illegible]	[illegible]	[illegible]
Garonne (Haute-)	[illegible]	[illegible]	[illegible]	[illegible]	[illegible]	[illegible]	[illegible]	[illegible]	[illegible]	[illegible]	[illegible]	[illegible]	[illegible]	[illegible]	[illegible]	[illegible]	[illegible]	[illegible]	[illegible]	[illegible]	[illegible]	[illegible]
Gers	[illegible]	[illegible]	[illegible]	[illegible]	[illegible]	[illegible]	[illegible]	[illegible]	[illegible]	[illegible]	[illegible]	[illegible]	[illegible]	[illegible]	[illegible]	[illegible]	[illegible]	[illegible]	[illegible]	[illegible]	[illegible]	[illegible]
Gironde	[illegible]	[illegible]	[illegible]	[illegible]	[illegible]	[illegible]	[illegible]	[illegible]	[illegible]	[illegible]	[illegible]	[illegible]	[illegible]	[illegible]	[illegible]	[illegible]	[illegible]	[illegible]	[illegible]	[illegible]	[illegible]	[illegible]
Hérault	[illegible]	[illegible]	[illegible]	[illegible]	[illegible]	[illegible]	[illegible]	[illegible]	[illegible]	[illegible]	[illegible]	[illegible]	[illegible]	[illegible]	[illegible]	[illegible]	[illegible]	[illegible]	[illegible]	[illegible]	[illegible]	[illegible]
Ille-et-Vilaine	[illegible]	[illegible]	[illegible]	[illegible]	[illegible]	[illegible]	[illegible]	[illegible]	[illegible]	[illegible]	[illegible]	[illegible]	[illegible]	[illegible]	[illegible]	[illegible]	[illegible]	[illegible]	[illegible]	[illegible]	[illegible]	[illegible]
Indre	[illegible]	[illegible]	[illegible]	[illegible]	[illegible]	[illegible]	[illegible]	[illegible]	[illegible]	[illegible]	[illegible]	[illegible]	[illegible]	[illegible]	[illegible]	[illegible]	[illegible]	[illegible]	[illegible]	[illegible]	[illegible]	[illegible]
Indre-et-Loire	[illegible]	[illegible]	[illegible]	[illegible]	[illegible]	[illegible]	[illegible]	[illegible]	[illegible]	[illegible]	[illegible]	[illegible]	[illegible]	[illegible]	[illegible]	[illegible]	[illegible]	[illegible]	[illegible]	[illegible]	[illegible]	[illegible]
Isère	[illegible]	[illegible]	[illegible]	[illegible]	[illegible]	[illegible]	[illegible]	[illegible]	[illegible]	[illegible]	[illegible]	[illegible]	[illegible]	[illegible]	[illegible]	[illegible]	[illegible]	[illegible]	[illegible]	[illegible]	[illegible]	[illegible]
Jura	[illegible]	[illegible]	[illegible]	[illegible]	[illegible]	[illegible]	[illegible]	[illegible]	[illegible]	[illegible]	[illegible]	[illegible]	[illegible]	[illegible]	[illegible]	[illegible]	[illegible]	[illegible]	[illegible]	[illegible]	[illegible]	[illegible]
Landes	[illegible]	[illegible]	[illegible]	[illegible]	[illegible]	[illegible]	[illegible]	[illegible]	[illegible]	[illegible]	[illegible]	[illegible]	[illegible]	[illegible]	[illegible]	[illegible]	[illegible]	[illegible]	[illegible]	[illegible]	[illegible]	[illegible]
Loir-et-Cher	[illegible]	[illegible]	[illegible]	[illegible]	[illegible]	[illegible]	[illegible]	[illegible]	[illegible]	[illegible]	[illegible]	[illegible]	[illegible]	[illegible]	[illegible]	[illegible]	[illegible]	[illegible]	[illegible]	[illegible]	[illegible]	[illegible]
Loire	[illegible]	[illegible]	[illegible]	[illegible]	[illegible]	[illegible]	[illegible]	[illegible]	[illegible]	[illegible]	[illegible]	[illegible]	[illegible]	[illegible]	[illegible]	[illegible]	[illegible]	[illegible]	[illegible]	[illegible]	[illegible]	[illegible]
Loire (Haute-)	[illegible]	[illegible]	[illegible]	[illegible]	[illegible]	[illegible]	[illegible]	[illegible]	[illegible]	[illegible]	[illegible]	[illegible]	[illegible]	[illegible]	[illegible]	[illegible]	[illegible]	[illegible]	[illegible]	[illegible]	[illegible]	[illegible]
Loire-Inférieure	[illegible]	[illegible]	[illegible]	[illegible]	[illegible]	[illegible]	[illegible]	[illegible]	[illegible]	[illegible]	[illegible]	[illegible]	[illegible]	[illegible]	[illegible]	[illegible]	[illegible]	[illegible]	[illegible]	[illegible]	[illegible]	[illegible]
Loiret	[illegible]	[illegible]	[illegible]	[illegible]	[illegible]	[illegible]	[illegible]	[illegible]	[illegible]	[illegible]	[illegible]	[illegible]	[illegible]	[illegible]	[illegible]	[illegible]	[illegible]	[illegible]	[illegible]	[illegible]	[illegible]	[illegible]
Lot	[illegible]	[illegible]	[illegible]	[illegible]	[illegible]	[illegible]	[illegible]	[illegible]	[illegible]	[illegible]	[illegible]	[illegible]	[illegible]	[illegible]	[illegible]	[illegible]	[illegible]	[illegible]	[illegible]	[illegible]	[illegible]	[illegible]

1re PARTIE — CONSOMMATION DES VINS, CIDRES, ALCOOLS ET VINS DE LIQUEURS RÉELLEMENT IMPOSÉS

DÉPARTEMENTS	POPULATION	QUANTITÉS IMPOSÉES				QUOTITÉ de la consommation imposée par habitant			
		Vins	Cidres	Alcools	Vins de liqueurs	Vins	Cidres	Alcools	Vins de liqueurs
	habitants	hectolitres	hectolitres	hectolitres	hectol.	h. l.	h. l.	l. c.	l. c.
Lot-et-Garonne	[illegible]	[illegible]	199	2 381	300	0,78	»	0,82	0,10
Lozère	[illegible]	157 980	6	1 565	208	1,90	»	1,19	0,16
Maine-et-Loire	514 870	[illegible]	43 474	7 696	609	1,05	0,09	1,55	0,12
Manche	[illegible]	[illegible]	504 814	70 691	834	0,15	1,44	6,14	0,17
Marne	439 577	[illegible]	27 988	19 003	1 258	1,60	0,06	4,32	0,99
Marne (Haute-)	[illegible]	499 970	1 082	4 460	310	1,59	0,01	1,92	0,11
Mayenne	321 187	62 589	312 778	19 966	431	0,19	0,97	4,04	0,11
Meurthe-et-Moselle	466 417	[illegible]	1 853	13 081	990	1,42	»	1,92	0,19
Meuse	290 384	447 390	2 582	9 687	471	1,55	0,01	3,35	0,22
Morbihan	559 098	116 146	636 559	16 060	829	0,21	1,21	2,91	0,16
Nièvre	333 899	415 181	8 845	5 890	462	1,25	0,03	1,76	0,14
Nord	1 844 868	[illegible]	74 988	84 807	7 994	0,19	0,02	4,68	0,43
Oise	405 511	361 970	118 947	35 049	1 772	0,89	0,29	8,66	0,43
Orne	339 162	62 844	293 178	14 991	496	0,19	0,86	4,42	0,16
Pas-de-Calais	906 229	184 648	71 789	74 790	1 425	0,20	0,07	8,20	0,16
Puy-de-Dôme	555 078	448 549	1 060	6 066	948	0,80	»	1,35	0,17
Pyrénées (Basses-)	424 572	496 684	87	6 066	773	1,17	0,01	1,43	0,18
Pyrénées (Hautes-)	218 973	316 751	[illegible]	2 589	295	1,46	»	1,18	0,13
Pyrénées-Orientales	208 387	184 049	42	7 384	709	0,88	»	2,10	0,34
Rhin (Haut-)	88 047	118 099	176	7 601	128	1,57	»	7,76	0,10
Rhône	849 729	1 505 694	984	79 908	3 498	1,77	»	7,58	0,41
Saône (Haute-)	272 891	373 491	1 450	6 099	301	1,37	»	2,91	0,11
Saône-et-Loire	621 237	710 718	154	11 307	911	1,14	»	1,85	0,15
Sarthe	425 077	230 579	216 171	14 609	610	0,54	0,50	1,44	0,12
Savoie	259 790	235 111	1 547	2 609	309	0,98	»	1,09	0,12
Savoie (Haute)	263 872	212 073	1 954	2 988	311	0,79	0,07	0,86	0,10
Seine	803 680	2 906 469	166 604	54 578	4 101	1,61	0,09	6,55	0,51
Paris	2 536 874	6 802 187	202 879	115 561	11 929	0,71	0,21	4,55	0,41
Seine-Inférieure	837 824	202 624	677 913	105 461	1 046	0,31	0,72	5,01	0,49
Seine-et-Marne	357 011	602 804	99 816	19 491	1 184	1,89	0,28	5,51	0,19
Seine-et-Oise	669 098	1 234 142	191 375	42 060	2 611	1,84	0,28	6,90	0,39
Sèvres (Deux-)	346 694	366 181	1 625	4 891	716	1,05	»	1,10	0,20
Somme	537 270	155 531	104 518	50 269	1 520	0,29	0,19	10,76	0,26
Tarn	339 827	484 699	79	4 934	609	1,42	»	1,35	0,18
Tarn-et-Garonne	200 390	169 571	29	2 480	290	1,19	»	1,19	0,13
Var	309 191	390 176	145	10 299	1 065	1,26	»	3,14	0,34
Vaucluse	236 317	139 518	17	6 460	452	0,59	»	2,61	0,19
Vendée	441 735	361 488	2 346	7 291	405	0,82	»	0,74	0,09
Vienne	338 114	345 646	1 652	3 727	649	1,02	»	1,10	0,11
Vienne (Haute-)	375 724	465 796	5 779	4 466	456	1,91	0,01	1,19	0,12
Vosges	421 412	569 919	1 507	17 585	599	0,39	»	4,93	0,14
Yonne	332 656	345 524	29 613	4 580	576	0,98	0,06	1,78	0,12
TOTAL pour l'ensemble de la France	18 295 807	43 438 290	7 531 770	1 749 739	88 672	1,44	0,20	7,51	0,21

2e PARTIE — ÉVALUATION APPROXIMATIVE DE LA CONSOMMATION TOTALE DES VINS, CIDRES, ALCOOLS ET VINS DE LIQUEURS

DÉPARTEMENTS	QUANTITÉS CONSOMMÉES en franchise chez les récoltants et les bouilleurs de cru (Évaluation)				TOTAL de la consommation (imposée ou en franchise)				QUOTITÉ par habitant de la consommation totale				BIÈRES (Quantités imposées dans chaque département)
	Vins	Cidres	Alcools	Vins de liqueurs	Vins	Cidres	Alcools	Vins de liqueurs	Vins	Cidres	Alcools	Vins de liqueurs	
	hectolitres	hectolitres	hectol.	hectol.	hectol.	hectol.	hectol.	hectol.	h. l.	h. l.	h. l.	h. l.	deg. hectol.
Lot-et-Garonne	170 520	»	224	»	391 294	122	2 605	300	1,38	»	0,91	0,10	109 595
Lozère	3 465	»	»	»	161 445	27	1 565	208	1,22	»	1,19	0,16	34 604
Maine-et-Loire	314 265	12 742	1 054	»	828 626	60 525	8 750	609	1,66	0,12	1,75	0,12	11 159
Manche	»	1 810 000	3 700	»	74 978	2 314 851	33 991	854	0,15	5,12	7,12	0,17	27 352
Marne	158 043	9 889	2 648	»	861 508	37 177	21 650	1 258	1,96	0,08	4,97	0,99	1 004 208
Marne (Haute-)	85 831	»	1 301	»	485 072	1 082	8 781	310	2,09	0,05	3,78	0,11	295 919
Mayenne	2 100	642 750	4 412	»	64 689	955 528	17 368	431	0,20	2,97	5,41	0,13	12 463
Meurthe-et-Moselle	166 589	»	1 955	»	806 498	1 853	16 036	990	1,73	»	3,44	0,19	2 414 389
Meuse	121 215	406	2 356	»	568 805	3 042	12 043	471	1,96	0,01	4,16	0,16	70 961
Morbihan	31 365	650 556	368	»	147 598	1 307 107	16 428	829	0,27	2,35	2,96	0,16	20 963
Nièvre	24 000	10 000	800	»	439 181	18 845	6 690	462	1,45	0,06	2,00	0,13	[illegible]
Nord	»	28 181	15	»	361 518	221 232	85 122	7 994	1,12	0,89	0,55	0,33	146 467
Oise	288 »	102 300	80	»	62 844	111 789	35 191	1 772	1,72	0,19	1,87	0,43	[illegible]
Orne	»	1 020 250	12 200	»	62 844	181 058	103 789	496	1,42	0,20	0,11	0,16	7 549 769
Pas-de-Calais	165 000	28 000	500	»	215 649	107 789	8 000	948	1,05	0,20	8,20	0,16	115 000
Puy-de-Dôme	78 544	3 796	81	»	569 992	6 172	7 745	948	1,34	0,09	1,49	0,18	66 850
Pyrénées (Basses-)	40 000	2 000	31	»	316 751	2 087	2 600	295	1,63	0,01	1,20	0,13	26 557
Pyrénées (Hautes-)	82 450	»	996	»	266 299	»	42	4 590	1,98	»	2,20	0,34	[illegible]
Pyrénées-Orientales	»	»	99	»	184 099	»	7 376	128	1,57	»	1,76	0,35	79 846
Rhin (Haut-)	106 625	»	310	»	1 612 368	984	29 518	3 498	1,92	»	1,51	0,39	593 150
Rhône	55 231	5 290	2 035	»	430 652	2 151	78 150	301	1,58	0,03	0,99	0,11	22 997
Saône (Haute-)	273 205	2 021	2 041	»	983 573	2 175	13 518	911	1,58	»	2,18	0,15	159 968
Saône-et-Loire	49 318	261 891	3 861	»	299 827	471 462	18 470	610	0,71	1,79	1,09	0,15	11 160
Sarthe	69 740	8 144	1 111	»	304 451	9 657	3 999	309	1,23	0,03	1,60	0,12	31 466
Savoie	84 748	24 131	1 111	»	297 682	15 682	2 541	311	1,69	0,13	1,28	0,12	7 471
Savoie (Haute)	1 968	146	55	»	2 904 437	167 505	54 101	4 101	1,69	0,20	6,77	0,52	2 208 521
Seine	6 802 483	»	»	»	6 802 483	202 879	115 561	11 929	2,68	0,21	5,55	0,51	[illegible]
Paris	50 422	210 000	1 987	»	292 621	331 913	106 728	3 696	0,75	1,20	1,24	0,33	331 912
Seine-Inférieure	50 428	255 569	1 439	»	252 369	932 362	20 566	1 184	1,95	0,49	5,39	0,11	392 961
Seine-et-Marne	103 500	116 372	2 899	»	1 305 701	11 931	44 459	2 611	1,81	0,44	6,66	0,30	457 611
Seine-et-Oise	»	169 975	16	»	366 701	11 931	4 914	356	1,33	0,03	1,42	0,10	36 149
Sèvres (Deux-)	»	»	361	»	155 530	271 361	50 285	1 520	1,29	0,50	10,82	0,26	134 906
Somme	133 000	610	805	»	617 651	80	5 295	609	1,81	»	1,56	0,18	45 354
Tarn	390 200	»	2 387	»	291 778	660	4 334	456	1,47	»	1,08	0,19	90 900
Tarn-et-Garonne	135 000	»	400	»	510 446	145	12 688	1 065	2,99	»	3,88	0,34	»
Var	240 000	500	150	»	319 518	17	6 560	452	1,39	»	2,18	0,19	69 350
Vaucluse	180 410	4 235	439	»	604 488	2 916	7 421	405	1,36	»	0,77	0,10	20 793
Vendée	480 »	48 166	»	»	466 206	53 945	4 466	456	1,24	0,14	1,19	0,11	196 496
Vienne	9 956	808	211	»	528 988	2 113	4 980	456	2,05	»	1,33	0,12	1 042 176
Vienne (Haute-)	247 872	122 865	5 410	»	572 596	135 479	9 990	576	1,70	0,43	1,22	0,11	34 201
Vosges	[illegible]	[illegible]	[illegible]	»	[illegible]	[illegible]	[illegible]	[illegible]	[illegible]	[illegible]	[illegible]	[illegible]	[illegible]
Yonne	[illegible]	[illegible]	[illegible]	»	[illegible]	[illegible]	[illegible]	[illegible]	[illegible]	[illegible]	[illegible]	[illegible]	[illegible]
TOTAL pour l'ensemble de la France	9 936 880	9 618 085	116 552	»	53 369 170	17 149 855	1 406 311	88 672	1,46	0,55	8,85	0,23	52 141 862

BIBLIOGRAPHIE

Abel (Charles). Cri d'alarme poussé par un lorrain (contre le monopole de l'alcool) Metz 1886.

Allemand. Étude sur la réforme de l'impôt des boissons. Nîmes, 1888.

Antheaume (André). De la toxicité des alcools. Paris, Alcan, 1897.

Antheaume (Léon). L'alcool en Belgique au point de vue fiscal et au point de vue hygiénique. Paris, Vigot frères, 1901.

Augé. Proposition de loi tendant à supprimer la détaxe de 14 p. 100 aux mélasses allant en distillerie et à allouer une prime aux vins soumis à la distillation. Chambre des Députés. Annexes. Session 1901.

Avenel (d') Le mécanisme de la vie moderne. L'alcool. Paris, 1902, et *Revue des Deux Mondes*, 1er juillet 1899.

Blchade Fernel. Le régime fiscal et économique de l'alcool en France. Poitiers, 1898.

Bernard (du Doubs). Les bouilleurs de cru. Discours au Sénat. Besançon, 1896.

Bertauld. La question des bouilleurs de cru. Paris. Guillaumin, 1895.

Berry (G.) Discussion du régime des boissons. Chambre. Novembre 1900.

— Proposition de loi concernant le régime des boissons *Journal Off*. Chambre. Annexes, 1622).

Bisseuil. Les bouilleurs de cru, Paris, Colin, 1895.

— Discussion du régime des boissons. Discours au Sénat. Décembre 1900.

Bocher. Rapport sur l'impôt des boissons. Assemblée nationale, 1849.

— Rapport sur le projet de loi de M. Pouyer-Quertier, ministre des Finances, tendant à la suppression du privilège des bouilleurs de cru. Assemblée Nationale. Juin 1871.

— Discours à l'Assemblée Nationale pour le rétablissement du privilège. Décembre 1875.

BOULANGER (E.). La réforme de l'impôt des boissons. *Revue politique et Parl.*, 10 janvier et 10 février 1891.

BOURCART (G.). Le péril de l'alcoolisme et les remèdes (*Revue Pol. et Parl.*, 10 janvier, 10 février 1896).

BOUTMILLIER. Les bouilleurs de cru. Réponse à M. Bisseuil, Paris, 1895.

BRIAND (J.). Considérations générales sur l'abus des boissons spiritueuses. Thèse de Paris, n° 176, 1813.

BROUSSE (Emile). Réforme du régime des boissons. Discours à la Chambre, 12 juillet 1893.

BRUNON L'alcoolisme en Normandie (*Bulletin médical*, août 1896, n° 55 et s.).

— Les progrès de l'alcoolisme en France (*Gazette des hôpitaux*, 22 et 27 avril 1897).

— L'alcoolisme chez la femme en Normandie (*Bulletin médical*, 8 mars 1899).

BULLETIN des contributions indirectes (Collection). Imp. Nationale.

BULLETIN de statistique et de législation comparée du ministère des Finances. Imp. Nationale (Collection).

BUCHELER et LÉGIER. Traité de la fabrication de l'alcool. Paris, Fritsch, 1899.

BURDEAU. Projet de loi sur le régime des boissons. Chambre, 1894.

CAILLAUX (Joseph). Projet de loi sur le régime des boissons et exposé des motifs (*Journal Off.* Chambre, 14 novembre 1899).

— Discussion de la réforme des boissons. Chambre et Sénat. Discours. Nov. et déc. 1899.

— Discussion du budget pour l'exercice 1902. Chambre. Discours. Mars 1902.

CARNOT (Sadi), Projet de loi sur le régime des boissons. 13 mars 1886.

CALVET. Discussion du régime des boissons. Discours au Sénat. Décembre 1900.

CHEYSSON. L'affaiblissement de la natalité en France, ses causes, ses remèdes (*Réforme sociale*, 1er juin 1891).

— La question de la population en France (*Revue pol. et parl.*, 10 octobre 1896).

CILLEULS (des). La réforme de l'impôt des boissons (*Réforme sociale*, 1897).

CLAUDE (des Vosges). Rapport fait au nom de la Commission d'enquête sur la consommation de l'alcool en France, 1886.

CLÉMENTEL. Rapport sur le régime des alcools. Chambre, 1901.

COCHERY. Discussion sur le régime des boissons. Discours au Sénat. Juin et novembre 1896.

COUILLAUDEAU. L'alcool, l'alcoolisme et le fisc. Poitiers, 1898.

COLBERT-LAPLACE (de). La question des bouilleurs de cru. Paris, 1886.

— Danger de nos contingents (Réplique au rapport de M. Claude, des Vosges). Paris, 1887.

— Discours à la Chambre, 12 juillet 1893.

— Examen critique des accusations portées contre les bouilleurs de cru et des propositions législatives qui les concernent. Paris, 1895.

CORNIL. Discussion du régime des boissons, Sénat, 1896.

CORRESPONDANT (Collection). Paris, 31, rue Saint-Guillaume.

COT. La réforme de l'impôt des boissons. Montpellier, 1890.

CONIASSE et BACZKOWSKI. Falsification (*Moniteur scientifique* du D' Quesneville. Décembre 1894).

DARROT. L'agriculture et les questions sociales. Paris, Berger-Levrault, 1899

DAREMBERG. Sur la toxicité des eaux-de-vie (*Bulletin de l'Acad. de Méd.* Séance du 4 août 1895, 3ᵉ série, t. XXXIV, p. 186).

— Mesure de la toxicité comparée des diverses boissons alcooliques par l'injection intraveineuse chez le lapin (*Bull. de l'Ac. de Méd.* Séance du 13 octobre 1895, 3ᵉ série, t. XXXIV, p. 332).

— *Archives de médecine expérimentale*, 1895, t. VII.

DEBOVE. Leçons sur l'alcoolisme. *Presse médical*, 1899.

DEFAIRE. Cité in Riche (*Bulletin de l'Ac. de Méd.* Séance du 8 septembre 1896, p. 311, 312, 316).

DESBATS. De la suppression du privilège. Bordeaux, 1893.

— La réforme des boissons (*Revue pol. et parl.*, 10 juin 1897).

DESVOISINS. L'alcoolisme des campagnes. Action de l'eau-de-vie de cidre sur l'économie. Paris, 1884.

— La femme et l'alcoolisme. Paris, 1886.

DICTIONNAIRE DES FINANCES (de Léon Say), aux mots : Alcool. Bouilleurs de cru.

DRUHEN. De l'alcoolisme au point de vue social. Besançon, 1887.

DUBOSC (Henry). Le monopole de l'alcool. Paris, 1888.

DUCLAUX (*Annales de l'Institut Pasteur*. Avril, juin, juillet 1896).

DUJARDIN-BEAUMETZ et AUDIGÉ. Recherches expérimentales sur la puissance toxique des alcools. Paris, 1899.

DUPRAT (Pascal). Rapport au nom de la Commission chargée d'examiner les propositions relatives à la réforme de la législation de l'impôt des boissons, 2 juin 1881.

DUPUY. L'alcool et l'alcoolisme (*Revue pol. et parlementaire*, 10 novembre 1896).

DURAS. Le projet Rouvier et le commerce des boissons. Cognac, 1890.

ÉCONOMISTE FRANÇAIS (Collection de l'), publiée sous la direction de Leroy-Beaulieu, 2, cité Bergère. Paris.

ENQUÊTE LÉGISLATIVE sur l'impôt des boissons ordonnée par la loi du 30 décembre 1849. Imprimerie Nationale, 1851 (Rapporteur : Ed. Bocher).

ENQUÊTE sur le régime des boissons. Imprimerie Nationale, 1882 (Rapporteur : Pascal Duprat).

ENQUÊTE sur la consommation de l'alcool en France. Imp. Nationale, 1887 (Rapporteur : Claude, des Vosges).

ENQUÊTE sur le régime fiscal de l'alcool. Imprimerie Nationale, 1888 (Rapporteur : Léon Say).

FERNET. Alcoolisme et statistique (*Journ. Off.* Partie adm. Mai, juin, 1900.

FERRAUD, BARRY. Syndicat général du commerce des vins et spiritueux. Rapport sur les projets Jamais et Rouvier, Paris, 1891.

FITZ-GEORGES. De l'alcool et de son monopole. Des bouilleurs de cru. Paris, 1895.

FLEURY-RAVARIN. Proposition de loi sur le régime des boissons (*Journ. Off.* Annexes. Chambre. Juin 1899).

— Discussion du régime des boissons. Discours à la Chambre. Nov. 1900.

FRANÇOIS. Suppression du privilège des bouilleurs de cru. Rapport à la Société des Agriculteurs de la Somme. Amiens, 1895.

FOCHIER. L'alcoolisme devant la loi pénale. Paris, 1900.

GANIVET (André). Rétablissement du privilège. Discours à l'Assemblée Nationale. Décembre 1875.

GILLET. Proposition de loi relative à l'impôt des boissons. Chambre, 1889.

GLORIA (Raoul). Les bouilleurs de cru et la liberté. Rouen, 1895.

GOILARD (de). Projet de loi du 24 juin 1872, rétablissant l'exercice chez les bouilleurs de cru. Ass. Nationale (*Journ. Off.* n° 1242).

GRANDEAU. L'alcool, la santé publique et le budget. Paris, 1888.

GUILLEMET. Rapport sur le monopole de l'alcool. Session extraord., 1899. Chambre, n° 1169.

— Discussion sur le régime des boissons. Discours à la Chambre. Nov. 1900.

GUYOT (Yves). Proposition de loi du 28 novembre 1887 (Suppression du privilège).

HARTMANN (Georges). L'alcool et l'impôt des boissons. Paris, Guillaumin, 1886.

HÉRARD. La réforme de l'impôt des boissons. Paris, 1887,

JACQUET. L'alcoolisme. Paris, Masson, 1897.

JAMAIS. Proposition de loi sur la réforme de l'impôt des boissons. Chambre, 1887.

— Rapport sur le régime des boissons. Chambre. 1891.

JARLAUD. Observations sur le privilège des bouilleurs de cru et le monopole de l'alcool. Paris, 1887.

— Le monopole de rectification de l'alcool par l'État, Paris, 1893.

Joffroy et Serveaux. Nouveau procédé de mensuration de la toxicité des liquides par la méthode des injections intraveineuses. Application à la détermination de la toxicité des alcools. (*Archives de Médecine expérimentale et d'Anatomie path.*, nº 5, 1ᵉʳ septembre 1895).

— Considérations générales sur la recherche de la toxicité. Toxicité expérimentale et toxicité vraie (*Arch. de Méd. exp. et d'Anat. path.*, nº 1, 1ᵉʳ janvier 1896).

— Des causes de l'alcoolisme et des moyens de le combattre. Leçon du 10 juin 1896. (In *Gazette hebdomadaire de Méd. et de Chirurgie*, nº 94, 22 novembre 1896).

— Les bouilleurs de cru et l'alcoolisme. (*Gazette des hôp.* 5 déc. 1896).

— Mensuration de la toxicité vraie et de la toxicité expérimentale de l'alcool éthylique. Symptômes de l'intoxication aiguë par l'alcool éthylique (*Archives de Méd. expér.*, 1ᵉʳ juillet 1897).

— L'alcoolisme chronique (*Revue scientifique*, 15 janvier 1898).

Journal des Contributions indirectes (Collection). Poitiers. Oudin.

Journal des Economistes (Collection). Paris, Guillaumin.

Journal de la Distillerie française (Collection). Paris, Durin.

Journal Officiel. Débats et documents parlementaires.

Jumel. Rapport sur le projet de loi relatif à la réforme du régime des boissons. Chambre, 1899.

— Discussion du régime des boissons. Discours. Chambre. Nov. 1900.

— Rapports sur les propositions Lasies-Lauraine-Suchetet-Julien Goujon-Chevallier, tendant à modifier la loi du 29 décembre 1900.

Labbé (Léon). Discussion sur le régime des boissons. Sénat. juin 1895.

Laborde et Magnan. De la toxicité des alcools dits supérieurs et des bouquets artificiels (*Revue d'hygiène*, 1889).

Laborde. La lutte contre l'alcoolisme. Les bouilleurs de cru. *Tribune médicale*, nᵒˢ 36, 37, 39, 40 et 41, 1896.

Lancereaux. Article alcoolisme. *Dictionnaire encyclopédique des Sciences médicales* (Dechambre).

Lannelongue. Discussion du régime des boissons. Chambre, 1896.

Laclavière. L'impôt des boissons et sa réforme. Marseille, 1900.

Lannes de Montebello. Régime des boissons. Discours à la Chambre. Juin, 1895, novembre 1900.

Larbalétrier. L'alcool au point de vue chimique, agricole, industriel et hygiénique.

Lauraine. Discussion sur le régime des boissons. Chambre. Nov. 1900.

— Proposition de loi tendant à modifier l'article de la loi du 29 déc. 1900.

— Proposition de loi tendant à l'établissement d'une taxe différentielle en faveur des eaux-de-vie naturelles. Chambre, 1901.

LANGLOIS. Rétablissement du privilège. Rapport à l'Ass. Nationale. Discours, Déc. 1875.

LASIES. Discussion du régime des boissons. Chambre, Nov. 1900.

— Interpellation sur l'application de la loi du 29 déc. 1900. Chamb. 1901.

— Proposition de loi tendant à modifier la loi du 29 déc. 1901. (Chambre, 1901).

LEGRAIN. Un fléau social ; l'alcoolisme. Paris, 1896.

— L'alcoolisme au point de vue sociologique (*Revue scientifique*, n°s 15 et 16, 1897, Paris).

LEGRAIN. Dégénérescence sociale et alcoolisme, Naud, Paris, 1895.

LEGRAND (Arthur). Régime des boissons. Discours à la Chambre, mai 1895, nov. 1900.

— La réforme de l'impôt des boissons. Paris, 1898.

LEROY (Raoul). Contribution à l'étude de l'alcoolisme en Normandie. (Le bilan de l'alcoolisme dans l'Eure au xix° siècle). Imprimerie Hérissey. Evreux 1902.

LEROY-BEAULIEU. Séance des finances. Paris, Guillaumin, 1901.

— La réforme de l'impôt des boissons (*Economiste*, janvier 1901).

LUNIER. Vinage et alcoolisation.

LAZET. Fraudes sur les alcools. Paris, 1886.

— L'impôt sur les boissons. Paris, 1893.

MAGNAN. Etude expérimentale et clinique sur l'alcool (*Gazette des hôpitaux*, 1870).

— De l'alcoolisme : des diverses formes du délire alcoolique et de leur traitement. Paris, 1874.

MAUJAN. Proposition de loi sur le régime des boissons. Ch., 1888.

MARTEL (Ed.). La réforme du régime des boissons. Paris, 1893.

— Discussion du régime des boissons. Sénat. Juin 1893 et décembre 1900.

MESTREAU. Rétablissement du privilège. Ass. Nationale, décembre 1875.

MICHAUT. Les bouilleurs de cru et la réforme de l'impôt des boissons. Paris, 1893.

MONIS. Discussion du régime des boissons. Sénat, juin 1896.

MONITEUR INDUSTRIEL. (Collection). Paris.

MONITEUR VINICOLE. (Collection). Paris.

MONDE ÉCONOMIQUE. (Collection). Paris (Beauregard).

MOUQUET. Rapport à la Chambre de commerce de Dieppe sur la question des bouilleurs de cru. Dieppe, 1895.

NOTE sur la réforme de l'impôt des boissons et l'exercice des bouilleurs de cru. Paris, 1890.

Patin (Emile). Vœux au Conseil Général du Jura sur les droits des bouilleurs de cru. Besançon, 1891.

Pétition du commerce des liquides à la Chambre des députés contre le privilège des bouilleurs de cru. Angers, 1895.

Pétition des viticulteurs des Charentes au Sénat sur l'application de la loi du 29 décembre 1900.

Peytral. Projet de loi. (Suppression du privilège des bouilleurs de cru), 30 oct. 1888.

Poincaré. Projet de loi sur le régime des boissons. Chambre, 1894.

Pommot. Observations aux projets de réforme et d'exercice des bouilleurs de cru. Neufchâteau, 1886.

Pouchet. Leçons de pharmacodynamie. Paris, Doin, 1901.

Pouyer-Quertier. Projet de loi relatif à l'établissement de l'exercice chez les bouilleurs de cru. Ass. Nationale, 12 juin 1892.

Rabuteau. Éléments de toxicologie, 1884.

Réforme sociale. (Collection). Paris, 54, rue de Seine.

Revue des Deux Mondes. (Collection). Paris, 15, rue de l'Université).

Revue Universelle de la Distillerie (J.-P. Roux). Paris, 53, rue Vivienne.

Revue vinicole. (Collection). Paris.

Revue de viticulture. (Collection). Paris.

Revue Politique et Parlementaire. Paris, Colin.

Riche. Toxicité des alcools. (*Bulletin de l'Ac. de Méd.* Séance du 8 sept. 1896, 3ᵉ série, t. XXXV, p. 309).

— Analyse d'eaux-de-vie naturelles. Paris, Masson.

Ribot. Projet de loi sur la réforme des boissons. Ch., 1895.

— Discussion du régime des boissons. Ch., 1899 et Discussion générale du budget 1902.

Recueil officiel des circulaires de l'Administration des Contributions indirectes. Imp. Nationale.

Rochard. L'alcool. (*Revue des Deux Mondes*, 15 avril 1886).

Rocques. Traité d'analyse des alcools et des eaux-de-vie. Encyclopédie Léauté, 1895.

— Les Eaux-de-vie et Liqueurs. (*Bibliothèque de la Revue Générale des Sciences*. Paris, Carré et Naud, 1898).

Rommer (Antony). Les enfants alcooliques : causes et effets de l'alcoolisme pendant la première enfance. (*Revue philanthropique*, 20 sept. 1902).

Rouvier. Projet de loi du 10 mars 1892 sur le régime des boissons.

— Discussion du régime des boissons, Chambre, 1896, nov. 1900.

Roux (J.-P.). Distillation. Paris, Masson.

Salis. Rapport sur la réforme de l'impôt des boissons. Ch., 13 nov. 1894.

— Discussion du régime des boissons. Ch., 1896. Nov. 1900.

Say (Léon). Rapport au nom de la Commission extra-parlementaire de l'alcool. Paris, Chaix, 1890.

— Dictionnaire des Finances.

Saint-René-Taillandier. La réforme du régime des boissons. (*Revue de Viticulture*, 1900).

Siegfried. L'alcoolisme.

Serieux et Mathieu. L'alcool. (*Bibliothèque utile*, 1895).

Sourbé. De l'unique moyen de couper court à la fraude des alcools. Paris, 1887.

Stourm. L'impôt sur l'alcool dans les principaux pays. Paris, Guillaumin, 1886.

— L'alcool au point de vue fiscal. Nancy, 1886.

— Impôt sur l'alcool. (*Dictionnaire des Finances*).

— Systèmes généraux d'impôts. Paris, Guillaumin, 1897.

Taquet (Paul). Une fraude de 100 millions. Les bouilleurs de cru. Paris, Guillaumin, 1902.

Triboulet et Mathieu, L'alcool et l'alcoolisme. (*Bibliothèque de la Revue générale des Sciences*. Carré et Naud. Paris, 1900).

Tourville (de). Discours pour le maintien de la liberté des bouilleurs de cru. Rouen, 1893.

Trescaze. Encyclopédie. (*Dictionnaire des Contributions Indirectes*).

Vaillant. Discussion du régime des boissons. Ch. Nov. 1900.

Vanlaer. L'alcoolisme et ses remèdes. Paris, 1898.

Varenne. L'alcool et l'impôt. Paris, 1893.

Verhaege. De l'alcoolisme : causes, effets, remèdes. Lille, 1900.

Verninac (de). Rapport sur le régime des boissons. Sénat, 1896.

Villemeste. La distillation agricole. Paris, 1889.

Villey. De l'alcoolisme au point de vue social. Issoudun, 1891.

Vivien. La question des bouilleurs de cru au point de vue de la viticulture et du commerce charentais. (Paris, 1895).

Wahl. Les vins artificiels.

Wilson. Rapport du 22 juillet 1872 sur la suppression du privilège. Ass. Nationale.

Wilhem. Les emplois industriels de l'alcool (*Économiste français*, 1901).

TABLE DES MATIÈRES

PREMIÈRE PARTIE

SOMMAIRE. — Généralités. — § 1. Ce qu'on entend par bouilleurs de cru ; en quoi consistent les immunités dont ils jouissent ; quels sont les bouilleurs qui en jouissent ; sous quelles
conditions et dans quelle étendue de territoire. — § 2. Droit
ou privilège ? Le régime des bouilleurs de cru est bien un
privilège : le droit de propriété ne confère pas en effet au
propriétaire la faculté à l'encontre de la société de faire tout
ce qu'il lui plaît, la législation soumet, dans de nombreux cas,
l'exercice de ce droit à certaines conditions déterminées. La
qualité de propriétaire appartient d'ailleurs au même titre
à celui qui achète les produits à distiller qu'à celui qui les
récolte, sans que cependant le premier échappe légalement
au contrôle à la production et à la prise en charge. Le
régime des bouilleurs de cru n'a pas le caractère de généralité d'un droit ; il se présente comme une dérogation à
la règle, comme une exception au droit commun. L'impôt
sur l'alcool, parce qu'impôt de consommation doit frapper
quiconque consomme le produit taxé ; par conséquent, en
tant que consommateurs, les bouilleurs de cru n'ont pas de
raison pour prétendre s'y soustraire et en tant que producteurs ils devraient être soumis à une réglementation analogue à celle qui, chez les fabricants d'alcool, garantit la
perception de l'impôt. — § 3. Production et consommation
des alcools en France ; du rôle et de l'importance des bouilleurs de cru d'après les statistiques officielles ; leur répar-

DEUXIÈME PARTIE

CHAPITRE PREMIER

LES BOUILLEURS DE CRU AU POINT DE VUE FISCAL

CHAPITRE II

LES BOUILLEURS DE CRU AU POINT DE VUE ÉCONOMIQUE

CHAPITRE III

LES BOUILLEURS DE CRU AU POINT DE VUE HYGIÉNIQUE

TROISIÈME PARTIE

QUATRIÈME PARTIE

ANNEXES

§ 1. — Législation

§ 2. — Statistiques (*Tableaux*).

ÉVREUX, IMPRIMERIE DE CHARLES HÉRISSEY